2025年度版

岡山県・岡山市の国語科

過去問

協同教育研究会 編

協同出版

本書には，岡山県・岡山市の教員採用試験の過去問題を収録しています。各問題ごとに，以下のように5段階表記で，難易度，頻出度を示しています。

難　易　度

非常に難しい　☆☆☆☆☆
やや難しい　☆☆☆☆
普通の難易度　☆☆☆
やや易しい　☆☆
非常に易しい　☆

頻　出　度

◎　ほとんど出題されない
◎◎　あまり出題されない
◎◎◎　普通の頻出度
◎◎◎◎　よく出題される
◎◎◎◎◎　非常によく出題される

※本書の過去問題における資料，法令文等の取り扱いについて

本書の過去問題で使用されている資料や法令文の表記や基準は，出題された当時の内容に準拠しているため，解答・解説も当時のものを使用しています。ご了承ください。

はじめに～「過去問」シリーズ利用に際して～

教育を取り巻く環境は変化しつつあり、日本の公教育そのものも、教員免許更新制の廃止やＧＩＧＡスクール構想の実現などの改革が進められています。また、現行の学習指導要領では「主体的・対話的で深い学び」を実現するため、指導方法や指導体制の工夫改善により、「個に応じた指導」の充実を図るとともに、コンピュータや情報通信ネットワーク等の情報手段を活用するために必要な環境を整えることが示されています。

一方で、いじめや体罰、不登校、暴力行為など、教育現場の問題もあいかわらず取り沙汰されており、教員に求められるスキルは、今後さらに高いものになっていくことが予想されます。

本書の基本構成としては、出題傾向と対策、過去５年間の出題傾向分析表、過去問題、解答および解説を掲載しています。各自治体や教科によって掲載年数をはじめ、「チェックテスト」や「問題演習」を掲載するなど、内容が異なります。

また原則的には一般受験を対象としております。特別選考等については対応していない場合があります。なお、実際に配布された問題の順番や構成を、編集の都合上、変更している場合があります。あらかじめご了承ください。

最後に、この「過去問」シリーズは、「参考書」シリーズとの併用を前提に編集されております。参考書で要点整理を行い、過去問で実力試しを行う、セットでの活用をおすすめいたします。

みなさまが、この書籍を徹底的に活用し、教員採用試験の合格を勝ち取って、教壇に立っていただければ、それはわたくしたちにとって最上の喜びです。

協同教育研究会

CONTENTS

第１部

岡山県・岡山市の国語科出題傾向分析

岡山県・岡山市の国語科　傾向と対策

岡山県の国語科は、一部の設問を除き、原則的には中高共通問題である。出題分野は評論、古文、漢文、学習指導要領であり、解答形式は記述式中心である。

評論は、中村雄二郎『考える愉しみ』からの出題。漢字の書き取り、内容把握(六十字以内)、理由把握、主旨把握(九十字以内)などが問われている。難易度は標準以上。

評論は体系的・論理的文章である。そのため、語句を検討し文の組立、文と文のつながりや段落相互の関係を考えながら要旨をとらえ主題に迫ることが大切である。

古文は、紀行文『都のつと』からの出題。古語の意味、古典文法、現代語訳、理由把握などが問われた(例年、一部の設問が中高で分かれている)。難易度は標準程度。

古文の学習では、内容把握・理由把握の力を身に付けるために、古語の意味、文法(動詞・助動詞の意味、活用)、敬語、現代語訳などの基礎的な知識への理解を深めることが大切である。基礎をしっかりと固め、過去問を解く学習で応用力を身につけることで、内容把握・理由把握の力も向上していく。また、和歌については、単体で捉えるのではなく、散文の文脈の中で捉えることが大切である。その意味では、内容把握の問題の一環とも言える。

漢文は、『新序』からの出題。漢字の読み、返り点、書き下し文、現代語訳、内容把握(八十字以内)などが問われている。難易度は標準程度。

漢文の学習においても古文の学習と同様に基礎的な知識の定着が重要になる。漢字の読み・意味、句形、返り点、書き下し、口語訳の学習に反復的に取り組み、全文読解力を身につけることが大切である。

学習指導要領は、中学では第三学年「2　内容」の〔知識及び技能〕について、高校では「現代の国語」の「2　内容」の〔思考力、判断力、表現力等〕について問われた。難易度は標準程度。設問はすべて空欄補充。それぞれ、「2　内容」の具体的な理解が問われているため、現行の学習指導要領の学年毎、及び科目毎の丁寧な理解を深めておくことが大切である。

岡山市の国語科は、評論、古文、学習指導要領、学習指導法について問われる。解答形式は記述式中心である。評論は、市橋伯一『増えるものたちの進化生物学』からの出題。漢字の読み・書き、空欄補充、内容把握(文中からの抜き出し、本文合致などについて問われている。難易度は標準。

古文は、『徒然草』からの出題。文学史、現代語訳、古典文法(活用形)、語句の意味、空欄補充、内容把握(三十字以上三十五字以内)などについて問われている。難易度は標準。

学習指導要領は、「A　話すこと・聞くこと」の各学年の指導事項について、空欄補充の形式で問われた。難易度は標準。岡山市の三分野の対策・学習法については、岡山県についての記述を参考にされたい。

学習指導法は、詩についての紹介文を書く指導(百字以上百四十字以内)に関して問われた。難易度は標準程度。学習指導要領の内容を踏まえた上で、設問で設定されている条件に即して答案を作成することが大切である。

全体的な対策としては、各分野の基礎的知識の学習を進めるとともに、岡山県の過去問を繰り返し解くことで、問題の形式や傾向を把握し、それに応じた計画的な学びの実践を勧める。

過去5年間の出題傾向分析

●：中高共通　◎：中学

分類	主な出題事項	2020年度	2021年度	2022年度	2023年度	2024年度
現代文	評論・論説	● ◎	● ◎	● ◎	● ◎	● ◎
	小説					
	随筆					
	韻文（詩・俳句・短歌）					
	近代・文学史					
古文	物語	◎		●	● ◎	
	説話			◎		
	随筆					● ◎
	日記	●	● ◎			
	和歌・俳句					
	俳論					
	歌論					
	能楽論					
	古典文学史					◎
漢文	思想・政治	◎		●	●	●
	漢詩文		◎			
	漢詩					
	歴史					
	説話		●			
	中国古典文学史					
	学習指導要領	● ◎	● ◎	● ◎	● ◎	● ◎
	学習指導法			◎	◎	◎
	その他	●	●			

▲は，学習指導要領・学習指導法に関する設問。

第2部

岡山県・岡山市の教員採用試験実施問題

二〇二四年度　実施問題

岡山県

【中高共通】

【一】受験する校種の学習指導要領について、問いに答えよ。

【中学校】

問　次の文章は、平成二十九年告示の中学校学習指導要領の「国語」の「第2　各学年の目標及び内容」の第三学年「2内容」の抜粋である。次の（　①　）〜（　⑤　）に当てはまる語句を〔語群〕の(a)〜(h)からそれぞれ選び、記号で答えよ。

〔知識及び技能〕

(2)　話や文章に含まれている情報の扱い方に関する次の事項を身に付けることができるよう指導する。

ア　具体と抽象など情報と情報との（　①　）について理解を深めること。

イ　情報の（　②　）性の確かめ方を理解し使うこと。

(3)　我が国の言語文化に関する次の事項を身に付けることができるよう指導する。

ア　歴史的背景などに注意して古典を読むことを通して、その世界に親しむこと。
イ　長く親しまれている言葉や古典の一節を（　③　）するなどして使うこと。
ウ　時間の経過による言葉の変化や世代による言葉の違いについて理解すること。
エ　書写に関する次の事項を理解し使うこと。
(ア)　身の回りの多様な表現を通して文字文化の豊かさに触れ、（　④　）的に文字を書くこと。
オ　自分の生き方や（　⑤　）との関わり方を支える読書の意義と効用について理解すること。

〔語群〕　(a)　効果　(b)　特徴　(c)　引用　(d)　思考　(e)　社会　(f)　接続　(g)　信頼
(h)　関係

【高等学校】

問　次の文章は、平成三十年告示の高等学校学習指導要領の「国語」の科目「現代の国語」の「2内容」の抜粋である。次の（　①　）～（　⑤　）に当てはまる語句を〔語群〕の(a)～(h)からそれぞれ選び、記号で答えよ。

〔思考力、判断力、表現力等〕
A　話すこと・聞くこと
(1)　話すこと・聞くことに関する次の事項を身に付けることができるよう指導する。
ア　目的や場に応じて、（　①　）の中から適切な話題を決め、様々な観点から情報を収集、整理して、伝え合う内容を検討すること。

イ　自分の考えが的確に伝わるよう、自分の立場や考えを明確にするとともに、（　②　）を予想して論理の展開を考えるなど、話の構成や展開を工夫すること。

ウ　話し言葉の特徴を踏まえて話したり、（　③　）に応じて資料や機器を効果的に用いたりするなど、相手の理解が得られるように表現を工夫すること。

エ　論理の展開を予想しながら聞き、話の内容や構成、論理の展開、表現の仕方を（　④　）するとともに、聞き取った情報を整理して自分の考えを広げたり深めたりすること。

オ　（　⑤　）を共有し、考えを広げたり深めたりしながら、話し合いの目的、種類、状況に応じて、表現や進行など話合いの仕方や結論の出し方を工夫すること。

〔語群〕(a)　課題　(b)　評価　(c)　記録　(d)　相手の反応　(e)　実社会　(f)　場の状況
(g)　論点　(h)　生活

(☆☆☆◎◎◎)

【二】次の文章は、『新序』の一節で、晋の君主である悼公《とうこう》が、老齢を理由に引退する祁奚《きけい》に、後任について尋ねている場面である。これを読んで、各問いに答えよ。(設問の都合で訓点を省略した部分がある。)

晋ノ大夫祁奚老ス。晋君問ヒテ曰ハク、「(1)孰可レ使レ嗣。」祁奚対ヘテ曰ハク、「解狐可ナリト。」君曰ハク、「非ズ二子之讐《あだ》ニ一邪ト。」対ヘテ曰ハク、「君問フ(2)可ヲ。非ザル問フニ讐ヲ也ト。」晋(a)遂挙グ二解狐ヲ一。後又(3)問フ、「孰可三以為二国尉一。」祁奚対ヘテ曰ハク、「午也可ナリト。」君曰ハク、「(4)非ズ二子之子ニ一邪ト。」対ヘテ曰ハク、「君問フ可ヲ。非ザル問フニ子ヲ也ト。」君子謂フ、「祁奚(b)能挙ゲタリレ善ヲ矣。称《あ》ゲテ二其ノ讐ヲ一不レ為サレ諂《てん》ト、立テテ二其ノ子ヲ一不レ為サレ比ト。書ニ曰ハク、「不レ偏セ不レ党セ、王道蕩《たう》蕩《たう》タリト。」祁奚ヲ之謂フ也。
外ヨリ挙ゲテ不レ避ケ二仇《きう》讐《しう》ヲ一、内ヨリ挙ゲテ不レ回《めぐら》サ二親戚ヲ一。(5)可レ謂フ二至公ト一矣。(c)唯善ナルガ故ニ能挙ゲト二其ノ類ヲ一。」

（注）嗣――「継」と同じ。　解狐、午――いずれも人名。　尉――警察・刑罰をつかさどる官。
諂――こびへつらう。　比――同類。なかま。　書――『書経』のこと。
蕩蕩――広大なさま。

問1　波線部(a)～(c)の読みを送り仮名も含めてそれぞれ答えよ。(現代仮名遣いでよい。)
問2　傍線部(1)を書き下し文にせよ。
問3　傍線部(2)の解釈として最も適当なものを、次の(ア)～(オ)から一つ選び、記号で答えよ。
(ア)　大夫としての能力を見極める人物
(イ)　大夫としての資質を備える人物
(ウ)　大夫として主君に諫《かん》言できる人物
(エ)　大夫としての使命を自覚する人物
(オ)　大夫として国家を統率できる人物
問4　傍線部(3)の主語を文章中から二字で抜き出せ。
問5　傍線部(4)を現代語訳せよ。
問6　傍線部(5)とあるが、これはどういうことか。本文全体を踏まえ、八十字以内で説明せよ。

(☆☆☆◎◎◎)

【三】次の文章は、南北朝時代の歌人である宗久が、修行のため東国を行脚した経験を綴《つづ》った紀行文『都のつと』の一節である。これを読んで、各問いに答えよ。中学校受験者は問1～問7、高等学校受験者は問1～問5と問8に答えること。

春に成りしかば、上野国《かうづけのくに》へ越え侍りしに、思はざるに、一夜の宿を貸す人あり。(1)三月の初めの程なりしに、軒端《のきば》の梅のやうやう散り過ぎたる木の間に霞《かす》め(a)ゐる月の影も雅《みや》びかなる心地して、所の様も、松の柱、竹編める垣し渡して、ゐ中びたる、さる方に住みなしたるも由ありて見えしに、家主出《い》であひて、心ある様に旅の愁へをとぶらひつつ、世を厭《いと》ひそめける心ざしの程など、細かに問ひ聞きて、「われも常なき世の有様を思ひ知らぬにはあらねども、背かれぬ身の絆《ほだし》のみ多くてかかづらひ侍る程に、あらましのみにて今日まで過《すぐ》し侍りつるに、今夜の物語になむ、捨てかねける心の怠りも今更驚かれて」など言ひて、「(2)暫《しば》しはここに留《とど》まりて、道の疲れをも休めよ」と語らひしかど、末に急ぐ事ありし程に、秋の頃必ず立ち帰るべき由、契りをきて出でぬ。

その秋八月ばかりに、かの行方も(3)おぼつかなくて、わざと立ち寄りて訪《と》ひ侍りしかば、その人は亡くなりて、今日七日の法事行ふ由答へしに、果敢《あへ》なさも言ふ限りなき心地して、(4)などか今少し急ぎて訪ねざりけん、さしも(5)ねんごろに頼めしに、偽《いつはり》のある世ながらも、いかに空頼めと思はれけんと、(A)心憂くぞ侍りし。さて終《つひ》の有様など尋ね聞きしかば、「今はの時までも申し出でし物を」とて、跡の人々泣きあへり。有待《うだい》の身、初めて驚くべきにはあらねども、無常迅速なる程も、今更思ひ知られ侍りし。さてもこの人は、万《よろづ》に好ける心のありし中にも、和歌の浦波に心を寄せ侍りしと、人々語りしかば、昔の素意を尋ねて、心ざしの行くところを、いささか宿の壁に書きつけて、出で侍りぬ。

過ぎにし三月の十日余りの頃、鄙《ひな》の長路の便りに梅の匂ひ尋ね、東屋《あづまや》の軒端のほとりに月の情をもてあそぶことありき。宿の主夜もすがら、昔今のことを語り合はせ、やまともろこしの歌を言ひ出でて、旅の思ひを慰め侍りしかば、心を仮の宿りに留めながら、先途《せんど》を万里の雲に急ぎ、後会を三秋の月に約して立ち別れにし後は、重ねて(6)有りし契りを違《たが》へじとて、今この所に訪ね来れるに、かの人既に世を早うせり。一夜の面影二度見ることを得ず、恋慕の思ひ胸を焦がし、愛執《あいしふ》の涙袖を湿ほす。是によりて悲しみの、中《うち》に動く心ざしを種として、歎《なげ》き外に現るることを知らず。たとひ綺語《きぎょ》の誤れるたはぶれ也といふとも、なほ讃仏の遥《はる》かなる縁とならざらめかも。

【X】袖濡らす歎きのもとを来て訪へば過ぎにし春の梅の下風

【Y】夕風よ月に吹きなせ見し人の分け迷ふらん草の陰をも

(B)いとど塵《ちり》の世もあぢきなく覚えて、ありか定めず迷ひありきし程に、室の八島なども過ぎて、身にしみ侍りき。

(注)　上野国――現在の群馬県。　あらまし――計画。　有待の身――悟りを得ていない凡夫のこと。
和歌の浦波――歌道(和歌の世界)のことで、紀州の地名にちなんだ言い方。
素意――ここでは、故人の宿願のこと。　愛執――愛するものに心ひかれて自由にならないこと。
綺語――飾り立てた偽りの言葉。　室の八島――下野国《しもつけのくに》(現在の栃木県)の歌枕。

問1　傍線部(1)「三月」の月の異名を漢字で答えよ。

問2　傍線部(3)、(5)の本文中の意味をそれぞれ答えよ。

問3　波線部(a)「る」と文法的に同じものである波線部を含む例文を、次の(ア)～(オ)から一つ選び、記号で答えよ。

(ア) 冬はいかなる所にも住まる。
(イ) 目も見えず。ものも言はれず。
(ウ) 古人も多く旅に死せるあり。
(エ) 静かなるいとまもなく、
(オ) 走り寄りて見れば

問4 傍線部(4)、(6)をそれぞれ現代語訳せよ。

問5 傍線部(2)とあるが、宿の主人がこのように言った心情として最も適当なものを、次の(ア)〜(オ)から一つ選び、記号で答えよ。

(ア) 世捨て人となって梅の木も枯れた寂れた家に住む自分を、筆者がわざわざ遠方から訪ねてくれたので、もてなしたかった。
(イ) 梅の花が散るような季節でまだ寒く、月が出ているとはいえ、既に夜も更けているのに先を急ごうとする筆者を心配した。
(ウ) 家族に煩わされ世の中に嫌気がさした心の内を、ただの旅人である筆者に、一夜の手慰みとしてもっと打ち明けたかった。
(エ) 出家を望みながら家族の手前できずにいる自分と比べ、俗世を離れて旅をする筆者が羨ましく、もっと語り合いたかった。
(オ) 怠け心から放蕩な生活をしていたが、己の寿命が残りわずかと知り、生きているうちに筆者に出家を手伝ってほしかった。

【中学校受験者のみ答える問題】

問6　二重傍線部(A)「心憂くぞ侍りし」とあるが、筆者はどのようなことを「心憂く」思っているのか。四十字以内で説明せよ。

問7　本文の内容に合致するものを、次の(ア)〜(オ)から一つ選び、記号で答えよ。

(ア)　筆者は上野国に向かう旅の途中、宿の主人に半ば強引に引き留められ、断りきれず泊まった。
(イ)　宿の主人はかつて諸国を放浪した経験が忘れられず、筆者の旅に同道させてほしいと頼んだ。
(ウ)　筆者は、宿の主人と語り合った思い出とともに和歌を宿の壁に書きつけ、主人の死を悼んだ。
(エ)　【X】の和歌は、宿の主人を亡くした人々の悲しみを癒やす春の風の爽やかさを詠んでいる。
(オ)　【Y】の和歌は、主人を失った宿の場所が分からず、途方に暮れる筆者の心情を詠んでいる。

【高等学校受験者のみ答える問題】

問8　二重傍線部(B)「いとど塵の世もあぢきなく覚えて」とあるが、このときの筆者の心情について、本文全体を踏まえ、七十字以内で説明せよ。

(☆☆☆◎◎◎)

【四】　次の文章を読んで、各問いに答えよ。

部屋のなかに、自然のままの岩石のかけらと、小ワニの剝製と、よく出来た造花のあやめを置いてみるとき、これらのうちのいずれに、私たちは〈自然〉を感じるであろうか。剝製のワニよりも、自然のままの岩石よりも、本物そっくりの造花のあやめに、〈自然〉を感じかねないのではなかろうか。ここまで言うと、言いすぎになるかも知れない。が、さしあたり、私たち日本人には、概して、植物を中心とした身近な風物のうちに、そして、季節(四季)の移りかわりのうちに、なによりも〈自然〉を感じるところがある、といってよさそうだ。

丸山真男氏は「歴史意識の〈古層〉」(『歴史思想集』、「日本の思想」第六巻、筑摩書房)において、日本人の歴史意識の〈持続低音〉を形づくる三つの基本観念として、「つぎつぎに」「なりゆく」「いきほひ」をとらえたが、このような歴史意識は、まさに、温順多湿の地の植物を中心とした——つまりは一種の農耕文化的な——〈自然〉感覚そのものである。

一つの国や社会のものの見方や感じ方の総体としての文化には、それぞれ固有の分類のシステムが含まれている。いや、文化とは、すべての事物を区別し、分類するシステムそのものだ、とさえいえる。そこでは、当然、自然的なものも区分され、分類されるし、また、それらの区分や分類をとおして、はじめて〈自然〉に対する見方や感じ方も、はっきり捉えられることになる。そして、言語によって名づけられ、分類された〈自然〉は、すでに〈制度〉化された自然である。

たとえば、ここに〈花〉を例にとってみる。この日本語の〈花〉は、植物学上の単なる花、つまり、或《あ》る種の植物の、色としばしばにおいを持った所産物、であるにとどまらない。それは、とりわけ〈桜〉をさし、また、そのことを含めて、古来の日本人の感情生活のうちに格別な位置を(a)シめている。ということは、(1)〈自然〉の制度化とは、外なる自然の制度化であるとともに内なる自然、感覚や感受性の制度化である、ということである。

《中略》

さて、このような、制度化された〈自然〉、あるいは制度としての自然、という観点から、古来の日本人の

〈自然〉に対するとらえ方を考える上で、興味深い多くの問題を含み、また手がかりを与えてくれるものに、俳句の歳時記がある。

ふつう歳時記は、ほとんど単なる作句のための季節の分類と考えられているが、ただそれだけのものであろうか。たしかにそれは、外面的には、単なる季語の集成であり、平面的な(b)ラレツのようにみえる。だが、実は、われわれ日本人が古来、永い間歳月をかけて(c)ミガきあげてきた「美意識と知的認識」との精髄であり、季語によって形づくられた一つの立体的な「秩序の世界」であるとこそ言うべきなのだ、と、すでに山本健吉氏は言っている(「歳時記について」『最新俳句歳時記・新年』所収)。ここから、歳時記を季語の、つまりは自然の制度化したものとするとらえ方までは、ほとんど隔たっていない。

山本氏がこのような基本的とらえ方によって歳時記から引き出しているいくつかの問題は、それ自身すでに私たちにとってまことに興味深く、示唆に富むものである。それを私たちの観点から捉えなおすとき、さらにいっそう問題点の所在が明らかになるはずである。

すなわち、(2)季語の世界は、永い歳月の間にピラミッド型に形成された一つの秩序の世界である。その頂点(中心)部に四季を代表する五箇の景物(〈花〉〈郭公《かっこう》〉〈月〉〈雪〉、それに〈寝覚〉あるいは〈紅葉〉)がある。このまわりに斜面にそって、和歌の題、連歌の季題、俳諧の季題がとりまく。そして、その裾野をなす最底辺(周辺)部に、日本の風土のあらゆる季節現象を尽くそうとするただの季語が存在して、現実の世界に融《と》けこんでいる。中心部は、日本人の美意識によってきびしくなされた選択であり、底辺部はほとんど事物のあるがままの記述、ザインとしての記述であるが、そこにも選択が働いていないわけではない。

つまり、このように幾重もの重層性を持って成り立っている季語の世界は、その中心部と周辺部ではフィクション性の度合いが大いに異なっている。が、それにもかかわらず、全体が〈自然〉や事物の擬制化され、制度化された世界である。ただ、狭い意味での季語は、あるがままの(即自的な)自然や事物と接し、それらとの限界領域をなしている。

また、季語の世界の中心(頂点)部近くに働く美意識の選択は、そういう美意識を育んだ文化の中心としての京都の風土と宮廷人の限られた生活とに密接に結びついていた。京都を中心とする季節現象の一部だけが、歌の情趣にふさわしい優美さによって、歌の題として選ばれる。「小夜時雨《さよしぐれ》」、「春霞《がすみ》」などを、京都に滞在してはじめて実感した柳田国男は、いわば日本国の歌の景は、ことごとくこの「山城の小盆地」の風物に外ならぬ、と言った。京都、あるいは京都の周辺をあまり出ることのなかった宮廷人たちは、その生活がおのずと題材を狭めたと同時に、その洗練された美意識によって、自然の景物に或る制限を与えたのでもあった。

自然に直接ぶつかった万葉人とちがい、美意識によって、自然をなぞり、類型化したのであった。しかし、このことは和歌の題目だけに限ったことであろうか。俳句においても、中央の季感によって地方の作者が句をつくっていることが多い。漁民や船乗りの間で暴風などのきびしい季節現象をあらわしていた生活の言葉が、内容をやわらげられ、矮《わい》小化されて季語の世界のなかにとりこまれる場合も少なくない。また、中部山岳地方や東北地方の荒々しい風土現象は、季語としてほとんどみられていない。高原の明るい、(d)カンソウした風光が発見されたのは、西洋人が軽井沢や上高地を発見した以後のことであった。

美意識の選択と、文化的中心性や地域的中心性とにかかわるこれらの諸点を、あわせて考えてみるとき、自然の制度化されたものとしての季語の世界に、おのずと次のような構造が浮かび上がってくるように思われる。すなわち、まず、すべての自然現象や事物は、そのまま一つの秩序の世界としての季語の世界に入りうるわけではなく、文化的にも地域的にも求心的な原理によって、選択されたり、変容を受けたりする。そして、中心部からはなれた荒々しい自然現象や風物の発見は、遠心的原理にもとづく自然との新しい接触である。が、それは秩序の世界のなかに静止的に位置づけられるにしたがって、遠心的な原理の働きとなまなましさを失う。つまり、季語の世界は、静止し惰性化したかたちをとりやすく、したがって、(3)遠心的な原理によってさまざまな角度からこれに問いかけを行なうことが必要になる。山本健吉氏が、一つ一つの季語についてその歴史的な意味の重層性を感じとることとともに、季語が負っている風土に根ざした力強い根源の生命力をとりもどすべきことを説いているのは、その意味においてであろう。

歳時記の季語の世界に、私は、制度化された自然の、一つの典型的なあり方を見た。それというのも、ここでは、あらゆる自然現象も風物も、すべて四季と新年との分類のうちに、つまり季節という自然の移り行きのうちに、区分され、位置づけられているからである。そこでは行事も人事も、風物と化し、自然と化し、そうすることによってかえってすべての自然が制度化している。人間そのものまで――太宰治でも、高橋和巳でも――、忌日つまり死んだ日によって四季のうちに分類され、位置づけられて、季語に準じたものになっているのだから、徹底している。そして、(4)季語の世界あるいは体系は、その最周辺部があるがままの自然や事物に接しているだけに、かえって私たちはその拘束から逃れがたいのである。

（中村雄二郎『考える愉しみ』から）

（注）ザイン――実在。存在。

問1　波線部(a)～(d)のカタカナをそれぞれ漢字に改めよ。
問2　傍線部(1)とあるが、どういうことか。六十字以内で説明せよ。
問3　傍線部(2)とあるが、筆者はどのようなことを言おうとしているのか。その説明として最も適当なものを、次の(ア)～(オ)から一つ選び、記号で答えよ。

(ア) 季語の世界においては、中心部から底辺部までの全てにきびしい美意識が働き、階層的に構造化されているということ。
(イ) 季語の世界においては、現実世界に融けこんでいる底辺部を基礎として、全体が擬制化、制度化されているということ。
(ウ) 季語の世界においては、四季を代表する五箇の景物のみが永い歳月を経ることで擬制化、制度化されているということ。
(エ) 季語の世界においては、美意識による選択の影響の度合いに応じて全ての現象が階層的に構造化されているということ。
(オ) 季語の世界においては、全てが和歌の題、連歌の季題、俳諧の季題に分類され、階層的に構造化されているということ。

問4 傍線部(3)とあるが、それはなぜか。その説明として最も適当なものを、次の(ア)~(オ)から一つ選び、記号で答えよ。

(ア) 荒々しい風土や生活に根差した言葉を用いた万葉人の感性とは異なり、季語の世界は、京都の風土や宮廷人の生活に基づいた美意識による選択の影響を強く受け、中心部から離れたあるがままの自然との接触を阻害することになり得るから。
(イ) 京都に住む宮廷人達の行動範囲が限られていたがゆえ、季語の世界には京都に内在する自然現象のみが優美なものとして位置づけられることとなり、京都の外部に生じるあらゆる自然現象は季語の世界から排除されてしまうから。
(ウ) 季語の世界では京都で生み出された美意識が中心化されており、万葉人による多様な自然現象に基づいた言葉との出会いに立ち止まってその意義を捉え直したとしても、季語の持つ風土に根差した豊かさを十分に捉えることはできないから。

(エ)　万葉人の発見した荒ぶる自然や風土を反映させた言葉を自らの体系の内に位置づけながら洗練させてきた季語の世界は、中心部から離れたなまなましい自然と改めて接触したとしても、そこに新鮮さを見いだすことは困難であるから。

(オ)　京都を中心に洗練されてきた歴史を有する季語の世界と、万葉人が接したようなあらゆる自然現象とが新たな関係を結ぶことにより、歴史的に形作られてきた和歌の世界における美意識の発展が停滞してしまう可能性があるから。

問5　傍線部(4)とあるが、どういうことか。本文全体を踏まえ、九十字以内で説明せよ。

(☆☆☆◎◎◎)

岡山市

【中学校】

(注)　字数の指定のある設問では、句読点は一字に数える。

【一】次の文章を読んで、以下の各問いに答えよ。

1　人間は増えて遺伝するものの末裔ですが、人間の存在は新しい「増えて遺伝するもの」を生み出しました。リチャード・ドーキンスはそれを「ミーム」と名付けました。「ミーム」とは人間の脳に広がる考え方やアイデアのことを指します。たとえばジョークもミームのひとつです。面白いジョークを聞いたら覚えて他の人にも伝えたくなるでしょう。こうしてジョークはたくさんの人の脳のなかに増えていきます。もっと面白くなるように改良する人もいるでしょう。そうすればジョークは変異し、その変異したジョークがさらに広がっていきます。より面白くなったジョークはより速く広がっていくはずです。こうして(1)ジョークも進化することになります。Aここで起きているのは、生物進化と同じ現象です。ただ、生物進化と決定的に異なるのは、ミームは人間の脳のなかでしか存在できないところです。したがって、皆が忘れてしまえばミームは簡単に絶滅してしまいます。

[2] ほとんどのミームは長続きしません。すぐにその寿命を終えて、皆の脳のなかから消え去ってしまいます。10年前にどんなジョークが流行ったかなんてだれも覚えていないでしょう。しかし、稀にですが長い間、世代を超えて伝わり、進化し続けるようなミームも存在します。そうしたミームは、「文化」や「芸術」と呼ばれるようになります。

[3] こうした芸術や文化の驚くべき点は、生物としての人間の生存に対して全く役に立たないところです。実際のところ、Bどんなに素晴らしい芸術作品でも、映画や小説でも、Cその作品を見る人の生存や子孫を残す可能性には、ほぼ何の影響も与えないでしょう。[I]、本来、生殖に(a)費やすべきだった時間や労力が取られてしまうので、子孫の数を減らしているかもしれません。しかし、それなのにこうした作品は受け取り手に大きな影響を(b)オヨボシ、生きがいとなっていることもあるように思います。

[4] こうした芸術や文化に対する情熱をなぜ人間が持っているのかはよくわかっていません。

[5] ただ、ひとつの可能性として、こうした芸術や文化というミーム自体が私たちの脳に広がりやいように

うまく進化したということはあるかもしれません。つまり、芸術や文化といった増える能力の高いミームは、人間の脳の中で生きのびやすく、かつ増えやすいように変化しているという可能性です。言い換えると、ミームは腸内細菌のように人間と共生しているということです。

6　Dこう考えると、芸術や文化的な活動が私たちの生きがいにもなっていることも説明ができます。ミームは増えて遺伝するものなので、必ずより生きのびやすく広がりやすいものが進化します。ミームはただの情報なので、脳の構造に影響を与えることは難しいかもしれませんが、もともと人間が持っている脳の構造に一番よく適応した形へと進化することはできるはずです。つまり、人間が寝ても覚めてもそのことしか考えられないくらいに魅力を感じたり、他の人にも魅力を伝えたくなるように進化するはずです。まさに、(2)私たちが夢中になっている文化や芸術（映画、小説、漫画、ゲームなど）に該当するのではないでしょうか。

7　そして、こうしたミームたちが、私たちに生きがいをもたらしてくれるのも(c)妥当なことです。なぜなら、生きがいをもたらすようなミームほど、そのミームの宿主の人間はなんとか長生きして、そのミームをより魅力的にしたり、多くの人にそのミームを広めることに(d)コウケンしてくれるはずだからです。ミームの側からすれば優秀な宿主となります。したがって、ミームはどんどん人間にとって、Eそれなしでは生きていけないようなものとなっていくはずです。その意味で私たち人間はミームと［Ⅱ］しています。人間は脳というミームが存在する場所を提供し、ミームは私たちに生きがいを提供してくれています。相互補完的な関係です。

8　こうした文化や芸術というミームを維持し発展させていくことは、人間にしかできません。文化や芸術は、人間の持つ複雑な情報処理が可能な脳という器官があることで、初めて生まれて増えることが可能になったものです。まさに人間らしい行為だと言えるでしょう。こうした作品の制作に参加する。あるいは一人のファンとして作り出すサポートをすることによって、私たちは(3)他の生物とは違う生き方ができるかもしれません。

(市橋伯一「増えるものたちの進化生物学」から一部抜粋 ※問題作成において一部改訂)

1 波線部(a)・(c)の漢字の読みがなをひらがなで書け。

2 波線部(b)・(d)のカタカナを漢字に直せ。ただし、楷書で書くこと。また、(b)は送りがなもひらがなで書くこと。

3 傍線部(1)について、筆者はどのようなことがジョークの進化だと考えているか。文章中の言葉を使って二十五字程度で説明せよ。

4 二重傍線部Aと同じ品詞のものを二重傍線部B～Eから一つ選び、記号で答えよ。

5 文章中の Ⅰ に当てはまる接続語を次の(ア)～(エ)から一つ選び、記号で答えよ。

(ア) むしろ (イ) ただし (ウ) なぜなら (エ) つまり

6 傍線部(2)について、本文中において筆者の説明する「文化」や「芸術」の性質と合致しないものを(ア)～(エ)から一つ選び、記号で答えよ。

(ア) 作品の受け取り手に影響を与え、その人の生きがいとなることもあるもの。
(イ) 人間の脳の中で生きのびやすく、かつ増えやすいように変化しているもの。
(ウ) 人間の脳の構造に影響を与えることで、世代を超えて長い間伝わっていくもの。
(エ) そのことしか考えられなくなったり、他に魅力を伝えたくなったりするもの。

7　文章中の［Ⅱ］に最も適する語を文章中から二字で抜き出して書け。

8　傍線部(3)とは、どういう生き方のことか。次の（①）（②）に当てはまる言葉を文章中から探し、（①）は八字で、（②）は二十二字でそれぞれ抜き出して書け。
（①）ことのためだけに生きるのではなく、（②）生き方。

9　文章中の各段落についての説明として最もふさわしいものを次の(ア)～(エ)から一つ選び、記号で答えよ。
(ア)　[5]段落は、[4]段落で提示した問題について、一般的な考えを示した後に筆者の考えを対照的に述べている。
(イ)　[6]段落は、[5]段落で述べた「腸内細菌」のたとえを使って、ミームと人間の共通点と相違点を述べている。
(ウ)　[7]段落は、[6]段落の内容について、人間とミームの両者の視点から分析し、両者の関係性を説明している。
(エ)　[8]段落は、[1]段落で端的に述べた筆者の主張について言葉を変えて再度述べることで説得力を高めている。

(☆☆☆◎◎◎)

【二】次の文章は、『徒然草』の一節である。これを読んで、以下の各問いに答えよ。

家居の(1)つきづきしく、あらまほしきこそ、仮の宿りとは思へど、興あるもの(a)なれ。よき人の、のどやかに住みなしたる所は、さし入りたる月の色も、一きはしみじみと見ゆるぞかし。今めかしくきらかならねど、木だちものふりて、(2)わざとならぬ庭の草も心あるさまに、簀子・透垣のたよりをかしく、うちある調度も昔覚えてやすらかなるこそ、(3)心にくしと見ゆれ。

多くの工の心をつくしてみがきたて、唐の、大和の、めづらしく、えならぬ調度ども並べ置き、前栽の草木まで心のままならず作りなせるは、見る目も苦しく、いとわびし。さてもやは、ながらへ住むべき。又、時のまの煙ともなりなんとぞ、うち見るより思は(b)るる。大方は、家居にこそ、ことざまはおしはからるれ。

後徳大寺大臣の、寝殿に鳶ゐさせじとて縄をはられたり(c)けるを、西行が見て、「鳶のゐたらんは、何かはくるしかる(d)べき。此の殿の御心、さばかりにこそ」とて、(4)その後は参らざりけると聞き侍るに、綾小路宮のおはします小坂殿の棟に、いつぞや縄をひかれたりしかば、かのためし思ひいでられ侍りしに、誠や、「烏のむれゐて池の蛙をとりければ、御覧じ悲しませ給ひてなん」と人の語りしこそ、さては(5)いみじくこそと覚えしか。徳大寺にもいかなる故か侍りけん。

（校注　永積安明「完訳日本の古典　第三十七巻」から　※問題作成において一部改訂）

1　『徒然草』について説明した次の文の（　①　）～（　③　）に当てはまる言葉を(ア)～(ケ)から選び、それぞれ記号で答えよ。

> 兼好法師によって（　①　）時代末期に書かれ、「枕草子」「（　②　）」とともに三大（　③　）と言われている。

(ア)　平安　(イ)　鎌倉　(ウ)　室町　(エ)　十訓抄　(オ)　奥の細道　(カ)　方丈記
(キ)　紀行文　(ク)　説話集　(ケ)　随筆

2　傍線部(1)を現代語訳せよ。

3　傍線部(a)～(d)の中で活用形の異なるものを一つ選び、記号で答えよ。また、その活用形を次の(ア)～(カ)から一つ選び記号で答えよ。

(ア)　未然形　(イ)　連用形　(ウ)　終止形　(エ)　連体形　(オ)　已然形　(カ)　命令形

4　傍線部(2)と対の意味となる言葉を文章中から七字で探し、抜き出して書け。

5　傍線部(3)の意味として、最もふさわしいものを次の(ア)～(エ)から一つ選び、記号で答えよ。

(ア)　心細い　(イ)　ほほえましい　(ウ)　奥ゆかしい　(エ)　つまらない

6　傍線部(4)とあるが、動作主を文章中から抜き出して答えよ。

7　傍線部(5)とあるが、どのようなことに対してそう感じたのか、三十字以上三十五字以内で書け。

8　文章の内容に合致するものを次の(ア)～(エ)から全て選び、記号で答えよ。

(ア)　住まいの様子を具体的に描写し、住まいには住む人の人柄が表れるという意見を提示している。

(イ)　珍しい小道具類を並べ、庭木等をよく手入れしている住まいに対する肯定的な考えを提示している。

(ウ)　前段に書いた内容に対し、後段で例外となる事例を提示することで多面的な見方を示唆している。

(エ)　前段に書いた内容について、後段でさらに具体例を提示することで、自分の主張を補強している。

(☆☆☆◎◎◎)

【三】平成二十九年告示の中学校学習指導要領「国語」について、次の問いに答えよ。

次の表は、「第2　各学年の目標及び内容」の「2内容」〔思考力、判断力、表現力等〕「A話すこと・聞くこと」の指導事項の一部をまとめたものである。(　①　)～(　③　)には、どのような内容が入るか、以下の

A〜Dからそれぞれ一つ選び、記号で答えよ。

〔第1学年〕 ウ （ ① ）、自分の考えが分かりやすく伝わるように表現を工夫すること。	〔第2学年〕 ウ （ ② ）、自分の考えが分かりやすく伝わるように表現を工夫すること。	〔第3学年〕 ウ （ ③ ）、自分の考えが分かりやすく伝わるように表現を工夫すること。

A　場の状況に応じて言葉を選ぶなど
B　論理の展開を考えるなど
C　相手の反応を踏まえながら
D　資料や機器を用いるなどして

（☆☆☆◎◎◎）

【四】中学校一年生の太朗さんは、木村信子さんの「ぼく」という詩を取り上げ、同じクラスの人に向けてこの詩や作者の魅力を伝える紹介文を書くことにした。紹介文を書くにあたって、紹介文に書く材料をメモに書き出した。

次の詩とメモを読んで、以下の各問いに答えよ。

ぼく　　木村信子

たとえば
このクラスのなかの
たった　ひとり
この学校のなかの
たった　たった　ひとり
地球の上の
かずにならないくらいの
ひとり
の　ぼく
だけど
これ　ぜんぶ
ぼくなんだ
ぼくという
宇宙なんだ

【メモ】

(ア)・効果的な表現の工夫　……「対比」「隠喩」
(イ)・一番印象に残った言葉
(ウ)・詩に込められた作者のメッセージ
(エ)・宇宙のなりたちについて
(オ)・木村信子さんの他のおすすめ作品

1　紹介文の材料を吟味し、一部削ることにした。最も削るべき内容を(イ)~(オ)から一つ選び、記号で答えよ。また、その理由を簡潔に書け。

2 以下の枠内の文章は、太朗さんの書いた紹介文のうち、メモの(ア)の内容について書いた部分である。空欄に入る内容を次の条件にしたがって書け。

【条件】

① 百字以上百四十字以内で書くこと。

② 「対比」及び「隠喩」の表現の工夫の効果について、それぞれ詩の中の言葉を用いて具体的に書くこと。

〜前略〜

この詩のもつ魅力の一つは、表現の工夫が効果的に用いられていることです。

〜後略〜

(☆☆☆◎◎◎)

解答・解説

岡山県

【中高共通】

【一】【中学校】　①　(h)　②　(g)　③　(c)　④　(a)　⑤　(e)

【高等学校】　①　(e)　②　(d)　③　(f)　④　(b)　⑤　(g)

〈解説〉【中学校】　(2)は情報の扱い方に関する事項であり、学習指導要領解説では「情報化が進展し様々な情報が氾濫している現代社会においては、情報の信頼性を十分吟味する必要がある」としている。情報の信頼性の確認方法として、学習指導要領解説では第1学年で学習した「出典の示し方」から確認する方法をあげている。具体的には本であれば奥付に書かれた書名、著者名、発行年、出版社等を確認すること、インターネットであれば、同じ事柄に対する複数の情報源から収集した様々な情報を照らし合わせながら確認すること等をあげており、さらに複数の情報に当たることの重要性も示している。【高等学校】　学習内容と言語活動例はセットで学習すること。問題の指導事項に関する言語活動例として、学習指導要領解説では「自分の考えについてスピーチをしたり、それを聞いて、同意したり、質問したり、論拠を示して反論したりする活動」「報告や連絡、案内などのために、資料に基づいて必要な事柄を話したり、それらを聞いて、質問したり批評したりする活動」「話合いの目的に応じて結論を得たり、多様な考えを引き出したりするための議論や討論を、他の議論や討論の記録などを参考にしながら行う活動」「集めた情報を資料にまとめ、聴衆に対して発表する活動」の四つをあげている。

【二】問1 (a) つひに (b) よく (c) ただ 問2 孰か嗣がしむべき(と) 問3 (イ) 問4 普君 問5 そなたの子ではないか(と) 問6 祁奚は、仇敵であろうと身内であろうと私心で判断せず、役職を果たすのにふさわしい能力があるかどうかという点だけで人物を推薦した極めて公正な人物だということ。(七十七字)

〈解説〉問1 解答参照。 問2 「孰か」と「使む」の読みに注意。使役形で書き下し文にすること。 問3 ここでは「可」は優れていることを指す。 問4 冒頭付近の「晋君問曰」を受けて「又問」と書かれている。「晋大夫」では三文字、「悼公」では文章中という条件に合わないことに注意。 問5 最初の「子」は祁奚を指し、次の「子」は子どもを指す。「邪」は、困惑や驚きを表す感動詞「や」である。 問6 傍線部(5)の直前の「外挙~親戚」を踏まえて述べ、その評価は『不偏不党王道蕩蕩』の引用が示している。八十字以内という条件から、少なくとも七十字以上で内容に即して具体的に述べたい。

【三】問1 弥生 問2 (3) 気掛かりで (5) 熱心に 問3 (ウ) 問4 (4) どうしてもう少し急いで訪ねなかったのだろう (6) かつて交わした約束を破るまい 問5 (エ) 【中学校】問6 再会を約束しながら、宿の主人が生きているうちに再び訪ねることができなかったこと。(四十字) 問7 (ウ) 【高等学校】問8 再会を果たせなかった宿の主人を悼み、世俗を離れた暮らしを望んでいた故人への思いを宿の壁に書きつけたことで、人の世の無常を一層強く感じている。(七十字)

〈解説〉問1 解答参照。 問2 (3) 「おぼつかなし」にはぼんやりしている、といった意味があるが、ここでは、気掛かりだ、もどかしい、という意味で使われている。 (5) 「ねんごろ」は心を込めてするさま、熱心であるさま、を指す。　問3　(a)は完了の助動詞「り」の連体形であり、(ア)は可能の助動詞「る」の終止形、(イ)は可能の助動詞「る」の未然形、(ウ)は完了の助動詞「り」の連体形、(エ)は形容動詞「静かなり」の連体形の一部、(オ)は動詞「見る」の已然形の一部である。　問4　(4)「などか」は疑問、反語の意味であることに注意すること。　(6)「違へ」は背いて裏切る、約束を破る、といった意味がある。　問5「常なき世の有様を思ひ知らぬにはあらねども、背かれぬ身の絆のみ多くてかかづらひ侍る程に」に着目する。出家を望みつつ家族に背くことができない、という宿の主人の事情が語られている。　【中学校】問6「などか今少し急ぎて訪ねざりけん」という後悔に着目すること。　問7　(ア)は「強引に引き留められ」、(イ)は「同道させてほしい」、(エ)は「春の風の爽やかさ」、(オ)は「宿の場所が分からず」が誤りである。　【高等学校】問8　筆者は宿の主人との再会を望みつつ、それが果たせなかった。また、主人の「昔の素意」への思いを宿の壁に書き付けた。その点をまとめる。なお、「塵の世」とは浮き世、はかない世のことである。

【四】問1　(a)　占　(b)　羅列　(c)　磨　(d)　乾燥　問2　外部世界としての自然を言語的に区分し分類することで、自らの内的な感性までもが社会的・文化的に規定されているということ。(五十九字)

問3　(エ)　問4　(ア)　問5　日本の自然観を形成する中心となった京都における美意識が、あるがままの現実に即した周辺部の季語にも貫かれているからこそ、日本人は生々しい現実を直接的に捉えにくくなっているということ。(九十字)

〈解説〉問1　解答参照。　問2　第三段落で「言語によって名づけられ、分類された〈自然〉は、すでに〈制度〉化された自然である」と述べており、また自然の制度化とは「外なる自然の制度化であるとともに内なる自然、感覚や感受性の制度化」と述べている。この二つをまとめればよい。　問3　筆者は、第九段落で「このように幾重もの重層性を持って成り立っている季語の世界は、その中心部と周辺部ではフィクション性の度合いが大いに異なっている」としながら、「全体が〈自然〉や事物の擬制化され、制度化された世界である」と述べていることを踏まえて考えるとよい。　問4　第十二段落の「すべての自然現象や事物は、～文化的にも地域的にも求心的な原理によって選択されたり、変容を受けたりする」「中心部からはなれた荒々しい自然現象や風物の発見は、～秩序の世界のなかに静止的に位置づけられるにしたがって、遠心的な原理の働きとなまなましさを失う」を踏まえて考えること。なお、イは「京都の外部に生じるあらゆる自然現象は季語の世界から排除されてしまう」、(ウ)は「万葉集による～捉え直したとしても」、(エ)は「万葉人の発見した荒ぶる自然や風土を反映させた言葉を自らの体系の内に位置づけながら」、(オ)は「新たな関係を結ぶことにより」が不適切である。　問5　第十一段落の「きびしい季節現象をあらわしていた生活の言葉が、内容をやわらげられ、矮小化されて季語の世界のなかにとりこまれる」、第十二段落の「中心部からはなれた荒々しい自然現象や風物」も「なまなましさを失う」に着目。中央の制度化された季語の世界から周辺部も逃れられない、という点を論じる。

岡山市

【中学校】

【一】1　(a)　つい　(c)　だとう　2　b　及ぼし　d　貢献　3　ジョークがより面白くなり、より速く広がっていくこと。(二十六字)　4　E　5　(ア)　6　(ウ)　7　共生　8　①　生存や子孫を残す　②　文化や芸術というミームを維持し発展させていく　9　(ウ)

〈解説〉1・2　解答参照。　3　「こうして」に着目。つまり、先行する事柄を傍線部(1)が受けているので、この直前に具体的な内容が示されている。それをまとめればよい。　4　A「ここ」は場所などを指す代名詞。Bは形容動詞、Cは連体詞、Dは副詞。Eは代名詞である。　5　「生存や子孫を残す可能性には、ほぼ何の影響も与えない」だけでなく、どちらかといえば「子孫の数を減らしているかもしれません」とあるから、「むしろ」が該当する。　6　[6]に「ミームはただの情報なので、脳の構造に影響を与えることは難しいかもしれません」とある。　7　[7]でミームは「相互補完的な関係です」と述べていることから考える。[5]で作者は「人間と共生している」と述べている。　8　問題にある文章から、①には人間を含む生物全体にいえること、②は人間にしかできないことが該当することを踏まえて文を読むこと。①は生物に関しては[3]で述べられていることから、その段落から適切な語句を探す。②は[8]で「人間にしかできません」とあるので、その内容を中心に考えるとよい。　9　(ア)　[5]は「一般的な考え」ではなく、筆者の考えとして「可能性」を述べている。　(イ)　[6]では共通点と相違点について述べられていない。　(エ)　[1]で提起した話題を、[2]から[7]段落までの説明を受けて最後の[8]でまとめている。

【二】1　①(イ)　②(カ)　③(ケ)　2　似つかわしく　3　記号…(a)　活用形…(オ)　4　心のままならず　5　(ウ)　6　西行(が)　7　小坂殿に縄を引いていた理由が、鳥が蛙をとるのを防ぐためであったこと。(三十四字)　8　(ア)、(ウ)

〈解説〉1　注意したいのは「枕草子」は他の二作品と異なり、平安時代に執筆されていること。「三大随筆」とひとくくりにされているが、「枕草子」と「徒然草」では執筆(完成)した年は三百年以上離れているといわれる。　2　シク活用の連用形なので、現代語訳も連用形にすること。　3　(a)は「こそ」を受けた已然形だが、

(b)は「ぞ」を受けた連体形であり、(c)と(d)も連体形である。 4 「わざとならぬ」は意図的ではなく、その反対に「心のままならず」は意図的に、わざと、という意味で使われている。 5 ここでは「よき人」の家のたたずまいを評価しているので、心ひかれる、奥ゆかしい、という意味となる。 6 大臣の様子を西行が見て、その後は「参らざりける」と謙譲語を用いているので、西行が動作主となる。 7 ここでの「いみじく」は立派であると評価している。その内容は、「小坂殿の棟に、いつぞや縄をひかれたりし」ことの理由が「鳥のむれゐて池の蛙をとりければ」であることを指す。 8 (ア)は形式段落第一～三段落の内容を受けている。(イ)は形式段落第三段落で否定的に述べている。(ウ)は形式段落第四段落で西行による批判を受けながら小坂殿の棟は例外であることを述べている。(エ)は、補強ではなく例外を述べているので、合致しない。

【三】 ① C ② D ③ A

〈解説〉本問のような同じ指導項目について、各学年で指導内容がどう異なるか、といった問題は近年増加傾向にあるため、学習指導要領解説等で学習しておきたい。学習する際、指導内容は前(々)学年の学習内容を踏まえて作成されるため、学年が上がると指導内容も高度になることを踏まえるとよい。なお、B「論理の展開を考えるなど」は高等学校の指導内容で見かける文言だが、小・中学校では使用されていない。

【四】 1 記号…エ 理由…詩や作者の魅力を伝えるという紹介文を書く目的に合わないため。 2 前半で、「クラス」、「学校」、「地球」と「ひとり」という言葉を繰り返し対比することで人間の存在の小ささを強調しています。そして、後半で、「ぼくという宇宙」という隠喩を用いて、そのひとりのぼくという存在の無限の広がりを表現しているため、「ぼく」の存在の大きさが印象づけられています。(百四十字)

〈解説〉1 エ「宇宙のなりたちについて」は、「ぼく」という詩では直接触れられていない。したがって魅力を伝える材料にはならない。理由を説明するので、文末を「ため。」とする。　2　【条件】の中に「詩の中の言葉を用いて」とあるので問題ないが、この文言がなくとも「具体的に」という条件があれば、詩の中の言葉を用いて表現する必要があることを心がけたい。また、字数制限について、【条件】のように「～字以上～字以内」とあれば指定字数内にまとめれば問題ないが、例えば「百字以内」という指定で、六十字でまとめると内容的に不十分と判断される場合がある。少なくとも指定字数の八割程度でまとめるよう心がけたい。一方、指定字数超過は採点対象にならないこともあるので注意しよう。

二〇二三年度 実施問題

岡山県

【中高共通】

【一】受験する校種の学習指導要領について、問いに答えよ。

【中学校】

問　次の文章は、平成二十九年告示の中学校学習指導要領の「国語」の「第2　各学年の目標及び内容」の第一学年「2内容」の抜粋である。次の（　①　）～（　⑤　）に当てはまる語句を〔語群〕の(a)～(h)からそれぞれ選び、記号で答えよ。

〔思考力、判断力、表現力等〕
C　読むこと
(1)　読むことに関する次の事項を身に付けることができるよう指導する。
ア　文章の中心的な部分と付加的な部分、事実と意見との関係などについて（　①　）を基に捉え、要旨を把握すること。
イ　場面の展開や（　②　）の相互関係、心情の変化などについて、描写を基に捉えること。

ウ　目的に応じて必要な情報に着目して（　③　）したり、場面と場面、場面と描写などを結び付けたりして、内容を（　④　）すること。

エ　文章の構成や展開、表現の効果について、（　⑤　）を明確にして考えること。

オ　文章を読んで理解したことに基づいて、自分の考えを確かなものにすること。

〔語群〕（a）解釈　（b）主張　（c）要約　（d）評価　（e）根拠　（f）登場人物　（g）叙述
（h）段落

【高等学校】

問　次の文章は、平成三十年告示の高等学校学習指導要領の「国語」の科目「現代の国語」の「2内容」の抜粋である。次の（　①　）～（　⑤　）に当てはまる語句を〔語群〕の（a）～（h）からそれぞれ選び、記号で答えよ。

〔知識及び技能〕

（2）話や文章に含まれている情報の扱い方に関する次の事項を身に付けることができるよう指導する。

ア　主張と（　①　）など情報と情報との関係について理解すること。

イ　個別の情報と（　②　）化された情報との関係について理解すること。

ウ　（　③　）の仕方を理解し使うこと。

エ　情報の（　④　）性や信頼性の吟味の仕方について理解を深め使うこと。

オ　引用の仕方や（　⑤　）の示し方、それらの必要性について理解を深め使うこと。

〔語群〕 (a) 一般　(b) 妥当　(c) 論拠　(d) 具体　(e) 比喩　(f) 汎用　(g) 推論
(h) 出典

【二】次の文章は、『貞観政要』の一節で、唐の太宗《たいそう》(上《しやう》)が、尚書省の次官(尚書右僕射《しやうしよううぼくや》)である封徳彝《ほうとくい》と対話している場面である。これを読んで、各問いに答えよ。(設問の都合で訓点を省略した部分がある。)
(☆☆☆◎◎◎)

貞観二年、上謂ヒテ㆓尚書右僕射封徳彝ニ㆒曰ク、「致ス㆑(a)安キヲ之本ハ、惟ダ在リ㆑得ルニ㆑人ヲ。此来《このごろ》令ムルニ㆓卿ヲシテ挙ゲ㆑賢ヲ、(1)未嘗有所推薦。天下ノ事ハ重シ、卿(2)宜分カツ朕ガ憂労ヲ。卿既ニ不ンバ㆑言ハ、朕将タ安クニカ寄セント。」(b)対曰ク、「臣愚ニ(3)豈敢ヘテ不ランヤ㆑尽クサ㆑情ヲ。但ダ今ノ所㆑見ル、未有奇才異能。」上曰ク、「前代ノ明王、(4)使人如器。不シテ㆑借ラ㆓才ヲ於異代ニ㆒、皆取ル㆓士ヲ於当時ニ㆒。豈ニ待チテ㆘夢ミ㆓傅《ふ》説《えつ》ヲ㆒、逢フヲ㆗呂《りよ》尚《しやう》ニ㆖、然ル後ニ為サン㆑政ヲ乎。何ノ代カ無カラン㆑賢。但ダ患フル㆓遺シテ而不ルヲ㆑知ラ㆒(c)耳。」(5)徳彝慙《ざん》赧《たん》シテ而退ク。

(注)傅説——殷代の賢相。　呂尚——周の文王の功臣。太公望のこと。　慙赧——恥じて顔を赤くする。

問1　波線部(a)「安」の、ここでの意味と近い熟語として最も適当なものを、次の(ア)～(オ)から一つ選び、記号で答えよ。
(ア) 安価　(イ) 安静　(ウ) 安寧　(エ) 安坐　(オ) 安直

問2　波線部(b)「対」・(c)「耳」の読みを送り仮名も含めてそれぞれ答えよ。(現代仮名遣いでよい)

問3　傍線部(1)に返り点を施せ。

未嘗有所推薦

問4　傍線部(2)を「私の心配や労力を分担すべきである」という意味になるように、書き下し文にせよ。

問5　傍線部(3)を現代語訳せよ。

問6　傍線部(4)の解釈として最も適当なものを、次の(ア)～(オ)から一つ選び、記号で答えよ。

(ア)　人をその力量に応じて用いたということ。

(イ)　人を道具のように使い捨てたということ。

(ウ)　人に器のような役割を求めたということ。

(エ)　人をその能力以上に働かせたということ。

(オ)　人に才能を磨くようにさせたということ。

問7　傍線部(5)とあるが、封徳彝がこのような状態になったのはなぜか。文章全体を踏まえ、「傅説」、「呂尚」という語を用いて、八十字以内で説明せよ。

(☆☆☆◎◎◎)

【三】次の文章は、『堤中納言物語』に収められた「虫めづる姫君」の一節である。主人公の姫君は、自分の身なりには一切構わず、周囲が気味悪がる毛虫のような虫を可愛がってばかりいて、世間のうわさになっている。これを読んで、各問いに答えよ。中学校受験者は問1～問5、高等学校受験者は問1～問4と問6に答えること。

かかること、世に聞えて、いと、うたてあることを言ふ中に、ある上達部の御子、うちはやりてものおぢせず、愛敬づきたるあり。この姫君のことを聞きて、「(1)さりとも、これにはおぢなむ」とて、帯の端の、いとをかしげなるに、蛇《くちなは》のかたをいみじく似せて、動くべきさまなどしつけて、いろこだちたる懸袋《かけぶくろ》に入れて、

結びつけたる文を見れば、

　　はふはふも君があたりにしたがはむ長き心の限りなき身は

とあるを、何心なく御前に持て参りて、「袋など。あくるだにあやしくおもたきかな」とて、ひきあけたれば、蛇、首をもたげたり。人々、心を惑はしてののしるに、君はいとのどかにて、「なもあみだぶつ、なもあみだぶつ」とて、「生前《さうぜん》の親ならむ。(2)な騒ぎそ」と、うちわななかし、顔、ほかやうに、「なまめかしきうちしも、けちえんに思はむぞ、あやしき心なりや」と、うちつぶやきて、近く引き寄せたまふも、さすがに、恐ろしくおぼえたまひければ、立ちどころ居どころ、蝶のごとく、こゑせみ声に、のたまふ声の、いみじうをかしければ、(A)人々逃げ去りきて、笑ひいれば、しかじかと(3)聞ゆ。「いと(4)あさましく、むくつけきことをも聞くわざかな。さるもののあるを見る見る、みな立ちぬらむことこそ、(B)あやしきや」とて、大殿、太刀をひきさげて、もて走りたり。よく見たまへば、いみじうよく似せて作りたまへりければ、手に取り持ちて、「いみじう、物よくしける人かな」とて、「かしこがり、ほめたまふと聞きて、したる(X)なめり。返事をして、はやくやりたまひてよ」とて、渡りたまひぬ。

　人々、作りたると聞きて、「けしからぬわざしける人かな」と言ひにくみ、「返事せずは、おぼつかなかりなむ」とて、いとこはく、すくよかなる紙に書きたまふ。仮名はまだ書きたまはざりければ、片仮名に、

　　「契りあらばよき極楽にゆきあはむまつはれにくし虫のすがたは

福地の園に」とある。

（注）いろこだちたる――鱗《うろこ》模様の　懸袋――紐《ひも》で首にかけられるようにした袋。
見れば――上達部の御子が結びつけた文を女房が見ると　けちえんに――はっきりと
福地の園――極楽浄土のこと。

問1　傍線部(3)「聞ゆ」・(4)「あさましく」の本文中の意味をそれぞれ答えよ。

問2　波線部(X)の「な」と文法的に同じものである波線部を含む例文を、次の(ア)～(カ)から全て選び、記号で答えよ。

(ア)　髪もいみじく長くなりなむ。　(イ)　多くはみな虚言なり。　(ウ)　弓の音すなり。
(エ)　昔、男、片田舎に住みけり。　(オ)　花の色は移りにけりな　(カ)　わればかりかく思ふにや。

問3　傍線部(1)・(2)を現代語訳せよ。

問4　本文の内容に合致するものを、次の(ア)～(オ)から一つ選び、記号で答えよ。

(ア)　上達部の御子は、姫君の顔立ちが美しいことを気に入って蛇のように長く変わらぬ愛を伝えた。
(イ)　姫君は蛇を怖がる女房たちを、前世で自分の親であったのかもしれないのだからとたしなめた。
(ウ)　女房たちは、蛇が作り物であるとわかるとその出来ばえに感心し上達部の御子をほめたたえた。
(エ)　姫君から返事がなく不安になった上達部の御子は、無風流な紙に歌を書き付け返事を催促した。
(オ)　上達部の御子から求愛の申し出を受けた姫君は、極楽に行くまで長く一緒に居たいと返歌した。

説明せよ。

【中学校受験者のみ答える問題】

問5　二重傍線部(A)「人々逃げ去りきて、笑ひいれば」とあるが、人々が笑った理由を説明せよ。

【高等学校受験者のみ答える問題】

問6　二重傍線部(B)「あやしきや」とあるが、大殿はどのようなことに対してこう言ったのか。六十字以内で説明せよ。

（☆☆☆◎◎◎）

【四】次の文章を読んで、各問いに答えよ。

互いの内面にまで深入りすることなく、滑らかな人間関係を維持していくための工夫の一つとして、今日の若年層に広まっているのが人物像のキャラ化です。キャラとは、ハローキティやミッフィーなどのように最小限の線で描かれた単純な造形です。それは単純かつ明瞭であるがゆえに、私たちに強い印象を与え、全体像の把握を容易にしてくれます。

日本の伝統芸能の一つである能を想起してください。現実界の人物として登場する前場の主人公(シテ)と、夢幻界に登場する後場のシテは、役者が異なった能面をかぶって演じ分けます。観客は、役者の演技によるだけでなく、シテの心象風景の特徴を強調し、それをシンボル化した能面が切り替えられることで、同じ舞台上であっても容易に異界へと移行することができるのです。

(1)キャラとは、多元化した現在の人間関係において、この能面の役割を担うものです。人間関係の不確実性が増していくなかで、それでも人間関係を滑らかに運営していくための対人技法の一つなのです。互いにキャラを立て、それを演じあうことで、複雑化した人間関係に安定した枠組みを与え、価値観の多様化によって失われた「あうんの呼吸」を再び取り戻そうとしているのです。

ネット上のコミュニケーションでは、非言語的な情報量が少なく、相手の反応も読みとりにくいがゆえに、じつはキャラのシンボル操作がかえって容易に行なわれやすくなります。単純化されたキャラにとって、雑多な情報はかえってノイズになりますが、ネット上のコミュニケーションではその雑多な情報が切り捨てられるため、キャラのイメージを純化させやすいのです。

しかし、裏を返せば、ネット上ではそれだけ人物像が紋切型になりやすいともいえます。それはネット上にかぎった話ではありません。じつは対面的な付きあいの場でも、互いにキャラを演じあっている以上、多かれ少なかれその(a)ケイコウは促進されていきます。(2)人間関係の見通しを良くするということは、いいかえれば予定調和の関係を実現するということですから、良くも悪くも初期設定された関係が、既定のバージョンのまま延々と続くだけになりがちなのです。

かつて大衆芸能の一つだった猿楽《さるがく》を芸術の域まで高め、能としての形式を完成させた世阿弥《ぜあみ》は、役者の心構えの一つとして「離見《りけん》の見《けん》」という言葉を残しています。舞台上で役を演じる者は、その姿を舞台の頭上から見下ろすかのように、演じている自分を客観的に見つめるもう一つの目を持っていなければならない。そう説いているのです。実際、能面はかなり分厚く作られているため、それをかぶった役者の視界は非常に狭く、目の前の観客の姿しか見えません。

私たちは、鏡に映してみなければ、自分の姿を自分で見ることができません。それと同じく、客観的な自分の姿は、他者の反応という鏡を通してしかモニターできないのです。他人から見えているその姿こそ、客観的に捉えられた本当の自分の姿のはずです。

ところが、予定調和の関係では、互いに相手の期待を読んで、それに応えるように演じつづけようとします。

必要とされる役回りだけが互いに期待され、それ以外は求められないからです。関係の維持にとって、人格の全体像はむしろ阻害要因になってしまいます。そのため、自分の知らない自分の姿を相手が教えてくれることはありません。いいかえるなら、相手の意外な反応に出会うことがなければ、本当の自分の姿と出会うこともできないということです。

人間関係とは、互いの衝突を契機にそのあり方が見直され、再構築されていくものです。そうすることで、周囲の環境の変化にも柔軟に対応していけます。新しい自分を発見していくこともできます。しかし、あらかじめ衝突の危険性を回避し、予定調和の関係を営んでいるかぎり、その関係が次のバージョンへとレベルアップされ、深まっていくことはありえません。自分の知らない自分に出会うこともできず、したがって環境の変化にも耐えられません。キャラを演じあうことで維持される人間関係は、表面上は安定した関係のように見えますが、それは今この場かぎりのものであって、長い目で見ればじつは意外と脆《もろ》いものなのです。

(3)キャラとは、人間関係というジグソーパズルを組み立てている個々のピースに当たるものです。個々のピースの輪郭は単純明瞭ですが、それぞれが独自の形をもち、互いに異なっているため、他のピースとは取り替えがききません。ピースが一つでも欠けると全体の構図は損なわれてしまいますから、集団のなかに独自のピースとして収まっているかぎり、自分の居場所が脅かされることもありません。その点から見れば、キャラとは、集団のなかに自分の居場所を確保するための工夫の一つともいえるでしょう。

しかし、予定調和のなかで演じられるキャラとは、各自が勝手に定めることができるものではなく、周囲との関係で決まってくるものです。しばしば自分の個性の表現のように思われたりもしますが、自分のキャラを自分で勝手に決めることはできません。しかも、それぞれのピースの形が、全体の構図のなかに収まるように定められるという点に着目するなら、もしもまったく同じ輪郭のピースが他のどこかで見つかれば、それは自分のピースと置き換えが可能ということにもなります。現在の子どもたちが、他人とキャラが重なってしまうことを「キャラかぶり」と称し、なるべく回避しようと細やかな神経を使うのはそのためです。同じ輪郭のキャラの登場は、集団内での居場所を互いに危うくするからです。

　あるいは逆に、どれだけ強い個性の持ち主であろうと、集団内であらかじめ配分されているキャラからはみ出すことも、また同様に忌避されます。全体の構図のなかにうまく収まらないと、やはり自分の居場所が危険にさらされるからです。各自が呈示するキャラは、あくまで予定調和の範囲内で割り当てられたものでなければなりません。このように、キャラ化された人間関係では、その安定感が確保されやすいのとは裏腹に、そこに居るのが他ならぬ自分自身だという確信が揺らぎやすくなります。いわゆる「キャラ疲れ」の根底に、じつはこのような不安が(b)ヒソんでいることを見落としてはなりません。

　ピースの形があらかじめ定まった関係では、自分の居場所が安全に確保されているように見えて、じつはその確証を得られません。同じ条件さえ整えば、別人でもよかったかもしれない可能性がつねに付きまといます。予定調和の世界では、私たちは代替可能な存在となって、かけがえのなさから疎外されてしまうのです。

　このような観点から眺めれば、キャラには特別性はあっても、しかし単独性はないといえます。それがいかに個性的なものであったとしても、つねに匿名性をはらんでしまいます。ここに、予定調和を重んじるキャラ化された人間関係の落とし穴があります。そして、その落とし穴は、キャラ化と親和性の高いネット上でとくに顕在化しやすくなります。ネットの匿名性は、たしかにキャラ的な人間関係の維持を容易にしますが、他方で代替可能性への不安も増長しやすいのです。ネット上でいくら(c)ノウミツな関係を築いても、この代替不安から逃れることはできません。むしろそこで純化されるキャラ的なコミュニケーションは、しばしば「成りすまし」によるトラブルや事件が問題となるように、逆に代替への不安を煽《あお》っていくばかりです。

ジグソーパズルのピースがそうであるように、キャラには明確な輪郭線が求められます。そうやって曖昧さが排除され、実現される予定調和の世界は、たしかに見通しのよいものかもしれません。しかし、そこではあらかじめ想定された枠組みに収まりきらない多様性が認められません。だから、キャラの輪郭さえ合致するなら、ここに居るのは自分でなくてもよかったのかもしれないという不安が(d)ツノっていくのです。「代替可能な私」の不安から抜け出すことができないのです。コンビニエンス・ストアやファスト・フードの店員が、店のマニュアルに従って動くことさえできるなら、ここに居るのは自分でなくてもよかったかもしれないという疎外感を抱きがちなのと同じで、自己の単独性がそこでは保証されえないからです。(4)ここが能面とは決定的に違うところです。

（土井隆義『つながりを煽られる子どもたち』から）

問1　波線部(a)～(d)のカタカナを漢字に改めよ。

問2　傍線部(1)とあるが、どういうことか。その説明として最も適当なものを、次の(ア)～(オ)から一つ選び、記号で答えよ。

(ア)　不確実性を増す人間関係を滑らかにするために演じられるキャラは、特徴を強調し把握しやすくするという点で、心象風景をシンボル化して前場と後場のシテを演じ分けるのに使われる能面と似た機能を持つということ。

(イ)　価値観が多様化した現代の若者たちに広まっている人物像のキャラ化は、複雑化した人間関係に安定した枠組みを与えるという点で、同じ舞台上で現実と夢幻との間の移行を容易にする能面と似た機能を持つということ。

(ウ)　インターネット上のコミュニケーションに適応するための対人技法として広まってきた人物像のキャラ化は、単純かつ明瞭な造形を持つという点で、観客にシテの心象風景を印象付ける能面と似た機能を持つということ。

(エ)　雑多な情報を切り捨てて人間関係の見通しを良くするために演じられるキャラは、相手の反応を読み取りにくくして人物像を純化するという点で、役者同士の「あうんの呼吸」を助ける能面と似た機能を持つということ。

(オ)　最小限の線で描かれ雑多な情報を切り捨てることでシンボル化されているキャラは、本来の人物像を見えにくくするという点で、役者の視野を狭くして自らの姿を客観視することを促す能面と似た機能を持つということ。

問３　傍線部(2)とあるが、なぜそう言えるのか。七十字以内で説明せよ。

問４　傍線部(3)とあるが、「人間関係」と「キャラ」を「ジグソーパズル」と「個々のピース」に例えることで筆者が表現しようとしていることの説明として適当でないものを、次の(ア)～(オ)から一つ選び、記号で答えよ。

(ア)キャラとは単純明快かつ集団の中での特別性を持つものである。

(イ)全体の人間関係からそれぞれの演じるべきキャラが規定される。

(ウ)集団の中における似たキャラの並立は互いの立場を危うくする。

(エ)集団内で規定されたキャラからはみ出す強い個性は忌避される。

(オ)さまざまなキャラが補完しあうことで集団の安全が確保される。

問5　傍線部(4)とあるが、ここで筆者はどのようなことを言おうとしているのか。本文全体を踏まえ、九十字以内で説明せよ。

（☆☆☆◎◎◎）

岡山市

【中学校】

【一】次の文章を読んで、各問いに答えよ。

　ヒトの遺伝子が次の世代に伝わるときには、他の個体の遺伝子と混ぜ合わされます。その際に、遺伝子の組み合わせ方が異なったものが生じます。また、自分で自分の細胞の遺伝子をコピーする際に、外からの(a)シゲキなどによってわずかに違ったかたちでコピーされることがあります。このようにして、遺伝子にさまざまなバリエーションが生じます。バリエーションがあることで、私たちの体や心の能力にはさまざまな違いが生まれます。そして、生存に有利なものは残り、不利なものは子孫に伝わらずに消えていったと考えられます。

　[A]、身体の特徴だけでなく心の働き方も遺伝で決まる部分は無視できない程度に(1)あり、それらは祖先から子孫へと伝えられてきたものだと考えられるのです。

　このように、心の仕組みが身体の進化と同じような仕組みでできてきたとする考え方が進化心理学です。この発想は、(2)バイアスがなぜ存在するのかを説明するのに役立ちます。

まず、身体について考えてみます。私たちの身体は、理想的な形になるようにゼロから設計されたものではありません。私たちの祖先が、ある時点で^{B}すでに持っていた身体の仕組みに修正を$^{(b)}$施しながら、そのときどきの生き残りの課題に対応できるように変化してきたものです。いったんできあがってしまった身体の仕組みは、多少不都合があってもゼロから設計しなおされることはなく、当面の必要に応えられるように修正しながら次の代に遺伝し、使われます。

たとえば、私たちの眼$^{(3)}$球を見てみると、網膜にある視細胞から出た視神経は目の内側を通っています。それを脳につなげるためにはどこかで目の内側から外側に出なくてはなりません。そこで、網膜の一か所に穴が開いていて、そこから視神経を外に出して、脳につなげています。そのため、私たちの視野には眼球が健全な人でも見えない部分(盲点)があります。

視細胞から出た視神経が最初から目の外側を通っていればそういうことをしなくてすみ、盲点も存在しません。そちらのほうが、見るという機能に関してはすぐれています。たとえば、イカの眼球はそのようになっていて、盲点はありません。しかし、ヒトの祖先はいつかの時点で現在の網膜の構造をとるようになり、その子孫はそれを前提として改良するというかたちで目の構造を作ってきました。それが今の私たちに受け継がれています。ある日、盲点はないほうがよいからと、それまでの遺伝子を無視して$^{(4)}$イカの目のような神経構造の目を持った子どもが産まれてくることは困難です。このことを、進化における経路依存性と言います。時間は$^{(c)}$遡れないので、一度あるときに選択した身体の仕組みは、後日(何千年後か何万年後かはわかりませんが)不都合が生じたとしても、過去に遡って選び直して進化の過程をやり直すことはできないということです。

目で見て周囲を認知することのほかにも、私たちの祖先はこれまで多種多様な問題に直面してきました。そして、それらを乗り越えるために、さまざまな心の仕組みを作ってきたのです。たとえば、身近な人と協力するためには、自分に協力してくれる人とそうでない人を見分ける必要があります。そして、協力してくれる人と良い関係を(d)キズくように行動する必要があります。

そのときに、バイアスのある情報処理や判断をしたとしても、それを使うことで生き延びる可能性が高まるのであれば、そうした心の仕組みは残り、子孫に伝わっていきます。

以上のようにして私たちの心のさまざまな要素のなかに、バイアスのかかった情報処理や判断が、息づいていると考えられるのです。

※バイアス…bias　先入観や偏見など、人間がさまざまな対象を認知する際に生じるゆがみ。

(藤田政博「バイアスとは何《なに》か」から一部抜粋　※問題作成において一部改訂)

1　波線部(a)・(d)のカタカナを漢字に直せ。ただし、楷書で書くこと。

2　波線部(b)・(c)の漢字の読みがなをひらがなで書け。

3　文章中の[A]に当てはまる接続語を、次の(ア)~(エ)から一つ選び、記号で答えよ。

(ア)　また　(イ)　しかし　(ウ)　したがって　(エ)　たとえば

4　二重傍線部Bの単語の品詞名を答えよ。

5　傍線部(1)の動詞の活用の種類を、次の(ア)~(オ)から一つ選び、記号で答えよ。また、活用形を漢字で書け。

(ア)　五段活用　(イ)　上一段活用　(ウ)　下一段活用　(エ)　カ行変格活用　(オ)　サ行変格活用

6　傍線部(2)について、筆者はなぜバイアスが存在すると考えているか。文章中の言葉を使って三十五字以上四十五字以内で書け。

7　傍線部(3)の漢字について、総画数が異なるものを次の(ア)～(エ)から一つ選び、記号で答えよ。

(ア) 進　(イ) 瓶　(ウ) 階　(エ) 紺

8　傍線部(4)とはどのような構造か。「脳」「盲点」という言葉を使って三十五字以上四十五字以内で書け。

9　本文に書かれた筆者の考えに合致するものを次の(ア)～(エ)から全て選び、記号で答えよ。

(ア) 遺伝子がコピーされたり子孫へ伝わったりする際に多様性が生じ、体や心の能力に違いが生まれる。

(イ) 身体の特徴や心の働き方は、生存に有利か不利かが影響するのではなく、すべて遺伝で決まる。

(ウ) 身体の仕組みに不都合があっても、進化においてゼロから設計しなおすことはできない。

(エ) ヒトは多種多様な問題を乗り越えるため、あらゆる人々と協力し、良い関係をつくってきた。

(☆☆☆◎◎◎)

【二】次の文章は「大鏡」の一節である。これを読んで、各問いに答えよ。

*この(1)大臣、子どもあまたおはせしに、女君たちは婿とり、男君たちは皆、ほどほどにつけて位どもおはせしを、それも皆方々に流されたまひてかなしきに、幼くおはしける男君・女君たち慕ひ(2)泣きておはしければ、「小さきはあへなむ」と、おほやけもゆるさせ(a)たまひしぞかし。*帝の御おきて、きはめてあやにくにおはしませば、この御子どもを、同じ方につかはさざりけり。かたがたにいとかなしく(b)思し召して、御前の梅の花を御覧じて、

I　こち吹かばにほひおこせよ梅の花あるじなしとて春をわするな

また、*亭子の帝に(c)聞えさせたまふ、

Ⅱ

なきことにより、かく罪せられたまふを、かしこく思し嘆きて、やがて山崎にて出家せしめたまひて、都遠くなるままに、あはれに心ぼそく思されて、

Ⅲ

また、播磨国におはしましつきて、明石の駅といふ所に御宿りせしめたまひて、駅の長の(3)いみじく思へるけしきを(d)御覧じて、作らしめたまふ詩、いとかなし。

Ⅳ 駅長(4)莫驚時変改
一栄一落是春秋

(注) *この大臣…菅原道真。右大臣の位についていたが、讒言《ざんげん》により大宰府に左遷されることになった。
*帝…醍醐天皇　*亭子の帝…宇多法皇

(校注　橘　健二「日本古典文学全集　大鏡」から　※問題作成において一部改訂)

1　傍線部(1)の古典における読みをひらがな三字で書け。
2　傍線部(2)を現代語訳せよ。
3　傍線部(a)～(d)のうち、敬語の種類の異なるものを一つ選び、記号で答えよ。
4　傍線部(3)について、「駅の長」は、どんなことに対してこのように思ったのか書け。
5　傍線部(4)を「驚いてはいけない」という意味になるように書き下し文にし、全てひらがなで書け。

6　Ⅳの漢詩について、主題に最も適する四字熟語を次の(ア)～(オ)から一つ選び、記号で答えよ。
(ア)　臥薪嘗胆　(イ)　一日千秋　(ウ)　孤立無援　(エ)　栄枯盛衰　(オ)　心機一転

7　司馬遷が著し、日本でも親しまれてきた中国の歴史書で、『大鏡』と同様に「紀伝体」で記された作品の名前を漢字で書け。

8　文章中のⅡ□、Ⅲ□には、それぞれ次の和歌A、Bのいずれかが入る。以下の会話を読み、あとの各問いに答えよ。

A　君が住む宿のこずゑをゆくゆくとかくるるまでもかへり見しはや
B　流れゆくわれはみくづとなりはてぬ君しがらみとなりてとどめよ

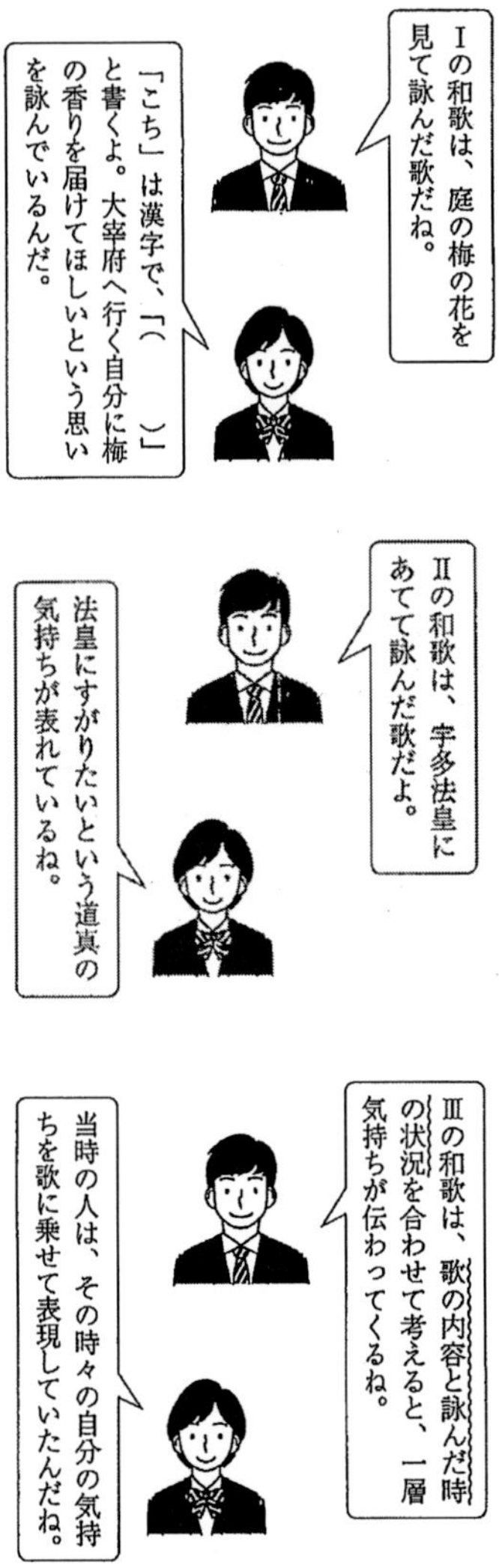
Ⅰの和歌は、庭の梅の花を見て詠んだ歌だね。

「こち」は漢字で、「(　　)」と書くよ。大宰府へ行く自分に梅の香りを届けてほしいという思いを詠んでいるんだ。

Ⅱの和歌は、宇多法皇にあてて詠んだ歌だよ。

法皇にすがりたいという道真の気持ちが表れているね。

Ⅲの和歌は、歌の内容と詠んだ時の状況を合わせて考えると、一層気持ちが伝わってくるね。

当時の人は、その時々の自分の気持ちを歌に乗せて表現していたんだね。

(1)　Ⅰの和歌中の「こち」を漢字に直して書け。
(2)　Ⅲ□に入る和歌は、A、Bのいずれか記号で答えよ。また、選んだ理由を六十字以上七十字以内

で説明せよ。ただし、会話中の波線部をふまえて具体的に書くこと。

（☆☆☆◎◎◎）

【三】平成二十九年告示の中学校学習指導要領「国語」について、次の各問いに答えよ。

1　次の文は、「第2　各学年の目標及び内容」の「2内容」〔思考力、判断力、表現力等〕「B書くこと」の指導事項の一部をまとめたものである。（　A　）～（　C　）に当てはまる語句を漢字で書け。

	第1学年	第2学年	第3学年
考えの形成、記述	ウ　根拠を（　A　）にしながら、自分の考えが伝わる文章になるように工夫すること。	ウ　根拠の適切さを考えて説明や具体例を加えたり、表現の（　B　）を考えて描写したりするなど、自分の考えが伝わる文章になるように工夫すること。	ウ　表現の仕方を考えたり資料を適切に（　C　）したりするなど、自分の考えが分かりやすく伝わる文章になるように工夫すること。

2　次の文は、「第3　指導計画の作成と内容の取扱い」の一部である。（　①　）（　②　）に当てはまるものを(ア)～(エ)からそれぞれ一つ選び、記号で答えよ。

> 書写の指導に配当する授業時数は、第1学年及び第2学年では年間（　①　）単位時間程度、第3学年では年間（　②　）単位時間程度とすること。

(ア)　5　　(イ)　10　　(ウ)　20　　(エ)　30

（☆☆☆◎◎◎）

【四】ある中学校の生徒が、職場体験の受け入れ先にお礼状を書くことにした。タブレット端末のデジタルホワイトボードでメモを作成して書きたい内容を挙げ、それをもとに下書きを書いた。あとの各問いに答えよ。

【メモ】

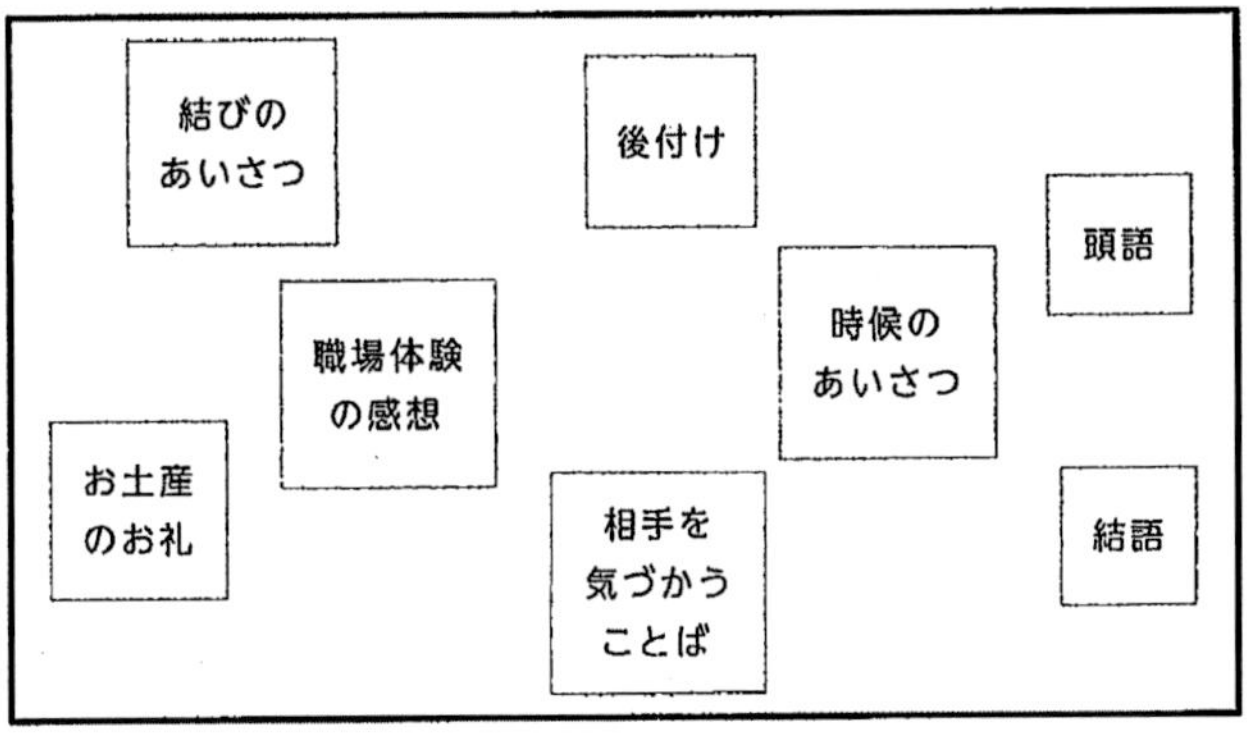

【下書き】

拝啓　白露の候、［　　　　　　　　　　］。私たちは体育会に向けて、練習をがんばっています。

　さて、先日の職場体験学習では、たいへんお世話になりました。和菓子の造形の美しさや職人さんのすばらしい技術に本当に感動しました。また、初日に店頭で接客をした時には、挨拶や案内がきちんとできませんでしたが、皆様が丁寧に分かりやすく指導してくださったおかげで、少しずつ円滑に接客ができるようになりました。三日間という短い間でしたが、とても貴重な体験をすることができました。職場体験で学んだことを、これからの学校生活にも生かしていきたいと思います。

また、最終日にはお土産にきび団子をくださり、ありがとうございました。家族で召し上がりました。とてもおいしかったです。

皆様にどうぞよろしくお伝えください。

敬具

令和四年九月十二日

岡山市立大供中学校　山本花子

桃太郎和菓子本舗　店長

岡山太郎様

1　傍線部と同じように、9月頃に用いられる時候の挨拶として適当なものを次の(ア)～(エ)から一つ選び、記号で答えよ。

(ア)　立秋の候　　(イ)　紅葉の候　　(ウ)　初秋の候　　(エ)　秋冷の候

2　下書きの推敲時、タブレット端末を活用して他の生徒と【メモ】と【下書き】を共有した際、【メモ】にある内容が抜けていることを指摘され、□の部分を加筆した。その内容を考えて一文で書け。

3　(1)　手紙の中の敬語の使用について、不適切な単語一語を探し、適切に直して書け。

(2)　(1)で不適切であると考えた理由を、敬語の種類とその働きを踏まえて四十五字以上五十五字以内で説明せよ。

(☆☆☆◎◎◎)

解答・解説

岡山県

【中高共通】

【一】【中学校】①　(g)　②　(f)　③　(c)　④　(a)　⑤　(e)

【高等学校】①　(c)　②　(a)　③　(g)　④　(b)　⑤　(h)

〈解説〉中・高とも指導事項についてア～オと並んでいるが、詳細と対象となる文章は異なるので、それぞれ把握しておくとよい。中学校のア・イは「構造と内容の把握」に関する指導事項で、アは主として説明的な文章に関する指導事項、イは文学的な文章に関する指導事項である。そして、ウ・エは「精査・解釈」、オは「考えの形成、共有」に関する指導事項である。高等学校のア・イは「情報と情報との関係」、ウ～オは「情報の整理」に関する指導事項である。

【二】問1　(ウ)　問2　(b)　こたへて　(c)　のみ(と)　問3　未㆓嘗有㆑所㆓推薦㆒　問4　宜しく朕が憂労を分かつべし。　問5　どうしてまごころを尽くさないでしょうか。いや、尽くします。　問6　(ア)

問7　太宗の言葉を聞き、自分が過去の時代の傅説や呂尚のような賢人を探すことにこだわって、能力に応じて当代の人材を探し、登用することができていないことに気付いたから。(七十九字)

〈解説〉問1　(a)「致安之本」(安きを致すの本)の「安」は、「安泰、安定」の意味である。なお、(ア)は値段が安いこと、(イ)は落ち着いていること、(エ)はくつろぐこと、(オ)は簡単であることを意味する。問2 (b)「対」は「答」と同じ。(c)「耳」は「のみ(と)」と読み、「限定」を意味する。問3 再読文字「未」、返読文字「有」「所」に注意すること。問4 返り点等をつけると、「宜㆑分㆓朕憂労㆒」となる。問5 (3)は「豈に敢へて情を尽くさざらんや」であり、反語文であることに注意すること。また、「情」は、「真情・精魂」を意味する。問6 「使人如器」は、「人を使うこと器の如くす」と書き下す。使役形と混同しないこと。「前代名王」(前の世の名君は)臣下の者を使うのに、「それぞれの器量に応じて使った」という意味である。問7 問題の漢文は、太宗が尚書右僕射の封徳彜に賢才の挙用を命じたのに対し、彼が今日の時代に「奇才異能な人物」が見当たらないことを陳述したところ、太宗は前の世の名君は、その当時の人材を器量に応じて用いたことを告げ、殷代の賢相傳説や周の文王の功臣呂尚のような人材を待ち望むという浅薄な考えと怠慢を指摘され、屈辱のあまり封徳彜は赤面し退出した、という話である。

【三】問1 (3) 申し上げる (4) 驚きあきれた 問2 (イ)、(カ) 問3 (1) そうはいっても、これにはきっと怖気づくだろう。 (2) 騒ぐな。 問4 (イ)
【中学校】問5 姫君が、蛇を前にして平静を装い、騒ぐ女房たちをたしなめつつも、声や態度から内心は怖がっていることがわかり、おかしかったから。
【高等学校】問6 上達部の御子から届いた懸袋から蛇が出てきて、姫君が怖がっているにもかかわらず、女房たちが助けもせず逃げてきたこと。(五十七字)
〈解説〉問1 (3)「聞ゆ」(他ヤ下二)は、「言ふ」の謙譲語で「申し上げる」という意味、(4)「あさましく」は、「あさまし」(形・シク)の連用形で「驚きあきれた」という意味である。問2 Xの「な」は、断定の助動詞「なり」の連体形「なる」の撥音「なン」で、「ン」を無表記したものである。(ア)は完了の助動詞「ぬ」の未然形、(ウ)は伝聞推定の助動詞の終止形、(エ)は場所を示す格助詞、(オ)は詠嘆の終助詞である。　問3　「さりとも」は、「然り」(自ラ変)の終止形＋接続助詞「とも」の組成語で、「それにしても」の意。「おぢなむ」の「おぢ」は、「おづ・怖づ」(自ダ上二)の連用形＋完了の助動詞「ぬ」の未然形＋推定の助動詞「む」で、「きっと怖がるだろう」と訳す。　(2)「な」は、動詞の連用形につき、下に「そ」を伴い禁止を表す副詞。「騒いではいけません」と訳す。　問4　文中に「人々、心を惑はしてののしるに、君はいとのどかにて」とあり、人々が大騒ぎする中で姫は念仏をとなえながら、「生前の親ならむ」とつぶやいている。　問5　(A)の前の「(女房たちの)いみじうをかしければ」の理由は、姫が物怖じせず蛇を近くに引き寄せてはいるものの「さすがに恐ろしくおぼえたまひければ」とあり、さらに、「こゑせみ声に、のたまふ声」(姫の蝉のようなかん高い声)に人々(女房たち)は、とてもおかしく思い、その場では笑えず逃げてきて笑ったのである。　問6　(B)「あやしきや」は、「もってのほかだ。言語道断」という意味。(B)の前の文「さるものあるを見る見る、みな立ちぬらむこと」を受けている。「さるもの」(蛇)を見ながら、姫を置きざりにして女房たちが逃げ出したことへの大殿(姫君の父)の怒りである。

【四】問1　(a)　傾向　(b)　潜　(c)　濃密　(d)　募　問2　(ア)　問3　互いに必要な役回りを演じて衝突の危険性を回避する予定調和の関係では、他者の反応から自らの客観的な姿に気付いて関係を再構築することがないから。(七十字)　問4　(オ)　問5　キャラ化された人間関係は、周囲との関係で規定されたキャラ以外の多様性が認められず、自己のかけがえのなさに確信を持てない点で、能面の切り替えによるシテの演じ分けとは異なるということ。(九十字)

〈解説〉問1　解答参照。　問2　傍線部内に「この能面」とあるので、傍線部より前で述べられている能面の機能について述べられている肢を探せばよい。また、形式段落第一段落でキャラについても示されているので、その内容も問題を解くカギになる。　問3　傍線部の前に「予定調和の関係」とあり、これが傍線部の内容を言い換えた形となっている。予定調和については形式段落第八～十一段落にあるので、問題文に沿った形でまとめればよい。　問4　形式段落第十三段落参照。ピースの形が定まれば居場所が安全に確保されるわけではなく、条件さえ合えば代替可能になる。よって、他のピースとも補完関係にあるわけではない。　問5　傍線部にある「ここが」はキャラについてであり、特に形式段落最終段落を中心とした内容を指す。「能面とは決定的に違う」とあるので、キャラと対立する存在として位置づけ、能面の役割を探せばよい。形式段落第二段落の内容がカギになるだろう。

岡山市

【中学校】

【一】1　(a)　刺激　(d)　築(く)　2　(b)　ほどこ(し)　(c)　さかのぼ(れ)　3　(ウ)　4　副詞　5　活用の種類…(ア)　活用形…連用形　6　ヒトの祖先が問題を乗り越えるために作った認知に関わる心の仕組みが、子孫へと伝えられたため。(四十五字)　7　(ウ)　8　視細胞から出た視神経が最初から目の外側を通って脳とつながり、盲点が存在しないという構造。(四十四字)　9　(ア)、(ウ)

〈解説〉1・2　解答参照。　3　(イ)以外はどれも入りそうだが、ここは文法的に考えたい。(ア)「また」は並立、

(ウ)「したがって」は順接、(エ)「たとえば」は例示といえる。空欄Aの前後をみると、前では「生存に有利なものは残り、不利なものは消える」こと、後では「身体の特徴だけでなく心の働き方も遺伝で決まる」とある。前を受けて後が展開しているので、前後の関係は順接であり、(ウ)が適切と判断する。　4　「すでに」は、「持っていた」を修飾する副詞である。　5　「あり」は、動詞「有る」(自ラ五)の連用形である。　6　傍線部上にある「この発想」は進化心理学を指し、また形式段落の最終段落に「以上のようにして…」とあるので、文章全体の内容が対象になる。ここでは第六形式段落以降をまとめるとよい。　7　「球」は十一画であり、(ア)「進」、(イ)「瓶」、(エ)「紺」は十一画、(ウ)「階」は十二画である。　8　第五形式段落の最初に、イカの眼球の特徴が示されている。「脳」については第四形式段落の内容(視神経との関連)を踏まえて、まとめるとよい。　9　(イ)　第一形式段落に「生存に有利なものは残り、不利なものは子孫に伝わらずに消えていったと考えられる」とある。　(エ)　第六形式段落に「それら(多種多様な問題)を乗り越えるために、さまざまな心の仕組みを作ってきた」とある。

【二】1　おとど　2　泣いていらっしゃったので　3　(c)　4　道真が(無実の罪で)大宰府に左遷されること。　5　おどろくことなかれ　6　(エ)　7　史記　8　(1)　東風　(2)　記号…A　理由…大切な人が住む宿の梢が見えなくなるまで振り返って見たという歌の内容と都が遠ざかる中で心細く思ったという歌の詠まれた状況が合致するから。(六十七字)

〈解説〉1　解答参照。　2　「おはし」は、「おはす」(補助サ変)の連用形で、尊敬の意味を表わし、「(泣いて)いらっしゃる」と訳す。「けれ」は過去の助動詞「けり」の已然形。「ば」は既成条件を表す接続助詞である。

3　(c)は、「言ふ」の謙譲語「聞こえさす」(自サ下二)の連用形で「申し上げる」という意味である。ちなみに、(a)の敬意の対象は「おほやけ」(朝廷)、(b)は「帝」(醍醐天皇)、(c)は「宇多天皇」、(d)は菅原道真である。
4　藤原時平が左大臣のとき、宇多天皇が藤原氏の専権をおさえるために菅原道真を登用したため、政略をめぐらし讒言により道真を太宰府に追放したことをいう。この道真への駅の長の「いみじく思へる」(大変に驚き悲しんでいる)様子である。　5　「莫《カレ》レ驚《クコト》」となる。「莫」は、「無・勿・毋」と同じ否定の助辞で、「なかれ」と読む。　6　Ⅳの漢詩は、「駅長よ、そんなに驚くことはないぞ。私が左遷されて筑紫へ落ちてゆくことを。春花が咲き、秋落葉するのは自然の姿。人間もまた同じ。栄枯盛衰は世のことわりなのだから」と訳す。　7　司馬遷の歴史書「史記」は、百三十巻。上古の伝説時代から前漢の武帝に至るまでの事跡を歴代の帝王の記録である本紀と個人の列伝とを柱に編成する紀伝体で書かれている。　8　(1)なお、「南風」は「はえ」と読む。　(2)　Ⅱの歌については、前の文に「亭子の帝に(道真が)聞えさせたまふ」とある。Ⅲの歌ついては、前の文に「やがて山崎にて(宇多天皇が)出家せしめたまひて～あはれに心ぼそく思されて」とあることを踏まえて考えるとよい。

【三】1　A　明確　B　効果　C　引用　2　①(ウ)　②(イ)

〈解説〉1　学習指導要領では同じ学習でも学年が進むにつれ、より高度な内容になっていることを踏まえて学習すること。その際、当該学年ではどの点に重点を置いているか、学習指導要領解説等で確認しておくとよい。
2　なお、毛筆を使用する書写を行うねらいとして、学習指導要領解説では「硬筆による書写の能力の基礎を養うこと」であり、効果については「我が国の豊かな文字文化を理解し、継承、創造していくための基礎ともなる」としている。したがって、硬筆による書写の能力の基礎を養うため、毛筆による書写の指導が一層効果的に働くことが求められている。

【四】1　(ウ)　2　桃太郎和菓子本舗の皆様におかれましてはいかがお過ごしでしょうか。　3　(1)　いただき　(2)　動作主に対する敬意を表す尊敬語である「召し上がる」を身内以外への手紙で、身内の動作に対して用いているため。(五十三字)

〈解説〉1　「立秋の候」は八月、「紅葉の候」は十～十一月、「秋冷の候」は九月下旬～十月ごろの時候の挨拶である。　2　時候の挨拶のあとは、「相手を気づかうことば」を述べるのが一般的である。解答のほか、「桃太郎和菓子本舗の皆様にはお変わりもなく、お過ごしでいらっしゃいますか」などがあげられる。　3　対外的に家族は手紙の書き手側の人間なので、父や母など目上の人間の行動でも、謙譲表現になる。「家族で召し上がりました」を「家族でいただきました」に訂正するのが適切である。

二〇二二年度　実施問題

岡山県

【中高共通】

【一】受験する校種の学習指導要領について、各問いに答えよ。

【中学校】

問1　次は平成二十九年告示の中学校学習指導要領の「国語」の「第2　各学年の目標及び内容」の第一学年「2内容」の抜粋である。次の（　①　）～（　④　）に当てはまる語句を〔語群〕の(a)～(h)からそれぞれ選び、記号で答えよ。

A　話すこと・聞くこと
(1)　話すこと・聞くことに関する次の事項を身に付けることができるよう指導する。
ア　目的や場面に応じて、（　①　）の中から話題を決め、集めた材料を整理し、伝え合う内容を検討すること。
イ　自分の考えや（　②　）が明確になるように、話の中心的な部分と付加的な部分、事実と意見との関係などに注意して、話の構成を考えること。
ウ　相手の反応を踏まえながら、自分の考えが分かりやすく伝わるように表現を工夫すること。
エ　必要に応じて記録したり質問したりしながら話の内容を捉え、共通点や（　③　）点などを踏まえて、自分の考えをまとめること。
オ　話題や展開を捉えながら話し合い、（　④　）の発言を結び付けて考えをまとめること。

〔語群〕(a) 類似　(b) 互い　(c) 日常生活　(d) 話し手　(e) 相違　(f) 立場
(g) 社会生活　(h) 根拠

問2　次は平成二十九年告示の中学校学習指導要領の「国語」の「第3　指導計画の作成と内容の取扱い」の抜粋である。次の（　）に当てはまる語句を答えよ。

1　指導計画の作成に当たっては、次の事項に配慮するものとする。
(1)　単元など内容や時間のまとまりを見通して、その中で育む資質・能力の育成に向けて、生徒の主体的・対話的で深い学びの実現を図るようにすること。その際、言葉による見方・考え方を働かせ、（　）を通して、言葉の特徴や使い方などを理解し自分の思いや考えを深める学習の充実を図ること。

【高等学校】
問1　次は平成三十年告示の高等学校学習指導要領の「国語」の科目「言語文化」の「2内容」の抜粋である。次の（　①　）～（　④　）に当てはまる語句を〔語群〕の(a)～(h)からそれぞれ選び、記号で答えよ。

B　読むこと
(1)　読むことに関する次の事項を身に付けることができるよう指導する。
ア　文章の種類を踏まえて、内容や構成、展開などについて（　①　）を基に的確に捉えること。
イ　作品や文章に表れているものの見方、感じ方、考え方を捉え、内容を（　②　）すること。
ウ　文章の構成や展開、表現の仕方、表現の特色について（　③　）すること。
エ　作品や文章の成立した背景や他の作品などとの関係を踏まえ、内容の解釈を深めること。
オ　作品の内容や解釈を踏まえ、自分のものの見方、感じ方、考え方を深め、我が国の（　④　）について自分の考えをもつこと。

〔語群〕　(a)　本文　(b)　批判　(c)　文学作品　(d)　叙述　(e)　評価　(f)　解釈　(g)　言語文化　(h)　鑑賞

問2　平成三十年告示の高等学校学習指導要領の「国語」における科目のうち、必履修科目は「言語文化」ともう一つは何か答えよ。

（☆☆☆◎◎◎）

【二】　次の文章は、『近思録』の一節で、儒学者の程明道《ていめいどう》（明道先生）と弟子の呂《りょ》与叔《よしゅく》とが対話している場面である。これを読んで、各問いに答えよ。（設問の都合で訓点を省略した部分がある。）

呂与叔嘗テ言フ。(1)患思慮多不能駆除。(明道先生)曰ク、此レ正ニ如シ二破屋中ニ禦《ふせ》グガ一レ寇《あだ》ヲ。東面ヨリ一人来リ、(2)未逐《おヒ》得、西面ヨリ又一人至ル矣。左右前後、駆逐スルニ不レ暇アラ。(a)蓋其ノ四面空疎ナレバ、盗(b)固易シレ入リ。(3)無シレ縁下作リ二得テ主ト一定マルニ上。又如シ二虚器入ルガレ水ニ。水自然ニ入ル。(c)若以テ二一器ヲ一実タスニレ之ニ以テシテレ水ヲ、置カバ二之ヲ水中ニ一、(4)水何ゾ能ク入リ来ラン。(5)蓋中《うち》有レバレ主則チ実ツ。実ツレバ則チ外患不レ能ハレ入ルコト。自然ニ無シレ事。

(注)　寇——盗賊。　　虚器——何も入っていないうつわ。

問1　波線部(a)「蓋」・(b)「固」・(c)「若」の読みを送り仮名も含めてそれぞれ答えよ。(現代仮名遣いでよい)

問2　傍線部(1)は「しりょおほくしてくじょするあたはざるをうれふと」と読む。これに従って返り点を施せ。

患　思　慮　多　不　能　駆　除

問3　傍線部(2)を書き下し文にせよ。

問4　傍線部(3)の解釈として最も適当なものを、次の(ア)～(オ)から一つ選び、記号で答えよ。

(ア)　自分の家として所有するのでなければ、家の中にとどまり続ける必要があるということ。

(イ)　主人と協力して家の四方を壁でふさがなければ、家を守るのに苦労し続けるということ。

(ウ)　盗賊の頭領とならなければ、他の盗賊たちの行動を管理することはできないということ。

(エ)　主人として家を守る者がいなければ、盗賊たちの侵入を防ぐことはできないということ。

(オ)　盗賊を追いはらうことができなければ、家主として定住することはできないということ。

問5　傍線部(4)を、適当な言葉を補って現代語訳せよ。

問6　傍線部(5)とあるが、明道先生は呂与叔にどのようなことを伝えているのか。文章全体を踏まえ、五十字以内で説明せよ。

（☆☆☆◎◎◎）

【三】次の文章は、『大和物語』の一節で、平中から想いを寄せられていた女性が平中と初めて逢瀬を交わした後の話である。これを読んで、各問いに答えよ。中学校受験者は問1～問5、高等学校受験者は問1～問4と問6に答えること。

その朝に文もおこせず。夜まで音もせず。(1)心憂しと思ひあかして、またの日待てど文もおこせず。その夜した待ちけれど、朝に、つかふ人など、「いとあだにものしたまふと聞きし人を、ありありてかくあひたてまつりたまひて、みづからこそいとまもさはりたまふこともありとも、御文をだに奉りたまはぬ、心憂きこと」などこれかれいふ。心地にも思ひゐたることを、人もいひければ、心憂く、くやしと、思ひて泣きけり。その夜、もしやと、思ひて待てど、また来ず。またの日も文もおこせず。(A)すべて音もせで五六日になりぬ。この女、音をのみ泣きて、物も食はず、つかふ人など、「おほかたはなおぼしそ。かくてのみやみたまふべき御身にもあらず。人には知らせでやみたまひて、ことわざをもしたまうてむ」といひけり。ものもいはでこもりゐて、つかふ人にも見えで、いと長かりける髪をかい切りて、手づから尼になりにけり。つかふ人集りて泣きけれど、いふかひもなし。「いと心憂き身なれば、死なむと思ふにも死なれず。かくだになりて、行ひをだにせむ。かしがましく、かくな人々いひさわぎそ」と(a)なむいひける。

かかりけるやうは、平中、そのあひける(2)つとめて、人おこせむと思ひけるに、つかさのかみ、にはかにものへいますとて寄りいまして、寄りふしたりけるを、おひ起して、「いままで寝たりける」とて、逍遥《せうえう》しに遠き所へ率ていまして、酒飲み、ののしりて、さらに返したまはず。からうじてかへるままに、亭子《ていじ》の帝の御ともに大井に率ておはしましぬ。そこにまたふた夜さぶらふに、いみじう酔ひにけり。夜ふけてかへりたまふに、この女のがりいかむとするに、方ふたがりければ、おほかたみなたがふ方へ、院の人々類していにけり。この女、いかにおぼつかなくあやしと思ふらむと、恋しきに、今日だに日もとく暮れ(b)なむ。いきてありさまもみづからいはむ。かつ、文をやらむと、酔ひさめて思ひけるに、人(c)なむ来てうちたたく。「たそ」と問へば、「なほ尉《ぞう》の君にもの聞《きこ》えむ」といふ。さしのぞきて見れば、この家の女なり。胸つぶれて、「こち、来」といひて、文をとりて見れば、いと香ばしき紙に、切れたる髪をすこしかいわがねてつつみたり。いとあやしうおぼえて、書いたることを見れば、

【X】あまの川空なるものと聞きしかどわが目のまへの涙なりけり

と書きたり。尼になりたるなるべしと見るに、目もくれぬ。心きもをまどはして、この使に問へば、「(3)はやう御ぐしおろしたまうてき。かかれば御《ご》たちも昨日今日いみじう泣きまどひたまふ。下種《げす》の心地にも、いと胸いたく(d)なむ。さばかりに侍りし御ぐしを」といひて泣く時に、(B)男の心地いといみじ。なでふ、かかるすき歩きをして、かくわびしきめを見るらむと、思へどかひなし。泣く泣く返りごと書く。

【Y】世をわぶる涙ながれてはやくともあまの川にはさやはなるべき

「いとあさましきに、さらにものも聞えず。みづからただ今まゐりて」と(e)なむいひたりける。かくてすなはち来にけり。そのかみ女は塗籠《ぬりごめ》に入りにけり。ことのあるやう、さはりを、つかふ人々にいひて泣くことかぎりなし。「ものをだに聞えむ。御声をだにしたまへ」といひけれど、(4)さらにいらへをだにせず。かかるさはりをば知らで、なほただいとほしさにいふとや思ひけむとてなむ、男はよにいみじきことにしける。

（注）した待ちけれど――心待ちにしていたが。　つかふ人――女性が召し使う人。
ありありて――繰り返し言い寄りなさってから。
みづからこそいとまもさはりたまふこともありとも――ご自身でいらっしゃるには差し支えがおありにもせよ。
おほかたはなおぼしそ――くよくよなさいますな。
ことわざ――新しい縁。　つかさのかみ――役所の長官。　類して――連れだって。
尉の君――平中のこと。　かいわがねて――輪の形にたばねて。　御たち――女房たち。

問１　傍線部(1)「あだに」・(2)「つとめて」の本文中の意味をそれぞれ簡潔に答えよ。
問２　波線部(a)～(e)の「なむ」の中で、一つだけ文法的に異なるものを選び、記号で答えよ。
問３　傍線部(3)(4)を現代語訳せよ。ただし、(4)は主語を補って訳すこと。
問４　和歌【X】と【Y】に関する説明として、最も適当なものを、次の(ア)～(オ)から一つ選び、記号で答えよ。
(ア)【X】は、このまま男が来なければ悲しさのあまり出家してしまうだろうと女が男の訪れを願っているものであり、【Y】は、すぐに会いに行くので泣かずに出家を思いとどまってほしいと男が願っているものである。
(イ)【X】は、仕えている女の出家を目の前で見て悲しみにくれる使いの女の思いを詠んだものであり、【Y】は、思いがけない知らせを聞いてこの世でこれ以上つらいことはないと男が悲しみにくれているものである。
(ウ)【X】は、男の訪れが絶えこの世のむなしさを実感した女の出家の決意を詠んだものであり、【Y】は、女がいくら涙を流しても後に残される側の自分の悲しみには及ばないと女の出家を男が責めているものである。

(エ)　【X】は、男のことをあきらめるよう勧めたために主人の女が出家したことに対する使いの女の自責の念を詠んだものであり、【Y】は、自分は裏切っていないのに女が早合点で出家したことを男が嘆いたものである。

(オ)　【X】は、男女の間柄を嘆いて他人事だと思っていた出家をした女の思いを詠んだものであり、【Y】は、二人の間柄をつらく思ったからといって出家してしまった女のことを短慮だと男がたしなめているものである。

【中学校受験者のみ答える問題】

問5　二重傍線部(A)「すべて音もせで」とあるが、平中がこのようになったのはなぜか。四十字以内で説明せよ。

【高等学校受験者のみ答える問題】

問6　二重傍線部(B)「男の心地」とあるが、この時の平中の「心地」について、八十字以内でわかりやすく説明せよ。

(☆☆☆◎◎◎)

【四】　次の文章を読んで、各問いに答えよ。

われわれは文章を書くときに段落(パラグラフ)のことをあまり気にしない。すこし長くなったから、このあたりで改行しようか、というので、新しいパラグラフを始めたりする。段落の感覚というものはなきにひとしい。

戦後、やさしい文章はよい文章、短い文章はやさしい文章で、したがって、よい文章だという常識が海の向うから渡来した。短文主義である。段落も短ければ短いほどよいとされるようになった。もともと、新聞小説について、白いところがたくさんあるほど、読者が多いのだと言われていた。つまり、改行が多ければそれだけ読みやすいという印象を与えていたという話である。(1)日本語は改行を好む言葉なのかもしれない。

そういう点をねらってかどうか、ほとんど一文ごとに改行するスタイルを始めた出版社があらわれ、その新書からベストセラーが続出して世間の目をそばだたせるということもあった。センテンスごとに行を改めていれば、形式上は詩に近くなる。そういう表現がわかりやすいかどうかは疑問であるけれども、読者に歓迎されるところを見ると、われわれは長いパラグラフが嫌いだとしてよかろう。これでは段落の感覚が発達しないのは当然か。

改行すると、その前に空白ができる。これがニュアンスを豊かにするのかもしれない。日本画は洋画と違って、バックを塗りつぶさないで白く残しておく。それもたんなる白ではなくて、主題に余韻を生じる空間である。文章でも、あまりべっとり書き込んでは興味をそがれる。要点をおさえて、あとは読む人の心に委ねるのがおもしろい。

ヨーロッパの小説を読むと、すこしくどい感じがする。これでもか、これでもかとだめ押しをされているようで興ざめることがある。クライマックスに達したら、そこで筆を止めたらどうだ。そうすればおのずから余情がわき上ってくるではないか、とわれわれは思う。そのことと、パラグラフの終りのところを端折《はしょ》って、次の段落へ急ぐ文章の書き方とは一脈通じるものがないだろうか。

段落だけではない。ひとつの文でも、語尾はあまりはっきりしない、あるいは、言葉を半分呑み込んで、次へ移る。文頭もまたあまりはっきりしない。初めも終りもかなりあいまいな表現になっていて、それでいて何となく意味が通じる。日本語の不思議なレトリックである。そういう修辞がぎりぎりまでゆくと俳句が生れる。パラグラフをこれ以上短くはできないところまで圧縮したのが俳句である。パラグラフはどうしても十行二十行の長さがなくてはいけないという感覚の発達している社会では、俳句は舌足らずの謎のようなものに感じられるに違いない。われわれにいわゆるパラグラフ感覚がはっきりしていないというのは決して(a)グウゼンのことではない。伝統的に段落というものについての関心は薄かったとしてよい。

俳句に切れ字という措辞がある。言葉の流れを突如として切る。そこに見える表現の横断面の美しさに注目する手法である。日本語はこういう断切の修辞にはすぐれている。パラグラフを突如として終って、新しいパラグラフへ移るのも、切れ字的であると言うことができる。

切るのは切りやすくできているが、逆に言葉を積み重ねる建築法はあまり発達しなかった。ヨーロッパの言語は切ることは難しいが、そのかわりパラグラフはがっしりした単位で、これを重ねると、いくらでも長い表現が組み立てられる。(2)ちょうど、煉瓦《れんが》のようなものである。日本語は豆腐のようなものだ。形は似ていても実体はまるで違う。煉瓦はしっかり積んでゆけばどんな大きな建築もできるが、豆腐は三つか四つ重ねたら崩れてしまう。ひとつひとつを独立させるよりしかたがない。

そういう豆腐のような言葉では長大篇《へん》をまとめることはむつかしい。

日本の古典はたいていごく短いものである。パラグラフをしっかりさせているものもすくなく、たいていは、切れずに全体がつながっている。段落という考えは、日本の昔にはなかったのではないかと思われる。どうして、そうなったのであろうか。

パラグラフというものは、文章にしたときはっきりあらわれる。改行したところから、次の改行するところまでが一段落であることは一目でわかる。それで(3)パラグラフは文字表現の単位のように思われているが、果してそうであろうか、という疑問がおこってくる。

東洋の言語は文字表現を重視するが、文章の中では段落の区切はあまり重要でない。ヨーロッパではギリシャの昔から、言葉は話し言葉が中心であった。そういう社会でセンテンスだけでなく、パラグラフがきわめて大きな役割を果してきたことを考えると、話し言葉によってパラグラフの基本(b)ガイネンができているのではないかと思われてくる。段落は文章表現の単位である前に話し言葉の単位なのであろう。

速記の文章が体をなさないのは、話し言葉の単位をつかんでいなくて、書くように話しているから、乱れが出てどうしようもなくなってしまうのである。講演のまとまりが悪いのも、書くようなつもりで話しているから、パラグラフの切れ目がはっきりしなくなる。

話す側だけでなく、聴く側の理解が悪いのも、耳に段落をまとめる能力がついていないからである。幼いときから、パラグラフのはっきりしない、詩のような独立性の高いもの、切れる表現には慣れていても、つなげて、まとめる理解の訓練はまるでできていない。人の話を聴いても、収斂《しゅうれん》しないで、ザルに水を流し込んでいるように片端から消えてしまう。

近年はどこの学会でもシンポウジアムが流行している。講師が数名、めいめいの考えをのべる。聴衆が質問して、それに講師が答える。こうして問題を(c)ニつめてゆこうというのだが、あまり成功しない。すくなくとも、数式などではなく言葉がものを言うところではうまくゆかないようだ。お互いが耳で聴いたことをしっかりまとめられないためである。講師が何を言おうとしているかを見極めないで、たまたまひっかかりを与える枝葉のことについて質問が出る。そんなことには答える必要がないのに講師が脱線気味の答弁をする。もう主題などどこへ行ったかだれも問題にしないで、末節の兎《うさぎ》を追いまわして、それで時間となる。

大勢の人の前で話をする習慣がわれわれにはすくない。二、三人で座談をしているときには実に味のある話のできる人が、集会などで話をすると、まるで(d)セイサイのないことをのべる、という例はいくらでもある。そして、そういう公の場のスピーチなどおもしろくなくて当り前という常識もある。改まった席の挨拶はその場で考えて言うのではなくて、紙に書いてきたのを読むのが正式のように思っている。しかも、その草稿はたいてい下役の書いたものというのでは、話し言葉の感覚の育つわけがない。

イギリスの子供は、幼いとき、「よその人の前では黙っておいで、口をきいてはいけません」という躾《しつけ》を受ける。子供が片ことみたいなことを話してはいけない。じっと大人の言うことを聴いていなさい、というのである。聴く教育は家庭でもおろそかにしない。教会では牧師の説教がある。これもよく聴かなくてはならない。他人の言葉を聴く教育ができる。耳が発達していて、一度聴いたことはしっかり理解する。パラグラフの感覚もしっかりしているから、どういうことが、どういう順序で語られたかもよくとらえている。だから言論を社会生活の柱にすえることができるのだ。われわれは、みんなが口でものがうまく言えない、耳がしっかり聴き分けられない社会に生きているから、別に不便を感じないが、(4)実はたいへん、大きなムダなことをしていることになるのである。

（外山滋比古『日本語の個性』から）

問1　波線部(a)～(d)のカタカナを漢字に改めよ。

問2　傍線部(1)とあるが、筆者が「日本語は改行を好む言葉」だと考えるのはなぜか。その説明として最も適当なものを、次の(ア)～(オ)から一つ選び、記号で答えよ。

(ア)　長い文章であるにも関わらず、読者に読みやすいという印象を与えるような表現の技術があるから。

(イ)　ヨーロッパの小説のように、細部まで描写して説得力を持たせるような描写の技術をもたないから。

(ウ) 伝統的にやさしく短い文がよいとする価値観があり、俳句や詩などの文芸しか発展しなかったから。
(エ) 意図的に曖昧な部分を作ることで、読み手に意味を委ね、余情を生み出す表現法を得意とするから。
(オ) ほとんど一文ごとに改行する表現がもてはやされたことで、長い段落を極力避ける傾向にあるから。

問3 傍線部(2)とあるが、「煉瓦のようなもの」の説明として最も適当なものを、次の(ア)～(オ)から一つ選び、記号で答えよ。
(ア) 途中で区切ることは難しいが、文章全体が切れ目なくつながった作品を一気に書き上げることができる段落のこと。
(イ) 表現の構成の単位としてある程度のまとまりをもち、しっかりとした長い文章を組み立てるのに適した段落のこと。
(ウ) 改行が少なく、まとまりごとに細かく書き込まれており、長い作品になると理解しづらい印象を与える段落のこと。
(エ) 文章を細かく区切って表現する修辞にはあまり適しておらず、読者によっては舌足らずに感じてしまう段落のこと。
(オ) ひとつひとつが独立したがっしりした構造をもっており、長大篇の作品をまとめていくのにふさわしい段落のこと。

問4 傍線部(3)とあるが、筆者がこのような疑問をもつのはなぜか。六十字以内で説明せよ。

問5 傍線部(4)とあるが、「ムダなことをしている」とはどういうことか。文章全体を踏まえ、百字以内で説明せよ。

(☆☆☆◎◎◎)

岡山市

【中学校】

【一】次の文章を読んで、以下の各問いに答えよ。

私は、言語のもととなったのは、大人が赤ん坊や幼児をあやすときに使う「(1)子守唄」だと考えています。草原に進出した人類は、二足歩行と多産の道を歩みました。ほかの類人猿に比べても成長が遅く、手のかかる人間の子どもを守り育てるためには、母親ひとりの手だけによらない、共同での保育が必要だったと考えられます。そしてこのころ、新たなコミュニケーションが必要になってきたのだと思います。それが子守唄です。

次々に出産する人間の母親は、一人の子どもにつきっきりではいられません。目を離すときももちろんあります。すると赤ん坊はわんわん声をあげて泣きます。ゴリラの子どもは泣いたりしませんが、それは常に母親に抱かれているからです。安心感があれば類人猿の赤ん坊は泣かないわけです。目を離さざるを得ない人間の母親たちは、泣いている子どもに向けて音声で「ここにいるよ、安心してね」というメッセージを伝えました。それは音楽的なメロディを(a)伴っていたと考えられます。想像するに、母親だけではなく、みんなで歌ったのではないでしょうか。みんなで同じ調子で歌うことで共感を生み、赤ん坊に安心感を伝えるためです。

ちなみに、赤ん坊に対する発話は、現代人のどの社会のどの文化でも同じような(2)抑揚があると言われています。高音で、ゆったりとしていて、繰り返しが多い音声です。これは、人間の子どもが絶対音感を持って生まれてくるという特徴に関係しています。生まれたばかりの赤ん坊は、当然ですが言葉を理解していません。赤ん坊は、抑揚だけを聞いています。言葉を音の連なりとして聞いているので、メロディに近い。国や文化によって使う言語は違っても、人間の赤ん坊が安心を感じる声の抑揚はみな同じ、ということなのです。ですから、人類最初の子守唄も、きっとそのような抑揚をしていたはずだと思います。

子守唄から始まった音声によるコミュニケーションは、最初は大人が子どもに向けて発するものでした。しかしそれが次第に大人同士にも敷衍《ふえん》されていきます。一緒に歌を歌うというような音声的コミュニケーションには、人間の共感能力を高める機能があります。一致して協力する行動を生み出し、複数の人間が一体となって、ひとつの目標に向かって歩むことが可能になったのです。注意すべきは、(3)これがまだ言語ではないこと。言語に(b)イタる前に、人類には歌や踊りといった音楽的なコミュニケーションが共有されていただろう、と私は推論しているのです。

このころの人類の暮らしは、男性たちが食料採取に出かけ、女性は安全な場所で待ちながら子どもたちを(4)育てる、という形式だったと考えられます。男性を保護者とし、特定の女性とその子どもたちが連合して家族を作りました。女性は閉経すると、次世代の出産や育児を手伝ったでしょう。これがきっかけとなり、家族同士の交流が生まれ、共同体が出現します。

人類は子育ての必要性から「家族」を作り、「共同体」を作りました。そして、次第に集団(c)キボを増大させていったのだと考えられます。子どもを一緒に育てようと思う心が、大人に(d)普及していった。それが人類の家族の出発点なのです。

さて、男性たちが狩猟や採取に出かけている間、女性や子どもたちは食べ物が届けられるのを待って[A]いました。待つという行為には、高度な共感能力が必要です。「何日かかろうと、何週間かかろうと、彼らは自分たちのために食料を持って帰ってくるはずだ」という信頼感を持たなければならないからです。

人間は仲間がいったん目の前から消えても、集団のアイデンティティを失わないという複雑な社会関係を作っていきました。この社会性は、おそらく六十万年前には完成していたと考えられますが、このときまだ言葉は存在していません。言語を使うずっと前から、人類は B に基づいた共同生活を行っていたのです。

（山極寿一　『サル化』する人間社会」から一部抜粋　※問題作成において一部改訂）

1　波線部(a)・(d)の漢字の読みがなをひらがなで書け。

2　波線部(b)・(c)のカタカナを漢字に直せ。ただし、楷書で書くこと。

3　二重傍線部Aの助詞の種類を次の(ア)～(エ)から一つ選び、記号で答えよ。
(ア)　格助詞　(イ)　副助詞　(ウ)　接続助詞　(エ)　終助詞

4　傍線部(1)について、筆者はなぜ人間が「子守唄」を必要としたと考えているか。文章中の言葉を使って七十字以上八十字以内で書け。

5　傍線部(2)と同じ構成の熟語を次の(ア)～(エ)から一つ選び、記号で答えよ。
(ア)　拍手　(イ)　歓喜　(ウ)　雷鳴　(エ)　禍福

6　傍線部(3)の指し示す内容について、文章中から二十五字で探し、初めの五字と終わりの五字を抜き出して書け。

7　傍線部(4)に対する主語を一文節で書け。

8　文章中の B に適する語句を次の(ア)～(エ)から一つ選び、記号で答えよ。
(ア)　共感　(イ)　発話　(ウ)　文化　(エ)　狩猟と採取

9　本文の内容に合致するものを次の選択肢(ア)～(エ)から全て選び、記号で答えよ。
(ア)　国や文化の異なる多くの言語が存在するが、全ての言語は共通する抑揚を基礎として成立している。

(イ) 音声的コミュニケーションは共感能力を高めるが、言語ではないためにその機能は十分ではない。

(ウ) 子育てを共同して行うことの必要性が、家族同士の交流や共同体の出現につながっていった。

(エ) 人類は六十万年前には社会性を得ていたと考えられるが、まだ言語は使われていなかった。

(☆☆◎◎◎)

【二】次の文章は「宇治拾遺物語」の一節である。これを読んで、以下の各問いに答えよ。

今は昔、もろこしに(1)荘子《そうじ》といふ人ありけり。家いみじう貧しくて、今日《けふ》の食物絶えぬ。隣にかんあとうといふ人ありけり。それがもとへ、(2)今日食ふべき料《れう》の粟《あは》を乞ふ。

あとうが言はく、「(3)いま五日ありておはせよ。千両の金を得んとす。(4)それを奉らん。いかでか、やんごとなき人に、今日参るばかりの粟をば奉らん。かへすがへすおのが恥なるべし」と言へば、荘子の言はく、「昨日、道をまかりしに、跡《あと》に呼ばふ声あり。顧《かへり》みれば、人なし。ただ車の輪跡《わあと》のくぼみたる所にたまりたる少水《せうすい》に、鮒《ふな》一つふためく。何ぞの鮒にかあらんと思ひて、寄りて見れば、すこしばかりの水に、いみじう大きなる鮒あり。『何ぞの鮒ぞ』と問へば、鮒の言はく、『われは河伯神《かはくしん》の使ひに、江湖《がうこ》へ行くなり。それが飛びそこなひて、この溝に落ち入りたるなり。喉《のど》乾き、死なんとす。われを助けよと思ひて、呼びつるなり』と言ふ。

(5)答へて言はく、『われ、いま二三日ありて、江湖もとといふ所に、遊びしに行かんとす。そこにもて行きて放さん』と言ふに、魚の言はく、『さらにそれまで、(6)え待つまじ。ただ今日一提《ひとひさげ》ばかりの水をもて、喉をうるへよ』と言ひしかば、さてなん(7)助けし。鮒の言ひしこと、わが身に知りぬ。さらに今日の命、物食はずは、生くべからず。後の千の金《こがね》、さらに益《やく》なし」とぞ言ひ(8)ける。

それより、「後の千金」といふこと、名誉せり。

（校注　大島建彦「新潮日本古典集成　宇治拾遺物語」から　※問題作成において一部改訂）

1　傍線部(1)はどこの国の人か、現在の国の名前を書け。

2　傍線部(2)は文章中の「鮒」にとっては何にあたるか、文章中から抜き出して書け。

3　傍線部(3)を現代語訳せよ。

4　傍線部(4)は何を指すか、文章中から抜き出して書け。

5　傍線部(5)を現代仮名遣いに直し、全てひらがなで書け。

6　傍線部(6)の現代語訳として最も適当なものを次の(ア)～(エ)から一つ選び、記号で答えよ。

(ア)　待つことにしましょう。

(イ)　待ってもらいましょう。

(ウ)　待てないでしょう。

(エ)　待つことになるでしょう。

7　傍線部(7)の動作主を文章中から抜き出して書け。

8　傍線部(8)の助動詞の活用形を漢字で書け。

9　傍線部(9)はどのようなことの例えか、最も適当なものを次の(ア)～(エ)から一つ選び、記号で答えよ。

(ア)　時機に合わない援助は、どんなに大金であっても役に立たないということ。

(イ)　まだ手に入らないうちから、それをあてにしてあれこれ計画を立てること。

(ウ)　人に親切にしたことが、やがて自分に大きな利益となって返ってくること。

(エ)　幸運というのは自然に訪れるものなので、時機を待つしかないということ。

(☆☆◎◎◎)

【三】平成二十九年告示の中学校学習指導要領「国語」について、次の問いに答えよ。

次の表は、「第2　各学年の目標及び内容」の「2内容」〔思考力、判断力、表現力等〕「A話すこと・聞くこと」の指導事項の一部をまとめたものである。(　①　)～(　③　)には、どのような内容が入るか、以下のA～Dからそれぞれ一つ選び、記号で答えよ。

〔第1学年〕 オ　話題や展開を捉えながら話し合い、(　①　)
〔第2学年〕 オ　互いの立場や考えを尊重しながら話し合い、(　②　)
〔第3学年〕 オ　進行の仕方を工夫したり互いの発言を生かしたりしながら話し合い、(　③　)

A　合意形成に向けて考えを広げたり深めたりすること。
B　考えを広げたりまとめたりすること。

C　結論を導くために考えをまとめること。

D　互いの発言を結び付けて考えをまとめること。

（☆☆◎◎◎）

【四】次は、ある中学校の三年生を対象に実施した、「慣用句の使用に関するアンケート」の結果について、三人の教師が話をしている場面である。三人の会話を読んで、後の問いに答えよ。

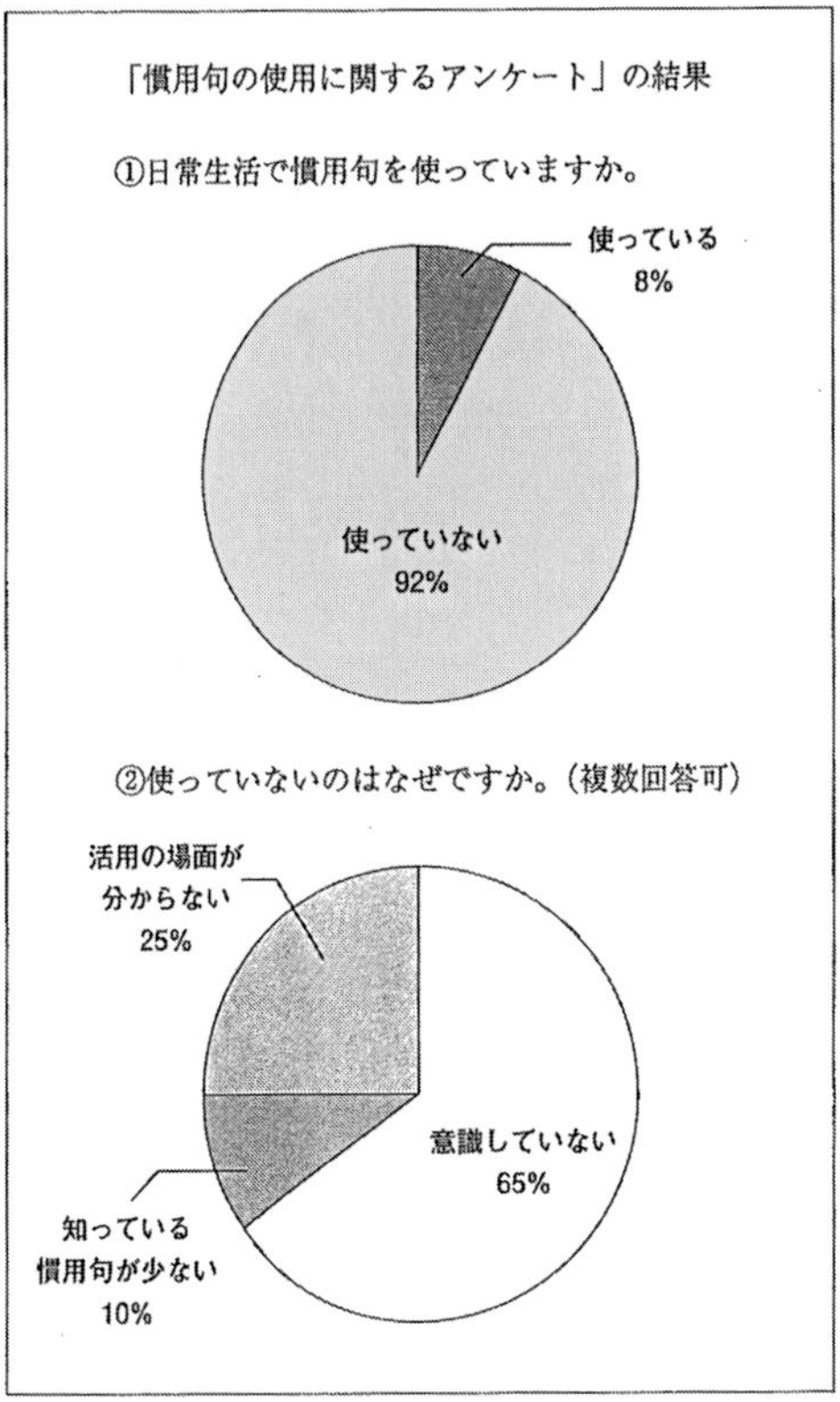

中学校学習指導要領　国語
〔第3学年〕
2　内容
〔知識及び技能〕
(1)　言葉の特徴や使い方に関する次の事項を身に付けることができるよう指導する。
イ　理解したり表現したりするために必要な語句の量を増し、慣用句や四字熟語などについて理解を深め、話や文章の中で使うとともに、和語、漢語、外来語などを使い分けることを通して、語感を磨き語彙を豊かにすること。

慣用句を生活の中で使っていない生徒が多いなあ。
使っていない理由として、「意識していない」と答えた生徒が多いのは、慣用句の効果や良さを実感できていないということだね。

割合は少なくても、知っている慣用句が少ないと答えた生徒や、活用の場面が分からないと答えた生徒に対する手立ても考えなくてはいけないね。
学習指導要領の内容をふまえて、具体的にどのような指導を行っていけばよいか、考えてみよう。

【問い】

この中学校の三年生の生徒に慣用句について指導する際、どのような指導を行えばよいか。三人の会話の内容をふまえて百字以上百二十字以内で具体的に書け。

（☆☆☆◎◎◎）

解答・解説

岡山県

【中高共通】

【一】【中学校】問1 ① (c) ② (h) ③ (e) ④ (b) 問2 言語活動

【高等学校】問1 ① (d) ② (f) ③ (e) ④ (g) 問2 現代の国語

〈解説〉【中学校】従前、「話すこと・聞くこと」「書くこと」「読むこと」の三領域及び〔伝統的な言語文化と国語の特質に関する事項〕で構成されていた内容は、教科目標や学年目標と同じく、〔知識及び技能〕及び〔思考力、判断力、表現力等〕に構成し直されたことにより、「話すこと・聞くこと」の領域は、〔思考力、判断力、表現力等〕を構成する内容となった。

【高等学校】改訂により、共通必履修科目として「現代の国語」と「言語文化」が、選択科目として「論理国語」、「文学国語」、「国語表現」、「古典探究」がそれぞれ新設された。「言語文化」については、「古典の学習について、日本人として大切にしてきた言語文化を積極的に享受して社会や自分との関わりの中でそれらを生かしていくという観点が弱く、学習意欲が高まらない」という中央教育審議会答申の課題を踏まえ、上代から近現代に受け継がれてきた我が国の言語文化への理解を深める科目として設定された。

中学校・高等学校共に、学習指導要領の改訂の背景を押さえ、各指導要領の全体を体系的に捉えた上で、学年ごと、あるいは科目ごとの記述の違いが持つ意味を押さえておきたい。

【二】問1　(a)　けだし　(b)　もとより　(c)　もし　問2　患㆓思慮多不㆑能㆓駆除㆒　問3　未だ逐ひ得ざるに　問4　(エ)　問5　水はどうして器の中に入ってくることができようか。いや、できない。
問6　心の中がしっかりとした考えで充実していれば、外部から妄思雑念が侵入して思い悩むことはないということ。(五十字)

〈解説〉問1　(a)　「蓋」は「思うに。多分。」などの意がある。　(b)　「固」は「言うまでもなく。元来。」などの意がある。　(c)　「若」の読みは文脈から判断する。他に、比況の意味を表す「ごとし」という読み、比較を表す「しく」という読みがある。　問2　「能」は「あたう」と読み、可能の意味を表す。多く「不㆑能㆓…㆒」の形で「…するあたわず」と読み、不可能の意味を表す。　問3　「未」は再読文字。「いまだ…ず」と読み、「まだ…ない」という意味を表す。ここでは、二度目の読みは連体形に読む。　問4　家の中に盗人が入ってしまうこと、入るのが容易であることを、複数の例を通して説明している箇所である。　問5　「能」(よく)は可能の意味を表す。傍線部(4)を含む一文の前では、空の器には自然に水が入ってしまうということが述べられている。傍線部では、それに対して、器が水で満ちている場合はどうかということが説明されている。疑問ではなく、反語の意味で取ると、対句的な構造が明確になる。　問6　明道先生が挙げるのは、あくまでも具体例であり、それを通して何を伝えたいのかを捉えなければならない。明道先生が語る前提となった、呂与叔の質問に立ち戻りたい。

【三】問1　(1)　誠意がなくて(浮気で)　(2)　翌朝　問2　(b)　問3　(3)　すでに出家なさってしまいました。　(4)　女はまったく返事さえもしない。　問4　(オ)
【中学校】問5　役所の長官や亭子の帝のお供として何日も出かけたり、方ふたがりにあったりしたから。(四十字)

【高等学校】問6　何日も女のもとに行けず、気がかりに思っているだろうから、今日こそは行って事情も説明しようと思っていたのに、女がすでに出家したと聞き、衝撃と悲しみを感じている。(七十九字)

〈解説〉問1　(1)「あだに」は「あだなり」(形容動詞)の連用形。「誠実でない。浮気だ。」という意味の他に「はかない」、「無駄だ」などの意味もある。　(2)「つとめて」には、早朝という意味もあるが、ここでは「そのあひける」と前に付いているので、翌朝という意味で取るのがふさわしい。　問2　(b)以外の「なむ」は係助詞である。文の結びが省略されていない場合には、「なむ」に呼応して文末が連体形になっている。(b)の「なむ」は、終助詞で「～してほしい」と訳す。　問3　(3)の「御ぐしおろす」は「出家する」の意。文末の「てき」は、完了の助動詞「つ」の連用形＋過去の助動詞「き」で、「～してしまった」と訳す。(4)の「いらへ」は返事の意。副助詞「だに」は「～でさえ」と訳す。　問4　女が自身の身の上を嘆いてみせることで、男に対して託すことは、男女の和歌のやり取りにおける、一つの典型的な話法である。【X】は、「天の川は空にあるものと聞いていたが、私の目の前の涙の川だったよ」の意。「天(の川)」と「尼」を掛けている。【Y】は「世をつらいと思う涙が流れてその流れがどんなに速いとしても、そのようにたやすく天の川ほどになるものだろうか(いや、そうではない)。」の意。「やは～べき」は係り結びで、反語に訳す。

【中学校】問5　「音」は「音沙汰。便り」の意。二重傍線部(A)を含む段落の次の段落で、女に対して全く便りを寄こさなかった平中の事情が描かれている。役所の長官や亭子の帝(宇多天皇)のお供をしなければならなかったことの他に、段落中頃の「方ふたがりければ、～」の部分に、行こうとする方角が凶で、方違えをしなければならなかったことも描かれている。

【高等学校】問6　平中の心地については、二重傍線部(B)の後の和歌、ならびにその後の文で説明されている。和歌については、地の文とあわせて捉えることが大切である。

【四】問1 (a) 偶然　(b) 概念　(c) 煮　(d) 精彩　問2 (エ)　問3 (イ)　問4 文字表現に重きを置く東洋では、段落が重視されないのに対し、話し言葉が中心の西洋では、段落が大きな役割を果たしているから。(六十字)　問5 日本人は伝統的に段落に対する関心が薄く、要点をおさえて順序立てて話したり、聴いたことをまとめたりする訓練が不足しており、話し言葉においては西洋に比べ効率の悪いコミュニケーションをしているということ。(九十九字)

〈解説〉問1 文脈から語句の意味を把握し、同音の漢字に注意しながら、漢字表記を考える。問2 「改行」が生む効果については、傍線部(1)の二段落先の「改行すると」以下の段落で説明されている。問3 傍線部(2)を含む段落は、日本語と、ヨーロッパの言語を対比させている箇所で、ヨーロッパの言語を煉瓦に喩えている。日本語の特質との比較から、ヨーロッパの言語の特徴を捉える。問4 傍線部(3)の後の段落で、文字表現を重視する東洋の言語と、話し言葉が中心であったヨーロッパの言語を比較することで、パラグラフを重視する度合いの、東洋と西洋での違いを説明している。問5 問4で確認した、文字表現を重視する東洋の言語と、話し言葉が中心であったヨーロッパの言語という二項対立を前提とした上で、ヨーロッパの言語を基準とした際の、日本語・日本人の欠けている点を筆者は指摘している。

岡山市

【中学校】

【一】 1 (a) ともな(って) (d) ふきゅう 2 (b) 至(る) (c) 規模 3 (ウ) 4 人間は母親が一人の子どもにつきっきりではいられないため、共同で保育を行いながら、みんなで同じ調子で子守唄を歌うことにより子どもに安心感を伝える必要があったから。(八十字) 5 (エ) 6 一緒に歌を～ケーション 7 女性は 8 (ア) 9 (ウ)、(エ)

〈解説〉 1 a 「伴う」は、「伴侶」「同伴」という形で用いる。 2 文脈から語句の意味を捉えることが大切である。 3 「待って」「いました」で、前の文節と後の文節が補助の関係になっている。 4 傍線部(1)の次の第二段落で、子守歌が必要となった背景が語られ、さらに第三段落でその子守歌の効能が説明されている。 5 「抑(さげる)」「揚(あげる)」と反対の意味を持つ漢字を重ねた構成である。(エ)も「禍(災難)」「福(幸福)」と反対の意味を重ねた構成である。 6 指示語の対象は原則的にはその直前から探せばよい。指示対象が、「音楽的なコミュニケーション」と言い換えられている点もヒントとなる。 7 傍線部(4)の箇所は、男性たちが出かけるのに対して、女性は育てる、という対句の構造となっている。 8 最終段落は全体の内容を要約している。特に空欄Bの前の第八段落の内容に注意し、人類が言語を使う以前の生活を支えるものを把握する。 9 (ア)は第四段落冒頭の内容に照らして限定しすぎである。また、(イ)は第五段落の内容であるが、ここでは「機能」については述べられていない。

【二】 1 中国 2 一提ばかりの水 3 もう五日たって、おいでください 4 千両の金 5 こたえていわく 6 (ウ) 7 荘子 8 連体形 9 (ア)

〈解説〉1　荘子は、中国戦国時代の道家の思想家。　2　目の前の小さな利益と、後の大きな利益が比較されている。鮒にとってはそれが、「一提ばかりの水」と「江湖」に該当する。　3　「おはす」は、「行く」「来」の尊敬語である。　4　古文においても、指示語の対象は、その前から探せばよい。　5　語頭と助詞以外の「は・ひ・ふ・へ・ほ」は「わ・い・う・え・お」に置き換える。　6　副詞「え」は下に打消の表現を伴って不可能の意味を表す。　7　魚が数日後まで待てないから今助けてくれと言ったので、荘子が助けた、という文脈である。　8　直前の係助詞「ぞ」に呼応して、連体形となっている。　9　本文は、後にどんなに大きな利益が手に入ろうとも、現在の死活問題にはなんの役にも立たないことを伝える教訓譚となっている。

【三】①　D　②　C　③　A

〈解説〉学習指導要領については、丸暗記をするのではなく、学年ごとの記述の違いが持つ意味を捉えておくことが大切である。話すこと・聞くことの指導事項オは、「話合いの進め方の検討、考えの形成、共有(話し合うこと)」について示されている。第1学年のオは、小学校の第5・6学年のオを受けて、建設的に話し合い、考えをまとめることが重要だと示されている。第2学年のオは、前学年のオを受けて、一方的に自分の考えを主張するのではなく、互いの考えの共通点や相違点、新たな提案などを踏まえて話し合うことが重要だと示されている。第3学年のオも前学年のオを受けて、立場や考えの違いを認め、納得できる結論を目指して、建設的な意見を述べながら話し合うことが重要だと示されている。

【四】語彙を増やすため、辞書を用いて慣用句の意味や用法を調べ、使う場面について話し合い共有できるようにする。その後、慣用句を用いた作文を書き、互いに読み合い、慣用句の効果について話し合うことで、生徒自身が慣用句の効果を実感できるようにする。(百十七字)

〈解説〉第一には、学習指導要領の記述に即した指導を行うことが大切である。慣用句や四字熟語については、「理解を深める」次元と、「話や文章の中で使う」次元の二つが存在する。これを指導に反映したい。その上で、今回の設問では、アンケート結果、および三人の教師のやり取りにおいて、生徒が「慣用句の効果や良さを実感できていない」点が問題視されている。この点も指導の目的として考慮する必要がある。

二〇二一年度　実施問題

岡山県

【中高共通】

【一】受験する校種の学習指導要領について、各問いに答えよ。

【中学校】

問1　次は平成二十九年告示の中学校学習指導要領の「国語」の第二学年「2内容」の抜粋である。次の（　①　）～（　④　）に当てはまる語句を書け。

C　読むこと
(1)　読むことに関する次の事項を身に付けることができるよう指導する。
ア　文章全体と（　①　）との関係に注意しながら、主張と例示との関係や登場人物の設定の仕方などを捉えること。
イ　目的に応じて複数の情報を（　②　）しながら適切な情報を得たり、登場人物の言動の意味などについて考えたりして、内容を解釈すること。

ウ　文章と図表などを結び付け、その関係を踏まえて内容を解釈すること。
エ　観点を明確にして文章を比較するなどし、文章の構成や論理の展開、表現の（　③　）について考えること。
オ　文章を読んで理解したことや考えたことを知識や（　④　）と結び付け、自分の考えを広げたり深めたりすること。

問2　平成二十九年告示の中学校学習指導要領の「国語」の「指導計画の作成と内容の取扱い」において、書写の指導に配当する授業時数は、第一学年及び第二学年では年間何単位時間程度か、算用数字で答えよ。

【高等学校】

問1　次は平成三十年告示の高等学校学習指導要領の「国語」の科目「現代の国語」の「2内容」の抜粋である。次の（　①　）～（　④　）に当てはまる語句を書け。

B　書くこと
(1)　書くことに関する次の事項を身に付けることができるよう指導する。
ア　目的や意図に応じて、（　①　）の中から適切な題材を決め、集めた情報の妥当性や信頼性を吟味して、伝えたいことを明確にすること。
イ　読み手の理解が得られるよう、論理の展開、情報の分量や（　②　）などを考えて、文章の構成や展開を工夫すること。
ウ　自分の考えや事柄が（　③　）に伝わるよう、根拠の示し方や説明の仕方を考えるとともに、文章の種類や、文体、語句などの表現の仕方を工夫すること。

エ　目的や意図に応じて書かれているかなどを確かめて、文章全体を整えたり、読み手からの助言などを踏まえて、自分の文章の（　④　）や課題を捉え直したりすること。

問2　平成三十年告示の高等学校学習指導要領の「国語」における科目のうち、共通必履修科目は「現代の国語」ともう一つは何か答えよ。

（☆☆☆◎◎◎）

【二】次の文章は、劉向『説苑』の一節である。これを読んで、各問いに答えよ。（設問の都合で訓点を省略した部分がある。）

虞《ぐ》人ト与二芮《ぜい》人一、(a)質《ただ》サントス二其ノ成《たひらぎ》ヲ於文王ニ一。入ルニ二文王之境ニ一、則(1)見其人民之譲為士大夫。入ルニ二其ノ国ニ一、則見其士大夫譲為公卿。二国ノ者相謂ヒテ曰ク、「其レ人民ハ譲リテ為ルヲ二士大夫ト一、其ノ士大夫ハ譲ルレ為ルヲ二公卿ト一。(b)然則此レ其ノ君モ(c)亦(2)譲ルニ以テシテハ二天下ヲ一而不ラントレ居ラ矣。」二国ノ者、(3)未見文王之身、而譲リテ二其ノ所ヲレ争ツ、以テ為シテ二閑田ト一而反ル。孔子曰ク、「大ナル哉文王之道乎、(4)其レ不レ可カラレ加フ矣。不シテレ動カ而変ジ、無為ニシテ而成リ、敬慎シテ恭シウシテレ己ヲ而虞芮自ラ平ラグ。(5)故ニ書ニ曰ク、『惟《おも》フト二文王之敬忌ヲ一。』此ヲ之謂フト也。」

（注）虞、芮——国名。　成——ここでは耕作地の境界争いに対する決裁のこと。
文王——周の君主。　閑田——持ち主のない田。　平——落ち着く、解決する。

書――書経。　敬忌――慎み深く控えめなこと。

問1　波線部(a)「質」と同じ意味を含む熟語として最も適当なものを、次の(ア)～(オ)から一つ選び、記号で答えよ。

(ア)　質素　(イ)　品質　(ウ)　質量　(エ)　質疑　(オ)　気質

問2　波線部(b)「然則」・(c)「亦」の読みを送り仮名も含めてそれぞれ答えよ。(現代仮名遣いでよい)

問3　傍線部(1)は「そのじんみんのしたいふとなるをゆづるをみる」と読む。これに従って返り点を施せ。

見　其　人　民　之　譲　為　士　大　夫

問4　傍線部(2)の解釈として最も適当なものを、次の(ア)～(オ)から一つ選び、記号で答えよ。

(ア)　文王も自分が天下を取りたいと考えているのに違いない。
(イ)　文王も人に王位を譲ってもらいたいと考えているらしい。
(ウ)　文王も士大夫や公卿の位を独占しているのかもしれない。
(エ)　文王も自らの権力に執着することのない人柄に違いない。
(オ)　文王も人民によって今の地位を譲られたのかもしれない。

問5　傍線部(3)を全てひらがなで書き下し文にせよ。

問6　傍線部(4)を、適当なことばを補って現代語訳せよ。

問7　傍線部(5)とあるが、孔子は「文王之敬忌」とはどういうことだと考えているか。文章全体を踏まえ、八十字以内で具体的に説明せよ。

(☆☆☆◎◎◎)

【三】次の文章は『うたたね』の一節である。語り手である作者(女性)は、思いを寄せていた男性と疎遠になってしまい、気の重い日々を暮らしていた。これを読んで、各問いに答えよ。中学校受験者は問1～問7、高等学校受験者は問1～問5と問8、問9に答えること。

(1)十二月にもなりぬ。雪かきくらして風もいとすさまじき日、いととく下し廻《まは》して、人二三人ばかりして物語などするに、夜もいたく更けぬとて、人は皆寝ぬれど、露まどろまれぬに、(2)やをら起き出《い》でて見るに、宵には雲隠れたりつる月の、浮雲紛はずなりながら、山の端近き光のほのか(a)に見ゆるは、七日の月なりけり。見し夜の限りも今宵ぞかしと思ひ出づるに、ただその折の心地して、さだかにも覚えずなりぬる御面影さへ、さし向ひたる心地する(b)に、まづかきくらす涙に月の(3)影も見えずとて、仏などの見え給ひつる(c)にやと思ふに、恥づかしくも頼もしくもなりぬ。さるは、月日に添へて耐へ忍ぶべき心地もせず、心づくしなることのみまされば、(A)よしや思へばやすきと、理《ことわり》に思ひ立ちぬる心のつきぬるぞ、(4)ありし夢のしるしにやと嬉《うれ》しかりける。「今はと物を思ひなり(d)にしも」と言へばえに、悲しきこと多かりける。

春ののどやかなるに、何となく積もり(e)にける手習の反古《ほうご》など破《や》り返すついでに、(X)かの御文どもを取り出でて見れば、梅が枝の色づきそめし始めより、冬草枯れ果つるまで、折々のあはれ忍びがたき節々を、うちとけて聞え交しけることの積もりにける程も、(5)今はと見るはあはれ浅からぬ中(f)に、いつぞや、常よりも目とどまりぬらんかしと覚ゆる程に、こなたの主、「今宵はいとさびしく物恐ろしき心地するに、ここに臥《ふ》し給へ」とて、(Y)我方へも帰らずなりぬ。あなむつかしと覚ゆれど、せめて心の鬼も恐ろしければ、(B)「帰りなん」とも言はで臥しぬ。

(注) 下し廻して――建物の周りの格子を降ろして
見し夜の限りも――あの人と最後に会ったのも　心づくし――思い悩むこと
言へばえに――言い出すこともできずに　いつぞや――(この文は)いつのものだったか
こなたの主――作者の先輩格の女房　心の鬼――心の呵責《かしゃく》

問1　傍線部(1)「十二月」の月の異名を漢字で答えよ。
問2　傍線部(2)「やをら」(3)「影」の本文中の意味をそれぞれ簡潔に答えよ。
問3　波線部(a)～(f)の「に」を文法的に説明したものとして正しいものを、次の(ア)～(カ)から二つ選び、記号で答えよ。
(ア)　(a)――形容動詞の連用形活用語尾　(イ)　(b)――断定の助動詞
(ウ)　(c)――接続助詞　(エ)　(d)――副助詞
(オ)　(e)――完了の助動詞　(カ)　(f)――副詞の一部
問4　傍線部(4)「ありし夢のしるしにや」をわかりやすく口語訳せよ。
問5　傍線部(5)「今は」の後に省略されている内容を現代語で補え。ただし、「今は」に続く形で十字以内で答えよ。
【中学校受験者のみ答える問題】
問6　破線部(X)「かの御文」とは何か。簡潔に答えよ。
問7　破線部(Y)「我方へも帰らずなりぬ」とあるが、そのようになった理由を二点答えよ。

【高等学校受験者のみ答える問題】

問8　二重傍線部(A)「よしや思へばやすき」を説明したものとして最も適当なものを、次の(ア)〜(オ)から一つ選び、記号で答えよ。

(ア)何事も、いずれはきっと良い方向へと向かうだろうと気楽に考えること。
(イ)どうにでもなれ、とあきらめてしまえば案外気楽になるだろうと考えること。
(ウ)思いきって決心しさえすれば、出家の実行は易しいことだと考えること。
(エ)相手のことを思う存分考えれば、かえって気が休まるだろうと考えること。
(オ)思い悩むよりも、自分から文を出すなどの行動を起こそうと考えること。

問9　二重傍線部(B)「『帰りなん』とも言はで臥しぬ」とあるが、この時の語り手である作者の状況を六十字以内で説明せよ。

(☆☆☆◎◎◎)

【四】次の文章を読んで、各問いに答えよ。

リスク社会では、人は、真の自己選択・自己責任が強制される。「真の」と限定したのは、次のような意味である。この場合、「真の」とは言えないケースと対照させてみるのがよい。たとえば、プロテスタント——神が彼に対して求めていることが明確ではないのだから——自己選択していることにはなる。だが、彼は、——神が存在している以上は——その選択を、最終的には、神が欲していたこと(に合致していること)として神に再帰属させ、神へと責任を転嫁することができるのだ。明示的な信仰をもっていなくても、「(本質に関しては不確実でも)実存に関して確実な」第三者の審級を想定した行動は、(1)同じ形式をとっている。私の選択を、市場や理性へと再帰属させることができるのだ。だが、今や、第三者の審級の実存そのものがあやしいとしたら、どうであろうか？　もはや私の選択を再帰属させ、最終的に責任を取ってくれる、超越的な他者が存在しない。とすれば、私の選択は、ただ単純に私に帰属するほかなく、私は、自己選択や自己責任が強制されることになるだろう。

第三者の審級の撤退とそれに伴う自己選択の強制を、端的に象徴している現象が、医療現場で普及してきた、インフォームド・コンセントである。インフォームド・コンセントは、患者に十分な情報を与えた上で、治療方法を患者自身に選択あるいは同意させる方法だ。なぜ、患者が選択し、同意しなくてはならないのか。治療の場においては、言うまでもなく、医者が、「真理」を知っているはずの超越的な他者を、つまり第三者の審級を具現してきた。インフォームド・コンセントが求められるのは、今や、医者でさえも、「真理」を知らず、適切な処置に確信をもっていないからである。つまり、ここでは、第三者の審級が機能してはいない。そのために、患者の自己決定が義務化されるのだ。

リスク社会では、これと同じ関係が、全社会的な水準で構成される。リスク社会のリスクに対しては、しばしば、アドホックに「倫理委員会」が組織される。倫理委員会の目的は、リスクの処置に対する規範的な判断をもたらすことにある。だが、それは、多様な問題に通用する一般的な解答を提出することはない。委員会は、個別の問題ごとに招集され、(2)恣意的とも見なされかねない結論を出す。典型的なのは、医療や生命科学に関する倫理委員会であり、クローン技術を適用してもよいかどうかとか、体外受精は認められるか、等々が話し合わされる。(3)倫理委員会が個別の課題が浮上する度に組織されなくてはならない理由は、インフォームド・コンセントが必要になる理由と同じである。

こうした関係がより一層(a)ケンチョに展開し、一般化しているのは、インターネットの世界である。たとえば、オープンソースと呼ばれる現象を考えてみよ。オープンソースとは、知的資産の種となるようなアイデアを――とりわけネット上で――無償公開することである。これによって、世界中に分散していた知的リソースが自発的に集合し、アイデアの改善や、さまざまな個別の課題・決定の解決がもたらされる、というわけである。こうした方法の延長上に、たとえば、インターネット上の百科事典「ウィキペディア」が登場する。ウィキペディアとは、ネット上の誰もが編集に参加することができる百科事典である。このような百科事典が可能なのは、知的権威を集中的に帯びている超越的な他者がいないからである。そのような他者を当てにできないのならば、「われわれ」が自分で事典を編集するしかない、というわけである。

　第三者の審級が撤退したとき、かつては禁止の対象であった自由が命令され、快楽が強制される。こうした逆転は、主体に、思いがけない(4)逆説的な効果をもたらすことになる。このことを知るには、カフカの小説を参照するのがよい。カフカの主人公たちは、とりたてて悪いことをしてはいないが――ただ普通にやりたいように生きているだけなのだが――、不可解な罪の意識に取りつかれているように見える。『審判』の銀行員ヨーゼフKは、悪いことをしていないのに、従順に取り調べに応じ、刑の執行を受け入れてしまうのは、なぜなのか？　『城』の測量技師Kが、城からの(b)ヨウセイに、異常な執念で応えようとするが、その様は、重い負債を返さねばならない者の必死さに似ている。あらかじめ規定されているどのような実質的な規範や法への違反もないのに生ずる、このような罪の意識をどのように説明したらよいだろうか？

　次のように考えてみるとよい。リスク社会では、自由であることが規範化されている、と述べた。だが、誰が「自由であれ」と命令しているのだろうか？　「自由であれ」という命令は、誰に、どこに帰属するのか？　リスク社会は、第三者の審級が撤退してしまった社会である、と述べてきたが、こうした問いを媒介にしたとき、この断定をいくぶん修正しなくてはならないことが分かる。リスク社会においては、一旦は撤退した第三者の審級が、言わば裏口から――独特の変形を伴って――回帰する可能性があるのだ。自由であること自体への命令が帰属する他者として、第三者の審級が再生するのである。カフカの主人公たちは、ただ生きている。つまり、何かを選択してしまっている。このとき、彼らは、知らない内に罪を犯してしまっているかもしれない、気づかぬうちに有罪かもしれない、という感覚にさいなまれる。だが、誰に対する罪なのか？　罪の感覚は、「それ」を罪として判定する超越的な他者の視線を前提にせざるをえない。つまり、自由が規範化されたとき、第三者の審級が再(c)ソテイされているのである。

　第三者の審級が裏口から回帰していることを証拠だてる事実のひとつは、現代社会における独特の「カリスマ」たち――とりわけ若者にとっての「カリスマ」たち――のイメージである。ここで(d)ネントウにおいているのは、たとえばビル・ゲイツやホリエモン(堀江貴文)のような人物の社会的イメージだ。彼らが、若者たちのロール・モデルになるのは、まさに、労働を快楽としているように見えるからだ。彼らは、まるで遊ぶかのように働いている(ように見える)のである。

　こうしたカリスマたちが、超越性を否定する超越性――第三者の審級が退出した後に回帰してきた第三者の審級――であることを示しているのは、彼らが、一般の第三者の審級にとっては障害になるような条件をこそ駆動力として、その超越性(カリスマ性)を保持しているという事実である。たとえば、一般に、教師や裁判官は、規範や法を発する第三者の審級(の代理人)である。だが、実際には、われわれは、教師として教壇に立っているその人物、法衣をまとって裁判所の中央に座るその人物が、欠点の多い、凡庸な人物であることを知っている。にもかかわらず、われわれは、彼らを、第三者の審級の代理人として遇し、彼らの口から発せられる規範や判決を妥当なものとして受容する。つまり、彼らが実際にはごく凡庸な人物であるという事実と、「第三者の審級」の権威との間には、逆接の関係があり、したがって、前者の事実が――彼らがわれわれと同じような欠点にあふれたつまらない人物であるという事実が――あまりに強調され、あからさまになったときには、彼らの資格は――第三者の審級の代理人としての資格は――ついに失われることになるだろう。

だが、ビル・ゲイツやホリエモンの場合には、そうではない。彼らは、われわれとよく似た俗っぽい欲望にまみれた、欠点の多い人物として、自己を提示している。そして、(5)この事実は、彼らのカリスマ性に対して逆接しているのではなくて、むしろ順接しているのだ。一般には超越性を侵食するような事実によってこそ、彼らの超越性は維持されている。

（大澤真幸『不可能性の時代』から）

(注)　審級――ここでは「価値基準となるもの」の意味。
　　　アドホック――特定の目的のための、その場限りの。

問１　波線部(a)～(d)のカタカナを漢字に改めよ。

問２　傍線部(1)とあるが、「同じ形式」とはどういうことかを説明したものとして最も適当なものを、次の(ア)～(オ)から一つ選び、記号で答えよ。

(ア)　自らの選択を神が欲していたことだとすることで、自分の責任を回避すること。
(イ)　神が自分に求めていることが明確ではないとして、自己の選択を放棄すること。
(ウ)　神の存在を信じることができないという疑念から、自己の選択を絶対視すること。
(エ)　神への明示的な信仰をもっていないために、自己の選択に責任が生じてしまうこと。
(オ)　自己選択していると思い込むことによって、神に対して責任転嫁ができなくなること。

問3　傍線部(2)「恣意」とほぼ同じ意味の言葉を、次の(ア)～(オ)から一つ選び、記号で答えよ。
(ア)　本意　(イ)　任意　(ウ)　得意　(エ)　作為　(オ)　営為
問4　傍線部(3)とあるが、なぜ倫理委員会は個別の課題が浮上する度に組織されなくてはならないのか。本文中の言葉を用いて五十字以内で説明せよ。
問5　傍線部(4)とあるが、「逆説的な効果」の説明として最も適当なものを、次の(ア)～(オ)から一つ選び、記号で答えよ。
(ア)　命令通り自由にふるまっているうちに、他者からの求めに応えることが真の自由であると気づくこと。
(イ)　自由であることが命令されることで、生きることは罪だと感じるようになり、自由を求めなくなること。
(ウ)　規範や法に違反していないことを自覚しているのに、周囲の言葉を信じ、違反したと思い込んでしまうこと。
(エ)　自由に生きることを命じられた人物が、今度は逆に、他の誰かの自由を規制するようになること。
(オ)　自由であることが規範化された結果、何かを選択しながら生きることに罪の意識を覚えるようになること。
問6　傍線部(5)とあるが、「順接している」とはどういうことか。六十字以内で説明せよ。

(☆☆☆◎◎◎)

岡山市

【中学校】

【一】次の文章を読んで、後の各問いに答えよ。

我々はなぜ寝るのでしょうか？　時間がない時、締切が(a)迫っている時、試験や受験前など、「もし寝なくていいならもっと時間を有効活用できたのに……」などと思うことがあると思います。しかし(1)睡眠は、ヒトが学習したことを忘れないためにとても重要な時間なのです。我々は、起きている間の16時間以上も、視覚、聴覚、触覚などあらゆる情報に触れています。これら起床中に触れた膨大な情報を脳が全て完璧に記憶することは不可能であり、この膨大な情報から必要な情報だけをピックアップして、それを長期記憶として保存させる作業が必要です。睡眠はその(2)重要な役割を(b)ニナっています。

覚醒時に受けた膨大な情報はまず、短期記憶貯蔵庫である海馬と長期記憶貯蔵庫である大脳皮質の両方に送られます。そして睡眠時に海馬は、その膨大な情報から重要な情報と重要でない情報をふるい分けし、重要な情報だけをもう一度、長期記憶の保存先である大脳皮質に送ります。

また、この海馬と大脳皮質のやり取りには、線条体からのアドバイスも受けて行われると考えられています。線条体は報酬系など情報の〝価値〟づけに大きく(c)寄与しているため、線条体による情報の価値づけが、海馬での重要な情報と重要で(3)ない情報の選別に非常に役に立つというわけです。

睡眠中は脳が緊急で作業しなければいけないことも少(4)なく、外部情報からの干渉を受けにくいので、情報選別作業に適した時間帯といえるでしょう。また、睡眠中は新しい情報が海馬―大脳皮質の情報交換システムに入ってこ(5)ないようにブロックしているといわれています。我々が目覚ましや危険な匂いなどを睡眠中であっても気づくことができるのは、あくまで緊急情報であり、長期記憶へ送る必要が(6)ないものです。(7)そういった情報は、[A]中でも脳が常に察知しているのですが、生命に関わら(8)ない情報に対してはブロック機能が働き、[B]時に受けた情報をしっかりと選別し、安全に長期記憶貯蔵庫へ運ぶのです。

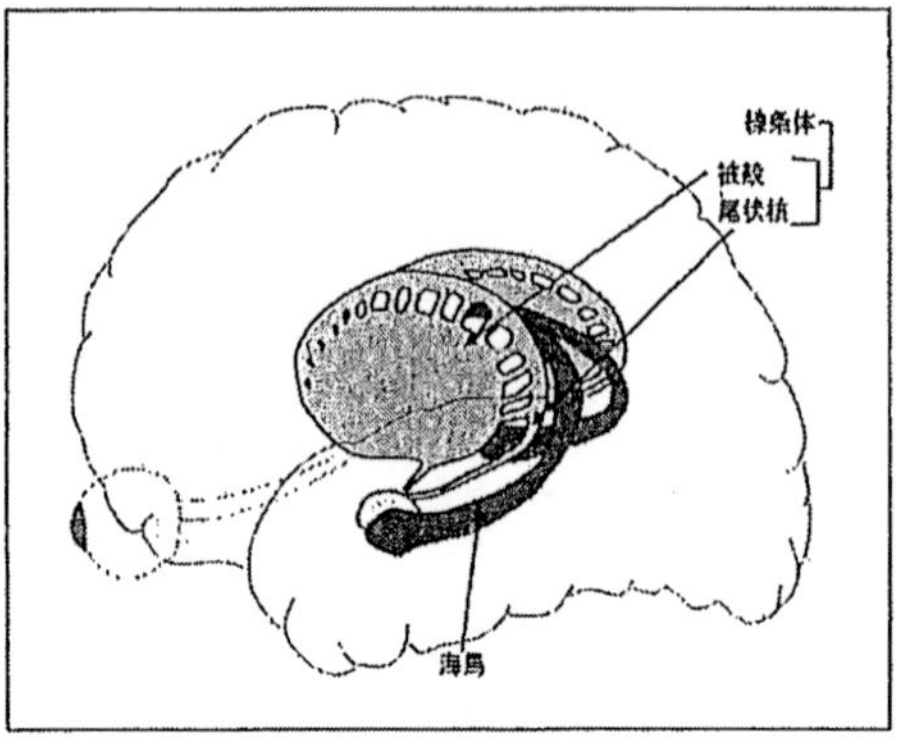

これは、授業と復習の関係に近いかもしれません。我々は、学校で授業を受ける時は1時間ずっと(d)コウギを聞いてノートに(9)メモします。その時はとりあえず何を話したかをメモしているだけですが、家に帰ってからゆっくり、そのメモをまとめて整理します。この作業中に、新しい授業を聞きながら過去の授業のメモをまとめるヒトはいないでしょう。むしろ、外部からの情報をなるべくシャットダウンして、授業内容を思い出しながら部屋に閉じこもって復習していると思います。このように、睡眠は脳を休めるだけでなく、学習した内容を復習し、記憶を強固にするために重要な時間なのです。

(大黒達也『芸術的創造は脳のどこから産まれるか？』から一部抜粋　ただし、問題作成において一部改訂)

1　波線部(a)(c)の漢字の読みがなをひらがなで書け。

2　波線部(b)(d)のカタカナを漢字に直せ。ただし、楷書で書くこと。

3　傍線部(1)の文節の数を漢数字で答えよ。
4　傍線部(2)とは、どのような役割か、文章中の言葉を使って三十字以上四十字以内で書け。
5　傍線部(7)の指し示す内容について、文章中から二十二字で抜き出して書け。
6　文章中の A 、 B に当てはまる熟語を文章中からそれぞれ抜き出して書け。
7　傍線部(8)と同じ意味・用法のものを文章中の傍線部(3)(4)(5)(6)から一つ選び、数字で答えよ。
8　傍線部(9)に対する主語を一文節で書け。
9　この文章の要旨を表した言葉として最を適当なものを次の(ア)～(エ)から一つ選び、記号で答えよ。
(ア)　記憶の役割　(イ)　記憶の定着　(ウ)　記憶の選別　(エ)　記憶の価値

(☆☆☆◎◎◎)

【二】次の資料Ⅰと資料Ⅱを読んで、後の各問いに答えよ。

資料Ⅰ

日高ク睡リ足リテ猶ホ慵《ものうシ》レ起クルニ
小閣ニ重ネテレ衾ヲ不レ怕《おそレ》レ寒ヲ
遺愛寺ノ鐘ハ欹テテレ枕ヲ聴キ
香爐峰ノ雪ハ撥ゲテレ簾ヲ看ル
匡廬ハ便チ是レ逃ルルノレ名ヲ地
司馬ハ仍ホ為リ二送ルノレ老ヲ官一
心泰ク身寧キハ是レ帰スル処
故郷何ゾ独リ在ルノミナランヤ二長安ニ一

衾《しとね》…掛けぶとん・夜着　欹《そばだツ》…傾けて高くする
香爐峰…江西省九江市の廬山にある峰の名
匡廬…廬山の別名
司馬…州の軍事について管理する官　帰処…安住の地

出典「白氏文集」（藤堂明保『漢文』から）

資料Ⅱ

雪のいと高う降りたるを、例ならず御格子《みかうし》まゐりて、炭櫃に火おこして、物語などしてあつまりさぶらふに、「少納言よ。香炉峰の雪いかならむ」と仰せらるれば、御格子上げさせて、［　　　］たれば、(a)笑はせたまふ。人々も「さる事は知り、歌などにさへうたへど、思ひこそよらざり(b)つ。なほこの宮の人には(c)さべきなめり」と(d)言ふ。

(校注・訳　松尾聰　永井和子
『枕草子　新編　日本古典文学全集18』から)

1　資料[I]を読んで、次の各問いに答えよ。

(1)　この詩の形式を漢字四字で書け。

(2)　波線部を書き下し文にせよ。

(3)　対句は、第何句目と第何句目か、全て書け。

(4)　第八句の意味として最も適当なものを次の(ア)～(エ)から一つ選び、記号で答えよ。

(ア)　心のふるさとは、やはり長安だけである。

(イ)　長安にいると思えば、この場所もふるさとだと思える。

(ウ)　心落ち着くふるさとは、何も長安だけではないのだ。

(エ)　なぜ、長安に一人取り残されてしまったのか。

(5)　この詩の作者は誰か、次の(ア)～(エ)から一つ選び、記号で答えよ。

(ア)　李白　(イ)　杜甫　(ウ)　白居易　(エ)　孟浩然

2　資料[II]を読んで、次の各問いに答えよ。

(1)　傍線部(a)(d)の動作主を次の(ア)～(ウ)からそれぞれ一つ選び、記号で答えよ。

(ア)　人々　(イ)　清少納言　(ウ)　中宮

(2)　[　　]には、資料[I]の詩の内容を踏まえた動作が入る。どのような動作か、現代語で簡潔に書け。

(3)　傍線部(b)を適切な形に活用させて書け。

(4)　傍線部(c)の解釈として最も適当なものを次の(ア)～(エ)から一つ選び、記号で答えよ。

(ア)　ふさわしい人であるようだ。

(イ)　ここから去るべき人である。

(ウ)　知っておいたほうが良いだろう。
(エ)　古いしきたりになってしまった。

(☆☆☆◎◎◎)

【三】平成二十九年告示の中学校学習指導要領「国語」について、次の各問いに答えよ。

次の表は、「第2　各学年の目標及び内容」の「2内容」〔思考力、判断力、表現力等〕の「B書くこと」の指導事項の一部をまとめたものである。次の（　①　）～（　③　）には、どのような内容が入るか、あとのA～Dからそれぞれ一つ選び、記号で答えよ。

	第1学年	第2学年	第3学年
推敲	エ　読み手の立場に立って、（　①　）などを確かめて、文章を整えること。	エ　読み手の立場に立って、（　②　）などを確かめて、文章を整えること。	エ　（　③　）などを確かめて、文章全体を整えること。

A　目的や意図に応じた表現になっているか
B　表記や語句の用法、叙述の仕方
C　語と語や文と文との続き方
D　表現の効果

(☆☆☆◎◎◎)

【四】次の中学三年生の生徒からの「質問」を読んで、あとの【問い】に答えよ。

「質問」

楷書は、それぞれの点画が独立していて、小学生などの小さな子どもにも読みやすい、よい書体だと思います。それなのに、中学校で新たに行書という書体を学ぶ必要性はあるのでしょうか。

【問い】この生徒の「質問」に対し、あなたならどのように答えるか、次の条件に従って書け。

条件①　行書の点画や筆順の特徴を具体的に述べること。

条件②　資料 A 、資料 B のいずれかを選択し、条件①で述べた特徴をもとに、行書の効果やよさを説明すること。

条件③　次の一文に続くように、八十字以上百字以内で書くこと。

だから、中学校で行書を学び、目的や必要に応じて効果的に活用できるようになることを目指します。

資料[A]　体育会のポスター

資料[B]　職場体験に関する聞き取りメモ

職場体験について
・担当者　大供太郎さん
・日時　二月五日～七日
　午前十時集合
・持ち物　着替え、筆記用具、
　手帳、手さげ袋
・注意事項　駐輪場は東側を

（☆☆☆◎◎◎）

解答・解説

岡山県

【中高共通】

【一】【中学校】問1　①　部分　②　整理　③　効果　④　経験　問2　20

【高等学校】問1　①　実社会　②　重要度　③　的確　④　特長　問2　言語文化

〈解説〉【中学校】問1　第二学年の2内容における〔思考力、判断力、表現力等〕に関する部分からの抜粋である。　問2　「国語」の「指導計画の作成と内容の取扱い」の2(1)で述べられている。なお、第三学年では年間10単位時間程度とされている。

【高等学校】問1　「国語」の「2内容」では、〔知識及び技能〕と〔思考力、判断力、表現力等〕のそれぞれで学ぶ内容が具体的に示されている。　問2　共通必履修科目については、「第1章 総則」第2款で示されている。国語では「現代の国語」と「言語文化」との二科目が指定されており、いずれも標準単位数は2単位とされている。なお、その他の科目である「論理国語」、「文学国語」、「国語表現」、「古典探究」については、いずれも標準単位数が4単位となっている。

【二】問1　(エ)　問2　(b)　しからばすなわち　(c)　また

問3　見三其人民之譲レ為二士大夫一

問4 (エ)　問5 いまだぶんわうのみをみず（して）　問6 文王の教えは偉大であり、これ以上つけ加えることはできない。　問7 文王の慎み深く控えめな人柄が、領民たちに官職を譲り合わせ、それを見た虞人と芮人に、互いに耕作地を譲り合うことで争いを自分たちで解決するようにさせたということ。（七十九字）

〈解説〉問1 「質」は「ただす」と読み、「問いただす」という意味を表す。　問2 (b)「然」はここでは「しからば」と読み、「そうであるならば」という意味を表す。 (c)「亦」は「同様に」という意味を表す。　問3 「レ点」などの訓点の用法に注意しながら返り点を付ける。一二点が二回出てくることにも注意。　問4 傍線部(2)を訓読すると「譲るに天下を以てしては居らざらんと」となる。すなわち「天下を譲って、その地位にはいない」という意味である。人民、士大夫、公卿が互いに譲り合うさまを見て、虞人と芮人は文王の美徳に感じ入った。　問5 「未レ見ダ二文王之身ヲ一」の書き下し文。「未」が再読文字であることに注意する。　問6 傍線部(4)を訓読すると「其れ加ふべからず」となる。孔子が、文王の政治の偉大さをほめたたえ、それ以上に付け加えることはできないと述べている。　問7 傍線部(5)を訓読すると「故に書に曰く、『文王の敬忌を惟ふ』と。此を謂ふなりと」となる。文王の徳によって、自ら動くことなしに変化が起こり、何もすることなしに物事が成し遂げられた。

【三】問1 師走　問2 (2) そっと　(3) 姿　問3 (ア)、(オ)　問4 以前見た夢の効果であろうか　問5 もうこれでおしまいだ(十字)

【中学校】問6 男性からの手紙　問7 ・先輩の女房がここに残ってほしいと言ったから。　・出家することに心の呵責を感じているから。

【高等学校】問8　(ウ)　問9　早く帰って出家を実行したいが、先輩の女房から残ってほしいと頼まれ、嫌な気はするものの、心の呵責もありそのまま従っている。(六十字)

〈解説〉問1　十二月については、極月・臘月という異名もある。　問2　(2)「やをら」は「ゆっくりと。そっと。」という意味を表す。　(3)「影」は「光り輝くもの」あるいは「光を受けて生じるものの形や影」という意味である。「月の影」で「月の光。月の姿。」を表す。　問3　(a)　形容動詞「ほのかなり」の連用形の活用語尾である。　(b)　接続助詞である。　(c)　断定の助動詞「なり」の連用形である。係助詞「や」と結びついた「にや」の形で、「であろうか」という意味で使われる。　(d)(e)　完了の助動詞「ぬ」の連用形である。(f)　格助詞である。ここでは状況などを示す。　問4「ありし」は「昔の」という意味である。「夢のしるし」は、夢で何らかの前兆を見ることである。　問5「今は」は「こうなってしまった以上は」という意味である。かつて男性からもらった手紙を読み返して、ともに語り合った日々を思い返しながらの感慨である。

【中学校】問6　前書きに「思いを寄せていた男性」の存在が書かれており、「御文」の主だと推測できる。問7「こなたの主」とある先輩の女房がいる所まで、作者が来ていることが分かる。

【高等学校】問8「思へばやすき」は「思い立ってしまえば簡単だ」という意味である。仏の姿が見えたように思えたことから、出家しようとする気持ちが高まっている。　問9　男と疎遠になり、出家を志しながらも思い切れず、作者は不安な気持ちの中にいる。

【四】問1　(a)　顕著　(b)　要請　(c)　措定　(d)　念頭　問2　(ア)　問3　(イ)　問4　多様な問題に通用する真理を知っている超越的な他者が存在しないため、自己決定するほかないから。(四十六字)
問5　(オ)　問6　俗っぽい欲望を持つ、欠点の多い人物だという事実により、ビル・ゲイツやホリエモンは、現代のカリスマとなっているということ。(六十字)

〈解説〉問2　自分の選択を神の欲することとして、神へと責任を転嫁できると、この前に書かれている。問3「恣意」は「気ままな考え」という意味である。「任意」は「思いのままにまかせる」という意味である。問4　個別の課題ごとに対処しなければならないのは、一般的に通用する解答を提出できないからである。それが不可能なのは、真理を知っているはずの超越的な他者が、もはや存在しないからである。自分の選択を再帰属させられる第三者としての他者が不在であるため、自分の選択は自分に帰属するしかない。問5　第六段落に、自由であることが規範化されると、そのこと自体が第三者の審級を行う他者となり、自己の選択における罪の意識を生じさせるとある。問6　教師や裁判官は、第三者の審級の代理人とみなされている。しかし、彼らが実際には凡庸な人物だという事実と、第三者の審級の権威との間には、逆接の関係がある。その事実が露呈した場合、代理人としての資格は失われる。これに対して、ビル・ゲイツやホリエモンは、むしろ欲にまみれた欠点の多い人物であるがゆえに、現代社会のカリスマたりえている。

岡山市

【中学校】

【一】1　(a)　せま(って)　(c)　きよ　2　(b)　担(って)　(d)　講義　3　九　4　起床中に触れた膨大な情報のうち、必要な情報だけを長期記憶として保存させる役割(二十八字)　5　緊急情報であり、長期記憶へ送る必要がないもの　6　A　睡眠　B　覚醒　7　(5)　8　我々は　9　(イ)

〈解説〉3　文節で区切ると次のようになる。「睡眠は、／ヒトが／学習した／ことを／忘れない／ために／とても／重要な／時間なのです。」文節とは、文を不自然にならない程度に区切ったときの最小の単位のことである。4「重要な役割」の具体的な内容とは、直前の文の「作業」にあたる。人間が目覚めている間に触れた視覚、聴覚などのあらゆる情報を完璧に記憶することは不可能であり、必要な情報だけを長期記憶として保存しなくてはならない。5　睡眠中でも脳は外部からの情報を察知しているが、緊急であって生命に関わる情報とそうでない情報を区別して対応している。そうでない情報はブロックされ、睡眠中に外部情報からの干渉を受けにくくなる。6　Aについて、「脳が常に察知している」ものとして「目覚ましや危険な匂い」も含まれるが、これを感知するのは「睡眠中」のことである。Bについて、これは選別する情報を受け取る時である。第二段落に「膨大な情報から重要な情報と重要でない情報をふるい分け」すると書かれており、その膨大な情報は「覚醒時」に受けるとある。7　(5)と(8)は助動詞の「ない」である。(3)と(6)は(補助)形容詞の「ない」である。(4)は形容詞「少ない」の一部。8　一文節で答える指定があるので、「我々は」である。9　最後に、「睡眠は」「記憶を強固にするために重要」とまとめられている。最初の段落では、睡眠は起きている間に受けた情報から必要なものを拾い上げ、長期記憶として保存する役割を担っていると書かれている。

【二】1　(1)　七言律詩　(2)　寒を怕れず　(3)　第三句と第四句・第五句と第六句　(4)　(ウ)　(5)　(ウ)

2　(1)　(a)　(ウ)　(d)　(ア)　(2)　御簾を(高く)上げる　(3)　つれ　(4)　(ア)

〈解説〉1　(1)　一行が七字なので七言、八行詩なので律詩である。四行詩は絶句という。(2)　レ点の繰り返しに注意する。「不」はひらがなに直して表記する。(3)　律詩で対句を入れる原則である。漢詩において、語の並び方が同じ句を対句という。(4)　第八句を訓読すると「故郷何ぞ獨り長安に在るのみならんや」となる。すなわち「故郷はどうして長安だけに限られようか、いや、長安だけではない」という意味である。ここの「何ぞ」は反語である。(5)　出典の「白氏文集」は白居易の詩文集で、白居易は中唐を代表する詩人である。２ (1) (a)「せたまふ」は尊敬の助動詞「す」の連用形「せ」に尊敬の補助動詞「たまふ」が接続したものである。高い尊敬の意を表し、動作主は中宮となる。(d) 発話した「人々」に対して敬語は用いられていない。(2) 中宮が「香炉峰の雪いかならむ」と問いかけた。白居易の「香爐峰の雪は簾を撥げて看る」という詩句を踏まえて、その問いかけへの答えとなる動作を行った。(3) 完了・強意の助動詞「つ」だが、前に係助詞「こそ」があるので已然形にする。(4)「さべき」の「さ」はラ変動詞「さり」の連体形「さる」の撥音便、「なめり」の「な」は断定の助動詞「なり」の連体形「なる」の撥音便で、撥音「ん」が表記されていない形である。

【三】① B ② D ③ A

〈解説〉今回の学習指導要領の改訂では、「B書くこと」は育成されるべき三つの資質・能力の一つである〔思考力、判断力、表現力等〕の中に位置付けられている。そして、設問で示された「B書くこと」の指導事項として、第1学年と第2学年においては「読み手の立場に立って」、第3学年においては「目的や意図に応じた表現になっているかなどを確かめて」という文言が新たに記されている。国語における〔思考力、判断力、表現力等〕にあたる目標として、「社会生活における人との関わりの中で伝え合う力を高め、思考力や想像力を養う」ことが立てられている。

【四】選択する資料…B　行書は、点画の形や方向を変化させることで、文字を整えながら速く書くことができる書体です。例えば、資料Bのように、聞いたことをきちんとすばやく書き取る必要のある時に、その特徴を活用することができます。（九十九字）

〈解説〉一画一画を正確に書く楷書や、可能な限り点画を省く草書と異なり、速く書けて読みやすいのが行書の特徴である。資料Aのように体育会のポスターなどで使用すると、字形の整え方、運筆の際の筆圧のかけ方などから、迫力、力強さ、躍動感といった効果を出すことができる。また、行書は楷書よりも柔らかく、和風で伝統的な印象をあたえられることもある。

二〇二〇年度 実施問題

岡山県

【中高共通】

【一】受験する校種の学習指導要領について、各問いに答えよ。

【中学校】

問1　次は平成二十九年告示の中学校学習指導要領の「国語」の「目標」である。次の（　①　）～（　⑤　）に当てはまる語句を書け。

> 言葉による見方・考え方を働かせ、言語活動を通して、国語で正確に理解し適切に表現する（　①　）・（　②　）を次のとおり育成することを目指す。
> (1) 社会生活に必要な国語について、その特質を理解し適切に使うことができるようにする。
> (2) 社会生活における人との関わりの中で（　③　）を高め、思考力や想像力を養う。
> (3) 言葉がもつ（　④　）を認識するとともに、言語感覚を豊かにし、我が国の（　⑤　）に関わり、国語を尊重してその能力の向上を図る態度を養う。

問2　平成二十九年告示の中学校学習指導要領の「国語」の第一学年「2内容」の記述のうち、「知識及び技能」に関わるものとして適当でないものを、次の(ア)～(エ)から一つ選び、記号で答えよ。

(ア)　単語の類別について理解するとともに、指示する語句と接続する語句の役割について理解を深めること。

(イ)　原因と結果、意見と根拠など情報と情報との関係について理解すること。

(ウ)　読み手の立場に立って、表記や語句の用法、叙述の仕方などを確かめて、文章を整えること。

(エ)　読書が、知識や情報を得たり、自分の考えを広げたりすることに役立つことを理解すること。

【高等学校】

問1　次は平成三十年告示の高等学校学習指導要領の「国語」の「目標」である。次の（　①　）～（　⑤　）に当てはまる語句を書け。

言葉による見方・考え方を働かせ、言語活動を通して、国語で的確に理解し効果的に表現する（　①　）・（　②　）を次のとおり育成することを目指す。

(1)　生涯にわたる社会生活に必要な国語について、その特質を理解し適切に使うことができるようにする。

(2)　生涯にわたる社会生活における他者との関わりの中で（　③　）を高め、思考力や想像力を伸ばす。

(3)　言葉のもつ（　④　）への認識を深めるとともに、言語感覚を磨き、我が国の（　⑤　）の担い手としての自覚をもち、生涯にわたり国語を尊重してその能力の向上を図る態度を養う。

問2　平成三十年告示の高等学校学習指導要領の「国語」における科目のうち、共通必履修科目である「現代の国語」の標準単位数を算用数字で答えよ。

（☆☆☆◎◎◎）

【二】次の文章は、柳宗元『梓人伝』の一節である。これを読んで、各問いに答えよ。（設問の都合で訓点を省略した部分がある。）

或《ルヒト》曰《ハク》、彼《ノ》主《タル》レ為《ルニ》レ室《ヲ》者、儻《もシ》或《ハ》発《シ》二其《ノ》私智《ヲ》一、牽二制《シ》梓人之慮《ヲ》一、(1)奪《ツテ》二其《ノ》世守《ヲ》一、而道謀是《レ》用《ヒバ》、(2)雖《モ》レ不《ト》レ能《ハ》レ成《ス》レ功《ヲ》、豈《ニ》其《ノ》罪《ナラン》邪。亦在《ル》レ任《ズルニ》レ之《ニ》(a)而已《ト》。余曰《ハク》、不レ然《ラ》。(b)夫縄墨誠《ニ》陳《シ》、規矩誠《ニ》設《ケバ》、高《キ》者《ハ》不レ可《カラ》二抑《ヘテ》而下《ス》一也、狭《キ》者《ハ》不レ可《カラ》二張《ツテ》而広《クス》一也。由《レバ》レ我《ニ》則《チ》固《ク》、不《レバ》レ由《ラ》レ我《ニ》則《チ》圮《やぶル》。(3)彼将楽去固而就圮也、則《チ》巻《キ》二其《ノ》術《ヲ》一、黙《シ》二其《ノ》智《ヲ》一、悠《いう》爾《じトシテ》而去《リ》、不《ラン》レ屈《セ》二吾《ガ》道《ヲ》一。是《レ》誠《ニ》良梓人耳。喪《ヒ》二其《ノ》制量《ヲ》一、屈《シテ》而不《ル》レ能《ハ》レ守《ル》也、棟撓《たわミ》屋壊《ルレバ》、則《チ》曰《ハバ》下非《ザル》二我《ガ》罪《ニ》一也《ト》上、(4)可《ナラン》乎哉、可《ナラン》乎哉。余謂《おもヘラク》、梓人之道《ハ》類《スト》二於相《ニ》一。故《ニ》書《シテ》而蔵《をさム》レ之《ヲ》。

（注）主為室者――施主。　梓人――大工。　縄墨――直線を引くための用具。
規矩――コンパスと定規。　悠爾――ゆっくりと。　喪其制量――きまりの寸法を変える。

問1　波線部(a)「而已」・(b)「夫」の読みを送り仮名も含めて答えよ。

問2　傍線部(1)とあるが、どういうことか。次の(ア)～(オ)から一つ選び、記号で答えよ。

(ア)　師匠から代々伝わる棟梁の技法を蔑ろにして、工事に無関係な行きずりの意見を押し付けること。
(イ)　棟梁として世に広く知られた名声を利用して、罪に問われると知りつつ施主の謀略に加担すること。
(ウ)　施主として守るべき領分を超越して、隠し持っていた建築の専門家としての才覚を発揮すること。
(エ)　家を建てる上での施主の希望をことごとく無視して、棟梁が自らの欲望に従って仕事に当たること。
(オ)　棟梁がこれまで守られてきた世の習いを踏襲して、建築の道理に適ったはかりごとを実践すること。

問3　傍線部(2)を、文脈が明らかになるように、適当なことばを補って現代語訳せよ。

問4　傍線部(3)は「かれはたかたきをさつてやぶるるにつくをたのしまば」と読む。これに従って返り点を施せ。

彼　将　楽　去　固　而　就　圮　也

問5　傍線部(4)とあるが、この発言に込められた筆者の思いを、文章全体の内容を踏まえて、百字以内で説明せよ。

(☆☆☆◎◎◎)

【三】次の文章は『中将姫本地』の一節で、右大臣豊成が娘の中将姫に再会する場面である。これを読んで、各問いに答えよ。

また、都に在《ま》します父豊成、館に仰せけるは、「今は嶺の雪も消え、谷の氷も溶け、漸く逗留にて、狩して遊ばんと思ふなり。村の者どもに狩人催せよ」と仰せければ、人々承り、数多の狩人(a)引き具し、かの山に分け入り、峨々たる嶺に登り、漸う谷に下り、ここを先途《せんど》と狩せらるる。

ある谷の底に煙ひと結び立ち昇る。豊成これを怪しめ、駒駆け寄せて御覧ずれば、僅かなる柴の庵あり。戸を開かせて御覧ずれば、五十ばかりなる女あり。また、傍らに、十四五ばかりの姫君の(b)厳《いつく》しきが、机に寄り懸かりて覆面を垂れ、御経を書き給ふ。豊成御覧じ、「汝、真の人間にあらず。抑《そもそも》、かやうの深き山に(1)未だいとけなき上臈の住み給ふべしとも覚えず。天人の影向《やうがう》か、または変化の者か、名乗り給へ。さなくば命を取らん」と仰せければ、姫君(c)聞こし召し、覆面を取り給ひて、「我は天人の影向にてもなし。または変化の者にても(d)候はず。君の御子、中将姫とは自らなり。十三の歳、継母の偽りにより、この山において命を取らるべきにてありしを、武士憐れみをなし、我を助けて、則ち妻の女房を召し寄せ、憐れみ深く労りしに、武士は過ぎにし春の頃、心地を患ひて儚くなりて候ふ。かほど果報拙き我が身、露の命も消えずして剰《あまつさ》へ父に逢ひ奉る恥づかしさよ。真やらん、『親縁なき者は月日の光にさへ当たらず』とこそ承り候へ。如何に三世諸仏も我を憎み思すらん」とて、伏し沈み泣き給へば、豊成、聞こし召し、急ぎ弓矢を彼処《かしこ》に御捨てあり。これは夢か現かとて、姫君の御傍に寄り、「年月我をさこそ恨みつらん。されば、一旦の気に『失ひ(e)奉れ』と申し付けたりしが、後悔申しし事量りなし。同じ年の人を見ても御事のみ明け暮れ恋しく思ひ奉り、念仏申し、経を読みても御ためにと祈りつるに、その験にや、今生にて逢ひ奉る嬉しさよ。日頃の御恨みをば、年老いたる豊成に、許し給へ」とて、(2)御涙塞《せ》き敢へさせ給はず。御供の人々も今一入《ひとしほ》の悦びなり。

(注)　館——貴人の邸宅。ここでは貴人の邸宅に仕える者。
先途——成否や勝敗を決する大事な場面。
影向——神仏がこの世に現れること。

問1　波線部(a)「引き具し」・(b)「厳しき」の本文中の意味を、それぞれ簡潔に答えよ。
問2　波線部(c)「聞こし召し」・(d)「候は」・(e)「奉れ」の敬語の種類と敬意の対象の組み合わせとして適当なものを、次の(ア)～(ケ)からそれぞれ一つ選び、記号で答えよ。
(ア)　尊敬―豊成　(イ)　謙譲―豊成　(ウ)　丁寧―豊成　(エ)　尊敬―姫君　(オ)　謙譲―姫君
(カ)　丁寧―姫君　(キ)　尊敬―武士　(ク)　謙譲―武士　(ケ)　丁寧―武士
問3　傍線部(1)を現代語訳せよ。
問4　傍線部(2)とあるが、この時の豊成の心情を七十字以内で説明せよ。
問5　本文の内容に合致するものを、次の(ア)～(オ)から一つ選び、記号で答えよ。
(ア)　豊成は、行方知れずになった姫君が生きながらえていることを聞きつけ、雪が解けると山に入り姫君の捜索を行った。
(イ)　継母の仕打ちに耐えかねた姫君は、仕えていた女房と山里に隠れ住み、貧しい生活の中でもたくましく成長していた。
(ウ)　姫君の命を助けた武士は、妻とともに姫君を愛情深く世話していたが、去る春のころに、病を患って死んでしまった。
(エ)　豊成は、一度は姫君を殺せと言ったが翻意し、密かに部下に姫君を隠すよう命じ、姫君のために祈ることを続けてきた。
(オ)　姫君は、一度は命を助けられたが、偽りの罪で命を狙われた悲しみのあまり死んで、物の怪となり豊成の前に現れた。

(☆☆☆◎◎)

【四】次の文章を読んで、各問いに答えよ。

子どもの発達や育ちということばには、ある一定のゴールに向けて力を伸ばし、将来に向けて真っ直ぐに上昇していくというイメージがあります。ですから、(1)私たちおとなは、子どものことを考えるときに、さまざまな経験や、能力の獲得を目指した訓練を与え、それによってできるだけ早く、できるだけ効率的に、目標に近づかせようとしがちです。

私たちおとなは、これまで自分が獲得してきた能力によって、基本的に自力で生きていると思っていますから、できることが当たり前になっていて、子どもを考えるときにも、いまの自分の視点から、まだできない子どもの地点を逆向きに見てしまい、子どものいるゼロの地点というものを考えることが、あまりありません。

例えば、自分の子どもの育ちに目を向けるとき、私たちには、この子は、これこれのことがまだできないというふうに、できる状態からの引き算で見てしまいがちです。つまり、子どもというものを、身につけてしかるべきさまざまな能力の、欠如体として見てしまう傾向があるのです。

私には、自分が発達の問題を考えるようになったそもそものはじめから、そういった常識に対する強い疑いがありました。できあがったおとなの地点から子どもを見るという視点にとらわれていると、見るべき大事なものが見えなくなってしまうのではないかと思い続けてきたのです。

私たちは、いまの自分と昨日の自分とが連続しているという前提で生きています。この関係は、一昨日の私とでも、そのまた前の日の私とでも同じことで、さらには十年も二十年も前から、私はずっといまの私とつながっていると思っているわけです。つまり、私は、いまの自分が世界に対しているのと同じ構図のなかにいて、ずっとここまでやってきたと思っている。ですから、その構図ができる以前があるということに、あまり関心を向けません。

しかし、これは考えてみると、かなり(a)キミョウな話です。自分の人生の最初の記憶をたどってみた経験が誰にでもあると思いますが、その記憶のなかに残っている自分が、果たしていまの自分と同じ構図で世界と向き合っていたのだろうかと考えてみると、話はけっして自明ではありません。つまり、最初の記憶に残っている「私」が、いまの「私」とどこまで連続しているか、どこまで同一性を保っているかと問われれば、本当は誰にも自信がないのです。

では、私の「私」というものは、どういう構造をもって、いつ、どのようにしてできあがってきたのでしょうか。

この疑問にあらためて答えることは簡単ではありません。答えるためには、記憶の彼方に消えてしまったものをもう一度手元に手繰り寄せ、内側からあらためて理解し直すことが必要になるからです。ですから、私たちが「私」の構造を知り、「私」が成り立つ経緯を知るためには、いまの自分を考えるだけではなく、ゼロの地点を生きている人たちのことも引き受けて、彼らがどうやって生きているのかということを、私たちの問題としても考えていかなければいけません。

(2)育ちや発達を、人間の全過程のなかに置いて考えてみると、日常、私たちが思い込んでいるものとは違って見えてくる部分が、たくさん出てきます。いい方を換えますと、能動的に自分から世界に働きかけ、自分たちが世界を作っているというおとなの発想を離れてみると、私たちの生きるかたちのなかにある、本来的に受動的な部分がよく見えてくるといっていいのかもしれません。

能動・受動のからみということで思い出す詩に、吉野弘の、*I was born*という作品があります。英語を習いはじめてまだ間もない少年が、ある夏の宵に父親と寺の境内を歩いていると一人のもの(b)ウげな妊婦と行き違うという詩です。

父に気兼ねをしながらも、女の腹から目が離せなくなってしまった彼が、その腹のなかに頭を下にした胎児の姿を連想し、父親にある問いかけをして、そこから不思議な問答が立ちあがるのですが、その少年の問いかけは、次のように書かれています。


少年の思いは (c)ヒヤクしやすい。その時　僕は〈生まれる〉ということが　まさしく〈受身〉である訳を　ふと諒解した。僕は興奮して父に話しかけた。

――やっぱり I was born なんだね――

父は怪訝そうに僕の顔をのぞきこんだ。僕は繰り返した。

――I was born さ。受身形だよ。正しく言うと人間は生まれさせられるんだ。自分の意志ではないんだね
――


「ふと諒解し」てしまった少年の、最初は文法上の発見だと意識されているに過ぎないこの素朴な問いかけは、少しの沈黙を (d)ハサんで語られる、父親の以下の応答によって、次のようにひろがっていきます。


――蜻蛉という虫はね。生まれてから二、三日で死ぬんだそうだが　それなら一体　何の為に世の中へ出てくるのかと　そんな事がひどく気になった頃があってね――

僕は父を見た。父は続けた。

――友人にその話をしたら　或日　これが蜻蛉の雌だといって拡大鏡で見せてくれた。説明によると

口は全く退化して食物を摂るに適しない。胃の腑を開いても　入っているのは空気ばかり。見ると　その通りなんだ。ところが　卵だけは腹の中にぎっしり充満していて　ほっそりした胸の方にまで及んでいる。それはまるで　目まぐるしく繰り返される生き死にの悲しみが　咽喉もとまで　こみあげているように見えるのだ。淋しい　光の粒々だったね。私が友人の方を振り向いて〈卵〉というと彼も肯いて答えた。〈せつなげだね〉。そんなことがあってから間もなくのことだったんだよ、お母さんがお前を生み落としてすぐに死なれたのは――。

ことばの問題として考えてみると、まず、「生む」という日本語は［A］動詞だということになります。これに受身の助動詞をつけると、「生まれる」という受動の表現になるわけですが、しかし、「生まれる」が、受動表現として理解されているとは限りません。日本語には、一方に、「生まれる」という、［A］動詞の受動表現とまったく同じかたちをもった［B］動詞があるからです。

つまり、日本語では、「生まれる」が受け身なのか、それとも［B］動詞的な能動なのか、音の上では区別することができません。表記上は、「生む」を「産む」と書きわけて区別することがありますが、では、「生まれる」が［B］動詞的な能動の意味で、「産まれる」が受動表現として成熟しているかというと、実際はそうではありません。

また、「生まれる」と［B］動詞でいう場合も、文法的には自発といういい方をしますが、ではこれが能動的な意志を表しているのかというと、必ずしもそうではありません。むしろ「生じる」という感じの無意志の感覚に近いわけです。ですから、ことばの慣用上では、「私が産む(生む)」というとき以外、主客の意識がそもそも稀薄といってもいいのではないでしょうか。

肝心なのは、生まれてくるということが、生まれてくる本人の意志によるものではないということだと思います。

私は、吉野弘が、*I was born* という詩で受動を強調して示したかったものも、結局は、そういうことだったのではないかと思います。一つ目は、私たちは、能動的にではなく受動的に生まれてくるという、否定しようのない事実。二つ目は、だからといって、そのことが、必ずしも生むほうが能動的であることを意味するわけでもないという事実です。

少年が生まれてくることを受け身だと発見するところからはじめながら、後に続いた父親のことばによって、生む・生まれるの間に、能動・受動の関係を超えるものを感じさせるところに、この詩のよさがあるのかもしれません。

この詩には、「目まぐるしく繰り返される生き死にの悲しみ」とか、「淋しい光の粒々」とか、あるいは「〈切なげ〉」といった、一見、感情的にネガティブなことばが頻出しています。しかし、私は、それを単なる抒情と考えないほうがいいような気がします。そうではなく、人の生死には、そもそも人知を超えた大きなものが関与しているという、吉野の感覚が素直に反映したものと考えるほうがいいのではないでしょうか。

その意味で、この詩は、悲しさとか切なさといったネガティブなかたちをとりながら、実は、(3)人の育ちや発達についての、本質的で、とても肯定的な比喩になっていると思うのです。

（浜田寿美男『「私」をめぐる冒険　「私」が「私」であることが揺らぐ場所から』から）

問1　波線部(a)〜(d)のカタカナを漢字に改めよ。

問2　傍線部(1)とあるが、このようになるのは、おとなの子どもに対するどのような見方があるからか。四十字以内で説明せよ。

問3　傍線部(2)とあるが、「育ちや発達を、人間の全過程のなかに置いて考えてみる」ことはなぜ必要なのか。その説明として最も適当なものを、次の(ア)～(オ)から一つ選び、記号で答えよ。

(ア)　いまの自分たちが世界と向き合っている構図がどのようにして身についたものであるのかということは、あまりにも自明であるがゆえに、その過程についてあらためて関心を向けることがないから。

(イ)　いまに至るまでの自分についての記憶は極めて曖昧なものであり、発達の過程にある子どもの育ちを自分のものとして捉え直していかなければ、過去と現在の自分の連続性を確認することが難しいから。

(ウ)　子どもたちがどのように能力を身につけて育っていくのかということを正確に捉えていくためには、自分たちができるようになってきた過程を、過去の記憶をたどって明確にしておく必要があるから。

(エ)　おとなは基本的に自力で生きることができているという思い込みを持っているが、それは、何もできなかったゼロの地点としての子どもの状態から成長してきた記憶により生じているものであるから。

(オ)　子どもたちの育ちや発達がどのようなものであるのかを明らかにするためには、自分の人生最初の記憶にさかのぼることで、いまの自分と過去の自分とが同一であることを確信しなければならないから。

問4　[A]、[B]に入る漢字一字をそれぞれ書け。

問5　傍線部(3)とあるが、筆者は「人の育ちや発達」をどのようなものと考えているか。本文全体を踏まえ、百字以内で説明せよ。

(☆☆☆◎◎◎)

岡山市

【中学校】

【一】次の文章を読んで、各問いに答えよ。

「動物が食べているものは、何か」と考えてください。それは、植物たちのからだです。動物を食べている肉食の動物もいます。しかし、その食べられる動物が「何を食べて大きくなったのか」と、もとをたどれば、植物に行きつきます。［A］、「すべての動物は、植物を食べて生きている」といえるのです。植物たちは、すべての動物の食糧の源であり、食べられることで、地球上のすべての動物を養っているのです。だから、動物に食べられることは、植物の宿命です。

「動物に食べられる」という宿命にある植物たちも、食べられるだけでは滅びてしまいます。そこで、食べられても、その被害があまり深刻にならないような、(a)コウミョウな性質を備えています。身近に見ている植物たちの(1)成長の仕方に、(2)その性質は(b)カクされています。

発芽してどんどんと成長を続ける植物は、茎の先端にある芽が背丈を伸ばしながら、次々と葉っぱを(3)展開します。茎の先端にある芽を「頂芽《ちょうが》」といいます。枝分かれしないヒマワリやアサガオでは、上にグングン伸びていく頂芽だけがよく目立ちます。

しかし、芽は、茎の先端にあるだけでなく、すべての葉っぱのつけ根にもあります。その芽を「頂芽」に対して、「側芽《そくが》」といいます。側芽は、頂芽がさかんに伸びているときには伸びません。頂芽だけがグングン伸び、側芽が伸びない性質を「頂芽優勢《ちょうがゆうせい》」といいます。

動物に食べられたときに、この性質が威力を発揮します。頂芽を含めて植物の上の方の(4)部分が食べやすく、やわらかな若い葉なので、動物に食べられることが多いでしょう。そのあとで、植物たちはどんな成長をはじめるでしょうか。

食べられた下には、多くの側芽があります。(5)どの位置まで食べられるかはわかりませんが、頂芽があったときには、下の方の側芽であったもののどれかが一番先端になります。［B］、その側芽が次の頂芽となり、「頂芽優勢」の性質で伸びはじめます。

食べられた茎の下方に側芽がある限り、一番先端になった側芽が頂芽となり伸びだすのです。

【中略】

「もし植物たちが動きまわることができたら、逃げることもできるので、動物に食べられないのに、動きまわれないから食べられてしまう」と思われるかもしれません。［C］、もし植物たちが完全に逃げまわることができたら、動物たちは何も食べられないので、生きていけません。

しかし、植物たちは、そのようになることを望んでいないでしょう。「少しぐらいなら、動物にからだを食べられてもいい」と思っているはずです。なぜなら、植物たちは、「動物に生きていてほしい」からです。

植物たちは、花粉を運んでもらうのに、虫や鳥などの動物の世話になります。また、動物のからだにくっついてタネを運んでもらいます。動物に実を食べてもらうのも大切なことです。食べてもらえば、実の中にあるタネを糞といっしょにどこか遠くに排泄してもらえます。あるいは、食べ散らかすようにしてタネをどこかに落としてもらえます。

動物に実を食べてもらうと、植物たちはタネをまき散らしてもらえるのです。(6)これらは、動きまわることのない植物たちにとっては、生活の場を移動するのに役立ちます。また、生活の場を広げるのに必要なことです。

そのため、「少しぐらいなら、動物にからだを食べられてもいい」と思っている植物たちは、「頂芽優勢」のようなしくみを身につけているのです。「食べられる」という［D］に対して、常に備えているのです。

（田中修『植物のあっぱれな生き方　生を全うする驚異のしくみ』から）

1　波線部(a)、(b)のカタカナを漢字に直せ。ただし、楷書で書くこと。

2　文章中の［A］・［B］・［C］に当てはまる言葉の組合せとして適切なものを次の(ア)～(エ)から一つ選び、記号で答えよ。

(ア)　A　だから　B　すると　C　でも
(イ)　A　そして　B　しかも　C　でも
(ウ)　A　しかし　B　しかも　C　すると
(エ)　A　だから　B　また　C　そして

3　傍線部(1)の漢字について、矢印で指し示した黒く塗りつぶしている画は、何画目に書くか、漢数字で答えよ。

4　傍線部(2)とはどのような性質か、次の（　　）に当てはまるように文章中の言葉を使って二十五字以上三十字以内で答えよ。

動物に頂芽を食べられたとき、（　　　　　　　　　　）という性質

5　傍線部(3)の主語を一文節で答えよ。

6　傍線部(4)の対義語を漢字で答えよ。

7　傍線部(5)の単語の品詞名を答えよ。

8　傍線部(6)の指し示す内容について、文章中の言葉を使って四十字以上五十字以内で答えよ。

9　文章中の［D］に当てはまる熟語を文章中から書き抜け。

（☆☆☆◎◎◎）

【二】次の文章は『奥の細道』の一節である。これを読んで、各問いに答えよ。

江山水陸《かうざんすいりく》(a)の風光、数を尽《つく》して、今象潟《きさかた》に＊方寸《ほうすん》を責《せむ》。酒田の湊より東北の方《かた》、山を越《こえ》、磯《いそ》を伝ひ、いさごをふみて、其際《そのさい》十里、日影やゝかたぶく比《ころ》、汐風真砂《しほかぜまさご》を吹上《ふきあげ》、雨朦朧《もうろう》として鳥海《てうかい》の山かくる。闇中《あんちゆう》に模索《もさく》して雨も亦《また》奇也《なり》とせば、雨後《うご》の晴色《せいしよく》亦頼母敷《たのもしき》と、＊蜑《あま》の苫屋《とまや》に膝をいれて、雨(b)の晴《はるる》を待《まつ》。其(1)朝《あした》天能霽《よくはれ》て、朝日花やかにさし出《いづ》る程に、象潟《きさかた》に舟をうかぶ。先《まづ》、能因嶋《のういんじま》に舟をよせて、三年《みとせ》幽居《いうきよ》の跡をとぶらひ、むかふの岸に舟をあがれば、「花の上こぐ」と(2)よまれし桜の老木《おいき》、西行法師の(3)記念をのこす。(4)江上《かうしやう》に御陵《みささぎ》あり、神功后宮《じんぐうこうぐう》(c)の御墓と云《いふ》。寺を干満珠寺《かんまんじゆじ》と云《いふ》。此処《このところ》に行幸《みゆき》ありし事いまだ聞《きか》ず。いかなる事にや。此寺の方丈《ほうぢやう》に坐して簾《すだれ》を捲《まけ》ば、風景一眼《いちがん》の中に尽《つき》て、南に鳥海天をさゝえ、(5)其《その》影うつりて江《え》にあり。西はむや〳〵の関《せき》、路《みち》をか

ぎり、東に堤を築《きづき》て、秋田にかよふ道遙《はるか》に、海《うみ》北にかまえて、浪打入《うちいる》所を汐《しほ》ごしと云《いふ》。江《え》(d)の縦横《じゆうわう》一里ばかり、(6)俤《おもかげ》松嶋《まつしま》にかよひて、又異《こと》なり。(7)松嶋は笑ふが如《ごと》く、象潟《きさがた》はうらむがごとし。寂しさに悲しみをくはえて、地勢魂《たましひ》をなやますに似たり。

(8)象潟《きさがた》や雨に西施《せいし》がねぶの花
汐越《しほごし》や鶴はぎ*ぬれて海涼し

（『日本古典文学全集41』から）

＊方寸《ほうすん》…心　＊蜑《あま》…漁夫　＊はぎ…あし

1　波線部(a)～(d)の助詞「の」のうち、用法が異なるものを一つ選び、記号で答えよ。
2　傍線部(1)の本文中の意味を答えよ。
3　傍線部(2)の動作主を文章中から書き抜け。
4　傍線部(3)について、現代では「きねん」と読むが、古典ではどのように読むか。平仮名で書け。
5　傍線部(4)のふりがなを現代仮名遣いに直し、平仮名で書け。
6　傍線部(5)は、具体的には何を指し示すか、文章中から書き抜け。
7　傍線部(6)の本文における意味とほぼ同じ意味で使われている二字熟語を文章中から書き抜け。
8　傍線部(7)の意味の解釈として最も適当なものを次の(ア)～(エ)から一つ選び、記号で答えよ。
(ア)　松島は笑っているような明るい印象であり、象潟は嘆き悲しんでいるような沈んだ印象である。
(イ)　松島では笑顔の絶えない楽しいことばかりだったが、象潟では辛いことばかりで恨めしい。

(ウ)　松島は笑っているような明るい印象で好ましいが、象潟は暗い感じで来たかいがなかった。
(エ)　松島は並んだ島が人の笑っている顔に見え、象潟はその形が嘆き悲しんでいる顔に見える。
9　傍線部(8)の俳句の句切れを答えよ。
10　作者が、「象潟」を訪れた季節を漢字一字で答えよ。
11　『奥の細道』の作者名を漢字で書け。

(☆☆◎◎◎)

【三】平成二十九年告示の中学校学習指導要領「国語」について、次の各問いに答えよ。

1　次の文は、「第1　目標」である。次の（　①　）～（　④　）に当てはまる語句を書け。

> 言葉による見方・考え方を働かせ、（　①　）を通して、国語で正確に理解し適切に表現する資質・能力を次のとおり育成することを目指す。
> (1)　社会生活に必要な国語について、その特質を理解し適切に使うことができるようにする。
> (2)　社会生活における人との関わりの中で伝え合う力を高め、（　②　）や（　③　）を養う。
> (3)　言葉がもつ価値を認識するとともに、（　④　）を豊かにし、我が国の言語文化に関わり、国語を尊重してその能力の向上を図る態度を養う。

2　次の表は、「第2　内容」における〔知識及び技能〕「情報の扱い方に関する事項」をまとめたものである。次の①～③には、それぞれどのような内容が入るか、あとのA～Cから一つずつ選び、記号で答えよ。

	第1学年	第2学年	第3学年
	(2) 話や文章に含まれている情報の扱い方に関する次の事項を身に付けることができるよう指導する。		
情報と情報との関係	ア 原因と結果、意見と根拠など情報と情報との関係について理解すること。	ア 意見と根拠、具体と抽象など情報と情報との関係について理解すること。	ア 具体と抽象など情報と情報との関係について理解を深めること。
情報の整理	①	②	③

A 情報と情報との関係の様々な表し方を理解し使うこと。
B 情報の信頼性の確かめ方を理解し使うこと。
C 比較や分類、関係付けなどの情報の整理の仕方、引用の仕方や出典の示し方について理解を深め、それらを使うこと。

(☆☆☆◎◎◎)

【四】中学一年生の花子さんたちは、小学生に「イソップ物語」の中の「キツネとブドウ」の話の読み聞かせを行う。

その際、話のおもしろさが伝わるように挿絵を提示することにし、「挿絵の候補A」と「挿絵の候補B」のどちらの絵が挿絵としてふさわしいか、各々意見文を書いて持ち寄った。次の文章は、花子さんが書いた意見文である。

Aの絵の特徴は、キツネの表情が分かりやすく描かれている点である。
Bの絵の特徴は、話の状況が分かりやすく描かれている点である。
私はBの絵が挿絵としてふさわしいと考える。なぜなら、キツネがブドウをあきらめた理由が絵から読み取れるからである。

資料Ⅰ～Ⅲを見て、次の問いに答えよ。

【問い】花子さんが書いた意見文の内容には不十分な点がある。どのような点が不十分なのか、次の条件に従って説明せよ。

条件①　資料Ⅲの内容に触れながら、不十分な点を具体的に述べること。

条件②　七十字以上九十字以内で書くこと。

資料Ⅰ　絵本の内容

「キツネとブドウ」

ある日、キツネが熟したブドウがたれ下がっているのを見つけました。ブドウは今にも割れて果汁が出てきそうです。キツネは、どうにかしてそれをとってやろうと、何度も飛び跳ねましたが届きません。

疲れたキツネは座り込み、しばらく下からブドウを見上げて

いましたが、

「あのブドウは、どうせすっぱいに決まっている。」

そう独り言を言いながら、立ち去って行きました。

資料Ⅱ

挿絵の候補A

挿絵の候補B

資料Ⅲ　平成二十九年告示の中学校学習指導要領「国語」「第1学年　2内容」の一部(抜粋)

B　書くこと

(1)　書くことに関する次の事項を身に付けることができるよう指導する。

ア　目的や意図に応じて、日常生活の中から題材を決め、集めた材料を整理し、伝えたいことを明確にすること。

イ　書く内容の中心が明確になるように、段落の役割などを意識して文章の構成や展開を考えること。
ウ　根拠を明確にしながら、自分の考えが伝わる文章になるように工夫すること。

（☆☆☆◎◎◎）

解答・解説

岡山県

【中高共通】

【一】【中学校】問1　①　資質　②　能力　③　伝え合う力　④　価値　⑤　言語文化　問2　(ウ)

【高等学校】問1　①　資質　②　能力　③　伝え合う力　④　価値　⑤　言語文化　問2　2

〈解説〉【中学校】問1　「国語」の「目標」では具体的に養うべき資質・能力が三つの要素から示されている。一つ目は知識及び技能に関するもの、二つ目は思考力・判断力・表現力等に関するもの、三つ目は学びに向かう力、人間性等に関するものである。　問2　(ウ)は「2　内容」の「思考力・判断力・表現力等」の「B　書くこと」に言及されている。

【高等学校】問1 「国語」の「目標」では具体的に目指すべき資質・能力が三つの要素から示されている。さらに、三つの柱に沿った資質・能力の整理を踏まえ、〔知識及び技能〕及び〔思考力、判断力、表現力等〕に構成し直している。　問2 「高等学校学習指導要領(平成三十年告示)解説　国語編」では、共通必履修科目として「現代の国語」と「言語文化」との二科目が指定されており、いずれも標準単位数は2単位として定められている。なお、選択科目である「論理国語」、「文学国語」、「国語表現」、「古典探究」については、いずれも標準単位数が4単位とされている。

【二】問1 (a) のみ(と)　(b) それ　問2 (ア)　問3 たとえ工事を成功させることができなくても、どうして棟梁の責任であろうか、いや責任ではない。　問4 彼将楽二去レ固而就一レ圯也　問5 師から受け継いだ技法や知恵を曲げることなく、堅固な家を建てることに専念するのが本当によい大工であると示すことで、政治を司る宰相が、他者に迎合して安易に自らの責任を放棄してしまうことに対して憤る思い。(九十九字)

〈解説〉問1 (a) 「而已」は限定や断定の意味を表す。　(b) 「夫」は「さて」・「いったい」・「そもそも」という意味を表す。　問2 傍線部(1)を訓読すると「其の世守を奪つて、道謀是れ用ひば」となる。すなわち「梓人が代々守ってきた建築の技法を抜きにして工事に無関係な者の意見を用いれば」という意味である。「道謀」とは「道行く人に相談する」という意味に解される。　問3 傍線部(2)を訓読すると「功を成す能はずと雖も、豈に其の罪ならんや」となる。すなわち「工事を成功させることができなくても、どうして「主為室者」(大工の棟梁)の罪であろうか、いや、彼の罪ではない」という意味である。返読文字「雖」・「不能」や反語「豈～邪」の用法に注意しながら訳す。　問4 「レ点」などの訓点の用法に注意しながら返り点を付ける。置き字「而」は、ここでは「〜て」、「〜して」という順接の意味を表す。「圮」は「やぶる」と読み、「やぶれる」、「くずれる」等の意。　問5　傍線部(4)は「可ならんや、可ならんや」と訓読し、「よいのだろうか、よいのだろうか」という疑問の意味で訳す。これは、自分の受け継いだ建築の技法や知恵に従うべき梓人が貨利(利得)に迷って主人の指図に屈し、自らの建築方法を失って欠陥住宅を建てたなら、それは梓人自身の責任とせずに済むのだろうか、という意味で述べられている言葉である。また、傍線部(4)以降では「梓人之道類於相」、すなわち「梓人の道は宰相と似ている」と述べられており、これらの点から、筆者は梓人の話を宰相の政治行為にたとえており、彼らが他者に迎合して政治に対する責任を安易に放棄している様子を批判していることが分かる。

【三】問1　(a)　引き連れ　(b)　美しい女　問2　(c)　(エ)　(d)　(ウ)　(e)　(オ)　問3　まだ幼いご婦人がお住みになろうとは思われない　問4　姫君のために念仏を唱え、経を読んで祈ってきた御利益で、この世で姫君に会えた嬉しさと、姫君を殺すように命じたことに対して、許しを乞う気持ち。(六十九字)

問5　(ウ)

〈解説〉問1　(a)　「引き具す」は「いっしょに連れていく。供として従える。」の意。　(b)　「十四五ばかりなる姫君」の後にある「の」は同格の意であるため、「厳しき」は姫君について述べていることが分かる。訳す際は、「厳しき」という連体形の語の後に「女」などの語を補う必要がある。　問2　(c)　「聞し召す」は、聞くの尊敬語「きこす」に見るの尊敬語から転じた「めす」が付いたものである。聞いていたのは姫君であるため、敬意の対象は姫君だと分かる。　(d)　「候ふ」は「ある」「いる」の丁寧語である。姫君から豊成の言葉の中で使われているため、敬意の対象が豊成だと分かる。　(e)　「奉る」は補助動詞で謙譲語である。動作の対象が姫君であるため、敬意の対象が姫君だと分かる。　問3　「上臈」は、高僧や身分が高い人を指すが、ご婦人の意でも用いられる。　問4　傍線部(2)における豊成の心情は、直前にある姫君に対する言葉から読み取ることができる。姫君を殺すように命令したことに対する懺悔とこの世で姫君に会えた喜びの2点を七十字以内にまとめればよい。　問5　(ア)　豊成は狩りに出かけた時に偶然姫君と出会っている。　(イ)　姫君は継母の嘘によって命を取られるはずであったが、それを命じられた武士に助けられ、武士とその妻とともに暮らした。(エ)　姫君を隠していたのは豊成ではなく武士である。　(オ)　姫君は死んでおらず、物の怪にもなっていない。

【四】問1　(1)　(a)　奇妙　(b)　憂　(c)　飛躍　(d)　挟　問2　生きるのに必要な能力を獲得している立場から、その能力を欠くものと捉える見方。(三十八字)　問3　(イ)　問4　A　他　B　自
問5　生む、生まれるの関係が単純に能動、受動で説明できないのと同様に、身につけるべき能力に向かって能動的に進んでいくようなものではなく、そうした自分の意志を超えていまの「私」が形成されていくものである。(九十八字)
〈解説〉問2　おとなが子どもをどのように見てしまうかということについては、第二段落から第三段落にかけて書かれている。　問3　(ア)は「いまの自分たちが世界と向き合っている構図がどのようにして身についたものであるのかということは、あまりにも自明」という部分が誤り。(ウ)は「過去の記憶をたどって明確にしておく必要がある」という部分が誤り。(エ)は「何もできなかったゼロの地点としての子どもの状態から成長してきた記憶により生じているもの」という部分が誤り。(オ)は「いまの自分と過去の自分とが同一であることを確信しなければならない。」という部分が誤り。　問4　自動詞とは、「動作や作用が他に及ばず、主語自身の動き

を表す動詞」である。一方で他動詞とは、「動作や作用が主語以外の他にも及ぶ意味をもつ動詞」である。
問5　本文後半では、吉野弘の「*I was born*」を例に能動・受動の話が展開されているが、その部分が人の育ちや発達とどう関係しているのかということ(本文の前半と後半の関係性)について考えながら読み進めていくこと。筆者は人の育ちや発達も、「生む・生まれる」の関係と同様に、能動・受動の関係を超えたものであると考えている。能動・受動の関係を超えて、つまり自らの意志を超えて「私」というものが形成されていき、それが「人の育ちや発達」であると考えている。

岡山市

【中学校】

【一】1　a　巧妙　b　隠(されて)　2　(ア)　3　一(画目)　4　一番先端となった側芽が頂芽となり、その芽だけが伸びる(二十六字)　5　植物は　6　全体　7　連体詞　8　動物に花粉やタネを体に付けて運んでもらったり、実を食べてタネをまき散らしてもらったりすること。(四十七字)　9　宿命
〈解説〉2　A　第一段落の最後の文「〜動物を養っているのです。だから、動物に〜植物の宿命です」と同じ構造である。前の文が原因・理由・根拠・目的などの内容で、後の文が結果・結論を示しており、それをつなぐ接続詞が当てはまる。　B　前の文に続いて起こる事柄を表すのに用いる接続詞が当てはまる。　C　前の事柄に対して、その逆の事柄やその反論を導くときに用いる接続詞が当てはまる。　3　筆順の大原則は「上から下へ、左から右へ」である。　4　動物による被害が深刻にならないための植物の工夫は、第三、第四段落で述べられている。　5　一文節で答える指定があるので、「植物は」である。　7　「どの」は下の体言を

修飾する連体詞。　8　筆者は、植物が動物を利用して生きているということを、傍線部(6)を含む段落とその前の段落で、具体例を示し述べている。　9　第一段落の末尾に注目する。最終段落は、第一段落末尾と対応しており、筆者は植物が動物に食べられることを「宿命」と書いている。

【二】　1　(b)　2　翌朝　3　西行法師　4　かたみ　5　こうしょう　6　鳥海(の山)　7　風光　8　(ア)　9　初(句切れ)　10　夏　11　松尾芭蕉

〈解説〉1　格助詞の「の」で、(b)は主格、それ以外は連体修飾格である。　2　「朝(あした)」は、朝。明け方。または翌朝の意味がある。　3　桜の老い木が「西行法師の記念」であると書かれていることから、「花の上こぐ」と詠んだのは西行法師であると分かる。　4　「かたみ」には「死んだ人や別れた人を思うよすがとなるもの」という意味の他に、「記念、思い出のよすが」という意味がある。　5　「かう」は母音「a」が下の母音「u」に続いているため、「a」を「o」に直して「こう」にする。「しやう」は「しょう」に直す。よって「かうしやう」は「こうしょう」になる。　6　傍線部(5)の前に「南に鳥海天をさゝえ」とあり、鳥海の山のことについて書かれている。　7　「風光」は「景色。風景。」以外に「様子。おもかげ。」の意味がある。　8　松島と象潟の印象を比喩を使って表現している。松島には明るい印象、象潟には沈んだ印象を受けたことが分かる。　9　「や」「かな」など切れ字があるとそこで区切れる。傍線部(8)の俳句は、初句の最後に「や」があるため初句切れである。　10　俳句中の「ねぶの花」は合歓の花のことで、「夏」の季語である。　11　『奥の細道』は紀行文で、江戸時代後半に成立している。

【三】問一　①　言語活動　②　思考力　③　想像力　④　言語感覚　問二　①　C　②　A　③　B

〈解説〉1　目標の(1)は「知識及び技能」、(2)は「思考力、判断力、表現力等」、(3)は「学びに向かう力、人間性等」を示したものである。　2　今回の学習指導要領の改訂で、情報の扱い方に関する指導の改善・充実が行われた。現代の社会においては、様々な媒体の中から必要な情報を取り出したり、情報同士の関係を分かりやすく整理したり、発信したい情報を様々な手段で表現したりすることが求められている。情報の扱い方に関する「知識及び技能」は国語科において育成すべき重要な資質・能力の一つで、こうした資質・能力の育成に向け、「情報の扱い方に関する事項」を新設されている。

【四】Bの絵がふさわしいという考えの根拠が不十分である。ブドウがキツネの手の届かないところにあるために、あきらめざるを得なかったということを具体的に挙げて説明しなくてはならない。(八十六字)

〈解説〉「話の状況が分かりやすく描かれている」ということの根拠として、「『キツネがブドウをあきらめた理由が絵から読み取れる』ので『Bの絵が挿絵としてふさわしい』」という理由では、相手に十分に伝わらない。キツネがブドウをあきらめた具体的な理由(何度も飛び跳ねたがブドウに届かなかったこと)を示し、根拠を明確にすることが必要である。自分の考えが相手に伝わるように文章を工夫する。

二〇一九年度 実施問題

岡山県

【中高共通】

【一】受験する校種の学習指導要領について、各問いに答えよ。

【中学校】

問1　次は、平成二十年告示の中学校学習指導要領の「国語」の第三学年「2内容」の抜粋である。次の（①）～（④）に当てはまる語句を書け。

> B　書くこと
> (1)　書くことの能力を育成するため、次の事項について指導する。
> ア　社会生活の中から課題を決め、（①）を繰り返しながら自分の考えを深めるとともに、文章の形態を選択して適切な構成を工夫すること。
> イ　論理の展開を工夫し、資料を適切に引用するなどして、（②）のある文章を書くこと。
> ウ　書いた文章を読み返し、文章全体を（③）こと。

エ　書いた文章を互いに読み合い、論理の展開の仕方や表現の仕方などについて評価して（　④　）に役立てるとともに、ものの見方や考え方を深めること。

問2　平成二十年告示の中学校学習指導要領の「国語」に関する記述として適切なものを、次の(ア)～(エ)から二つ選び、記号で答えよ。
(ア)　読むことの能力を育成するため、第一学年では文脈の中における語句の意味を的確にとらえ、理解することを指導する。
(イ)　「B書くこと」の指導に配当する授業時数は各学年とも年間四十単位時間程度とする。
(ウ)　我が国の言語文化に親しむことができるよう、近代以降の代表的な作家の作品を、いずれかの学年で取り上げることに留意する。
(エ)　書写に関して第三学年では、身の回りの多様な文字に関心をもち、整った文字を書くことを指導する。

【高等学校】
問1　次は平成二十一年告示の高等学校学習指導要領の「国語」の科目「国語総合」の「2内容」の抜粋である。次の（　①　）～（　④　）に当てはまる語句を書け。

B　書くこと
(1)　次の事項について指導する。
ア　（　①　）や目的に応じて題材を選び、文章の形態や文体、語句などを工夫して書くこと。
イ　論理の構成や展開を工夫し、（　②　）に基づいて自分の考えを文章にまとめること。
ウ　対象を的確に説明したり（　③　）したりするなど、適切な表現の仕方を考えて書くこと。

エ　優れた表現に接してその条件を考えたり，書いた文章について自己評価や相互評価を行ったりして，（　④　）に役立てるとともに，ものの見方，感じ方，考え方を豊かにすること。

問2　平成二十一年告示の高等学校学習指導要領の「国語」の科目「国語総合」の「3内容の取扱い」に関する記述として適切なものを，次の(ア)～(エ)から二つ選び，記号で答えよ。

(ア)　話すこと・聞くことに関する指導については，口語のきまり，言葉遣い，敬語の用法などについて，必ず扱うこと。

(イ)　書くことを主とする指導には三十～四十単位時間程度を配当するものとし，計画的に指導すること。

(ウ)　読むことに関する指導については，文章を読み深めるため，音読，朗読，暗唱などを取り入れること。

(エ)　教材については，近代以降の文章や文学の変遷について，必要に応じて扱うようにすること。

（☆☆☆◎◎◎）

【二】次の文章は『顔氏家訓』「勉学篇」の一節である。これを読んで，各問いに答えよ。（設問の都合で訓点を省略した部分がある。）

夫《レ》学者《ハ》、(a)所二以 求レ《ムル》益《ヲ》爾。見三《ルニ》人《ノ》読二《ムヲ》数十巻《ノ》書一《ヲ》、(b)便 自《ラ》高大《ニシテ》、凌二忽《シ》長者一《ヲ》、軽二慢《ス》同列一《ヲ》。人疾レ《ムコト》之《ヲ》如二《ク》讎敵一《ノ》、(c)悪レ《ムコト》之《ヲ》如二《シ》鴟梟一《ノ》。如レ《クニシテ》此《クノ》以《テ》学、《ババ》自《ラ》損《ス》。(1)不レ如レ無レ学也。

古之学《ブ》者《ハ》為レ《ニシ》己《ノ》、以《テ》補《フ》不レ《ルヲ》足《ラ》也。(2)今之学《ブ》者《ハ》為レ《ニシ》人《ノ》、但《ダ》能《ク》説レ《ク》之《ヲ》也。古之学《ブ》者《ハ》為レ人ニシノ、行レ道ヒヲ以テ利レ世スルヲ也。今之学者ブハ為レ己ニシノ、修レ身メテヲ以テ求レ進ムルムヲ也。夫レ(3)学者ハ猶ホキレ種ウルガレ樹ヲ也。春ハ玩二其シノ華一ヲ、秋ハ登二其スノ実一ツ。講論文章ハ、春ノ華也。修レ身メヲ利レ行スルハ、秋ヒニノ実也。

(注)　凌忽《りょうこつ》――ないがしろにする。　　軽慢――軽んじあなどる。　　鴟梟《しきょう》――ふくろう。
　　　登――収穫する。

問1　波線部(a)「所以」・(b)「便」の読みを、送り仮名も含めてそれぞれ答えよ。(現代仮名遣いでよい。)

問2　波線部(c)「悪」と同じ意味を含む熟語として最も適当なものを、次の(ア)～(オ)から一つ選び、記号で答えよ。

(ア)　善悪　　(イ)　罪悪　　(ウ)　害悪　　(エ)　嫌悪　　(オ)　悪戦

問3　傍線部(1)を全て平仮名で書き下し文にせよ。

問4　傍線部(2)とあるが、「今之学者」の説明として最も適当なものを、次の(ア)～(オ)から一つ選び、記号で答えよ。

(ア)　今の学者は、知ったかぶりをして世の人々を教化し、尊敬を集めようとして学問に励んでいる。
(イ)　今の学者は、ふくろうのように、人の目につかないところで策略をめぐらすような狡猾さがある。
(ウ)　今の学者は、人から嫌われないようにするために、年長者や同僚の目を盗んで学ぼうとしている。
(エ)　今の学者は、自分の足りない所を補うことで、他人を導くために学ぼうとする志を持っている。
(オ)　今の学者は、世のため人のためではなく、自分が立身出世するために学問を身につけようとする。

問5　傍線部(3)とあるが、筆者はなぜこのように言うのか。文章全体の内容を踏まえて、六十字以内で説明せよ。

(☆☆☆◎◎◎)

【三】 次の文章は『室町物語集』「西行」の一節である。鳥羽院に仕える佐藤兵衛乗清《さとうひやうゑのりきよ》は、玉簾の隙に見た女院に心惹かれ、思慕の念を募らせる中、女院に仕える女房のそらさやを介して、毎月十五日に阿弥陀堂に参詣する女院を垣間見ていた。以下はそれに続く場面である。これを読んで、各問いに答えよ。

ある時、女院、そらさやを召し、仰せけるは、「乗清はいまだ参詣か」と仰ければ、そらさや、「さん候ふ」と(a)申し給へば、「これこれ乗清に」とて、短冊を出し給へば、やがてこれを遣はし給へば、乗清これを見給へば、「あこぎ」と一筆(b)遊ばしたるなり。

「不思議やな、歌道に達者にて、多くの詞を見つれども、あこぎといふこといまだ知らず。つくづく思ふに、か程の事をさへ知らずして、及ばぬ恋をして憧れける事よ。これに過ぎたる恥はなし」と思ひ、(1)これこそ道心の基よとて、やがてその名を西行と付き、修行し給ふ。

御心につくづく思ふやう、「先づ先づ(2)聞こゆる伊勢へ参詣申さばや」と思ひ、三わたりの辺を通れば、賤《しづ》の子ども数多通りける。その中に、十七八ばかりなる童が牛を牽きて行きける。かの牛うへ麦を食ひけり。かの童、「あこぎよ、いかに」とて、牛をしたたかに打ちける。西行聞き給ひて、「あら不思議や」と思ひ、「いかにあの童、その牛をば何とて、あこぎとて打ちけるぞ」と、問ひ給へば、童申しけるは、「これは知らせ給はずや。伊勢の国、阿漕《あこぎ》が浦とはこれなり。昔、阿漕と申す者、この浦にて、隠しつつ殺生をして、網を引きしが、度重なりし故、あらはれて、かの沖に沈められしなり。そのいはれにより、この浦を阿漕が浦といふなり。されば、歌にも、

伊勢の国阿漕が浦に引く網も度重なればあらはれぞする

先にこの牛人の麦を両度まで食ひ候ふが、今も食ひ候ふ程に、主見候ひては叱り(c)候はん程に、牛をかやう

に申して、打ち候ふ」由申しければ、西行、「さては、女院の仰せられしもこの事なりけるよ。度重なれば、我等《ら》が大事と思し召して、御情けのあまりに、かやうに仰せられける事のありがたさよ」と思ひ、それよりいよいよ信心をいたし給ふ。

(注)　隠しつつ殺生をして――この浦では伊勢神宮の御膳調進のために、一般の漁は禁じられていた。
　　我等が大事――私の大事。「ら」は単数にも用いた。

問1　波線部(a)「申し」・(c)「候は」の敬意の対象として最も適当なものを、次の(ア)～(キ)からそれぞれ一つ選び、記号で答えよ。
(ア)　女院　(イ)　そらさや　(ウ)　乗清(西行)　(エ)　童　(オ)　牛　(カ)　主　(キ)　阿漕
問2　傍線部(b)「遊ばしたる」・(d)「ありがたさ」の本文中の意味を、それぞれ簡潔に答えよ。
問3　傍線部(1)とあるが、どういうことか。その説明として最も適当なものを、次の(ア)～(オ)から一つ選び、記号で答えよ。
(ア)　乗清が、女院に対する身の程知らずの恋をしていることを何よりつらく感じ、出家のきっかけとして捉えたということ。
(イ)　そらさやが、和歌の達人である乗清が意味不明な言葉を書いて見せたことで、乗清の出家を予見したということ。
(ウ)　乗清が、女院は、自分に歌人としての知識が不足していることを悟らせ、出家を促そうとしていると感じたということ。

（エ）そらさやが、自分の恋心にさえ気づかない乗清のことをうらめしく思い、出家の覚悟を決めようと考えたということ。

（オ）乗清が、女院への恋に加え、和歌に優れた自分に知らない言葉があるのが決まり悪く、出家の契機と思ったということ。

問4　傍線部(2)を現代語訳せよ。

問5　傍線部(3)とあるが、西行は女院の言葉をどういうものだと考えたのか。和歌の内容を踏まえて、七十字以内で説明せよ。

（☆☆☆◎◎◎）

【四】次の文章を読んで、各問いに答えよ。

カウンセリングの場において、利用者は当該領域の事情に昏《くら》い、未成熟な自分、幼い自分を受け入れることになる。そこではちょうどキリスト教の懺悔《ざんげ》の秘蹟《ひせき》と同じように、閉じた演劇的な空間の中で、教えを与える熟練者と教えを受ける未熟者という関係性が演ぜられている。

それは(1)一時的な演技にすぎないという見方もあるだろう。自分にとって有用な情報を得るために、とりあえずその場では「相談員」の言うことに耳を傾けてみせるが、実際にそれを信じたり言われた通りにするかは別問題。利用者主体で選択がなされるのであれば、サービスの提供者と利用者とは、ほぼ対等の位置にあると言えなくはない。

しかし、たとえそうであったとしても、現代の消費行動の多くが少なくとも一時的には自分を庇護されるべき未成熟な者の位置に置き、相談員たる相手の指導やアドバイスに接するという形をとっていることはうたがいない。私たちは日々、いや、一生涯、こうした関係性を生きることを余儀なくされているのである。私たちはつねに、幼く未成熟な者として振る舞うことを強制されているのだ。

近代社会では人はまるで幼さを強制されるような状況に置かれてきた。(2)幼さはもはや生きる態度として選択されざるをえない。未成熟であることは一時的な欠点や症状として(a)キョウセイされたり取り去られたりすることはなく、大人にとっても、死ぬまで付き合わねばならない人格の一部となっている。

近代以前も、とくに王や祭司といった権力者の前では、人は導かれるべき弱い存在として「幼く」あることを強いられてきただろう。聖書の中でもしばしば信徒は、「神の子羊」にたとえられている。しかし、近代になると「幼さ」という境地はより内面化され、文化にしっかりと組み込まれて、一種の人間的姿勢として普遍化される。幼さは人間社会の中に、抜きがたく構造化されてしまった。

幼さをとりまく文化の仕組みがもっともわかりやすい形であらわれているのが、印刷術の発達以来、近代社会のきわめて重要な一部となった「語り」という行為である。言語が生まれて以来、人はたえずお互いに言葉を交わしてきたが、ヨーロッパではとりわけ一六世紀、一七世紀と時代が下るにつれ、印刷されたパンフレットや書物を通して不特定多数の読者に対して「語り」を行うという状況が増えてくる。

近代以前も、神話や法など共同体にとって重要な物語は、何らかの形で固形物に刻まれたり、人々によって記憶され口伝えで残されたりすることで表現を与えられ保存されてきたが、そもそも近代以前にはそうした語りは、個人がおいそれと手を出せるようなものではなかった。語りを支配したのはあくまで共同体であり、その統制のもとに形を与えられてはじめて広く流通し、また後代に受け継がれた。語りを成立させるための石や紙、また祭儀や詩型といった硬軟それぞれのメディアが、個人の責任で操作できるようなものではなかったからである。

ところが近代になり、紙などのメディアが徐々に個人の自由になるようになると、[(3)]言葉を発する権利が〝民主化〟される。これまで人は語りを聞く立場にあった。公の語りとは権威によって行われるものであり、個人はそれを言い直したり、記憶したりするのがせいぜいだった。詩人や政治家など、公の言葉を担う立場にあった人々も、公の制約の中で活動していたのであり、個人の主体性がそこに介在する余地は非常に小さかった。しかし、メディアの開放とともに人は語る主体となることを許されるようになった。近代人とは、自ら主体的に言葉を操る人なのである。語りとは聞くものではなく、自ら行うもの。そう考えると、まさに言葉の歴史は政治の歴史とパラレルだと思えるかもしれない。権力は王や為政者から人民の手に降りてきたのだ、と。しかし、問題はその先である。

自ら言葉を支配し表現を行うというと、自由で解放された、のびのびした状況が想起される。権力の承認を得る必要もないし、公の制度に組みこまれる必要もない。しかし、この自由にはもう一つの面がある。言葉が共同体から未承認で権威の裏付けがなければ、信用や信憑性や真実らしさを欠いた、どこかいかがわしいものと見られる可能性があるのだ。語る人にとってこれは致命的な欠陥となりうる。

しかし、私たちはそのようないかがわしい言葉と上手に付き合う術を洗練させてきた。語りの疑わしさや偽物性を感知しつつ、それを受け入れる余地を近代の文化は作り出してきたのである。フィクションという概念がまさにそれである。嘘でありながら、同時に聞くに値するという枠は、私たちがいかがわしさと付き合うための方策を提供した。そうした言葉は公的には「未承認」の状態にあるという点で、社会における「幼さ」の位置ときわめて類似している。いずれ「承認」され権威によって裏付けられる可能性はあるが、未だその状態には達しておらず、過渡的で信用できないもの。弱く、はかなく、権力からも[(b)]ヘダたり、しかし、新鮮で、約束事や(c)インシュウや形式からは自由。まだまだ手垢もついておらず、既視感がない。

このような語りが近代に入ると徐々に市民権を得る。語りを行う者にも、一定の社会的評価が与えられる。文筆が商業活動として可能になったのは一八世紀から一九世紀にかけてだが、これには印刷術の発達により書物の低コスト大量生産が可能になったという事情がある。そこで興味深いのはこのような文筆の職業化が、いかがわしさの語りの(d)リュウセイとほぼ同時に起きたことである。というのも、とりわけ小説家の創作物に期待されたのは――それが作家本人の体験に基づくかどうかはともかく――どこかの誰かにふりかかった「個人的な体験」の披瀝《ひれき》だったからである。共同体の約束事に従って様式化された〝公的に承認済み〟のものよりも、未承認で、薄暗い、信用するにも躊躇《ちゅうちょ》するようなものを人は読もうとした。それは「まさか」というような、予想を外れるような意外性に満ち、いかにも個人的であるような等身大のスケール感も備えていたからである。

人が自ら主体的に語り表現するようになった文化では――あるいは語ることこそが主体性を保証するようになった文化では――言葉はつねにこうした不安定さにみまわれざるをえない。個人が語る言葉とは、弱く、はかなく、どこに向かうともしれない、信用ならないし、嘘か本当かもわからないものなのである。そうしたいかがわしさの根本にあるのは、弱さや無根拠さなどの要因を広く包含した、近代人特有の弱さであり、幼さなのである。(4)近代の文化は、こうした人間の「負」の要素を内に取りこみ構造化してきたのだと言える。近代文化とはこれまでにもまして、人間というものが完璧な状態に達していないという、つまり人間が「人間」たりえていないということに自覚的な文化なのである。そういう意味では、そうした未達成を示唆する「幼さ」の意識は、文化に必然的に内在するとも考えられる。

（阿部公彦『幼さという戦略　「かわいい」と成熟の物語作法』から）

問1　波線部(a)～(d)のカタカナを漢字に改めよ。

問2　傍線部(1)とあるが、どのようなことを前提とすればこのような「見方」が可能になるのか。「～こと。」に続く形で本文中から十五字以内で抜き出せ。

問3　傍線部(2)とあるが、どういうことか。その説明として最も適当なものを、次の(ア)～(オ)から一つ選び、記号で答えよ。

(ア)　現代の消費行動において、人が純粋に相談員たる相手から庇護されるべき者という不利な立場に置かれ続ける以上は、いつまでも幼く未成熟な存在として振る舞うことから逃れられないということ。

(イ)　現代の消費行動が、相手の指導やアドバイスに接して未成熟な自分を変革するという啓蒙的な役割を多くの場合果たしていることで、人が生きる上で幼さばかりが際立つ結果となっているということ。

(ウ)　現代の消費行動は、総じて未成熟な自分が相手から教えを請う形をとるため、人は一生を通して、幼さを人格の一部として残し続け、適宜振る舞いにおいて発揮することを求められるということ。

(エ)　現代の消費行動では、教会の懺悔のように相互の役割に基づいて熟練者から未熟者に教えが授けられる演劇的な関係性が失われ、人は一方的にサービスを提供されるだけの存在になるということ。

(オ)　現代の消費行動に、たとえ一時的とはいえ未成熟な者が熟練者から指導を受ける機会があることに疑いはなく、人は無自覚ながら弱く惨めな存在と捉えられる屈辱を甘受しているということ。

問4　傍線部(3)とあるが、どういうことか。八十字以内で説明せよ。

問5　傍線部(4)とあるが、ここで筆者はどのようなことを述べているか。人と「語り」との関係を踏まえて、百字以内で説明せよ。

(☆☆☆◎◎◎)

岡山市

【中学校】

【一】次の文章を読んで、各問いに答えよ。

身体の一部になった知識は最初から身体で覚えたものに限らない。教えられたばかりの時には丸暗記しただけで実際の問題になかなか使えなかった物理の公式を、物理の問題を解く練習を(a)重ねると、問題を見た瞬間にどの公式をどのような形で当てはめるのかがわかるようになる。最初は事実として記憶された公式が何度も使われることによって手続きが埋め込まれた知識、つまり身体の一部として使える知識になるのである。

チェスや将棋、囲碁などもそうだ。普通にはこれらのゲームは誰かに教えられてルールとゲームのしかたを覚えていく。つまり［A］の学習ではなく、一生懸命覚えようとして覚える学習である。最初はルールを覚えるので精一杯だったのが、経験を積むにつれてルールは身体の一部になり、ルールをいちいち意識に上らせる必要はなくなる。

この時に身体の一部になったのはルールだけではない。勉強した定石や過去に経験した布置*も、最初は「事実の記憶」だったのが、何度も使うにつれて必要な時に［B］に取り出し可能になり、変形して使うことも、意識的に考えることなしにできるようになる。最初は、「事実の記憶」だったものでも、それを使うことをつづけることで、「身体化された手続きの記憶」に変わりうるのである。

一流の熟達者が持つ「臨機応変さ」というのは「的確で柔軟な判断力」と言い(b)かえることができる。では、そのすぐれた判断力はどこから生まれるのだろうか。その(c)一端を捉えた研究がある。

理化学研究所のチームは、将棋のプロ棋士が判断するときの能の活動を(1)調べた。正解のある詰将棋の最終局面で、非常に短い時間に、提示された局面の次の最善の一手を考えてもらい、そのときの脳活動を計測した。また、そのほかに、時間的に余裕がある状況で次の一手を判断した時と、判断をせずに様々な視覚刺激を「見た」だけの時の脳活動も測定した。羽生善治さんをはじめとした将棋のトッププロ棋士のほかに、アマチュア棋士上位と下位の二つのグループが実験に参加した。

瞬間的な判断のよりどころは「直観」だ。時間をかけて熟慮して判断する場合もあるが、(2)時間的に切迫した状況ですぐに判断をしなければならないときもある。そのときには、プロ棋士は、多くの選択肢を思いつくのではなく、多くて三つくらいの選択肢しか頭に浮かばないそうである。プロの棋士が次の一手を時間に余裕がある状況で判断する場合と比べて、瞬間的に行わなければならないときに強く活動する脳の場所が「直観」に深く関わっているはずだ。大脳基底核の一部の尾状核《びじょうかく》という部位がその場所だった。

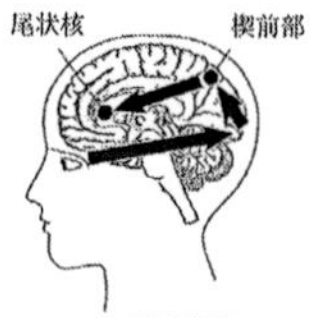

図　プロ棋士の［　C　］を支える脳内ネットワーク

図を見てほしい。大脳基底核は脳の深部、中心付近に位置し、繰り返された経験から無意識に行われる学習や習慣的な行動の記憶にとくに深く関わると考えられている。また、爬《は》虫類など、(3)進化上は古い動物でも持っている「古い脳」と言われていて、本能的な行動を司る部分である。瞬間的な判断をするとき、つまり直観がモノをいうときに、「思考の座」といわれる前頭葉などの「新しい脳」ではなく「古い脳」が働く。このことは学習と熟達の(d)カテイを考えるうえで非常に大事だ。熟達者の直観と臨機応変な判断は、長年の習慣的な経験の繰り返しから生まれることを意味するからである。

（今井むつみ『学びとは何か――〈探究人〉になるために』から）

＊布置…配置

1　波線部(a)、(c)の漢字の読みがなをひらがなで書け。

2　波線部(b)、(d)のカタカナを漢字に直せ。ただし、楷書で書くこと。

3　［A］に入る最も適切な語句を次の(ア)～(エ)から一つ選び、記号で答えよ。

(ア)　不見識
(イ)　未経験
(ウ)　非合理
(エ)　無意識

4　［B］に入る最も適切な四字熟語を次の(ア)～(エ)から一つ選び、記号で答えよ。

(ア)　単刀直入
(イ)　用意周到
(ウ)　自由自在
(エ)　一意専心

5　傍線部(1)の主語を一文節で書き抜け。

6　傍線部(2)のときに強く活動する脳の場所はどこか。文章中から十二字で書き抜け。

7　傍線部(3)の対義語を漢字で書け。

8　図中の［C］にはどのような言葉が入るか。次の(ア)～(エ)から最も適当なものを一つ選び、記号で答えよ。

(ア)　直観
(イ)　学習
(ウ)　経験

(エ) 熟慮

9 二重傍線部の答えになっている一文を探し、初めの五字を書き抜け。

（☆☆☆◎◎◎）

【二】次の文章は『方丈記』の序文である。これを読んで、各問いに答えよ。

ゆく河の流れは絶え(1)ずして、しかももとの水にあらず。淀《よど》みに浮かぶ(a)うたかたは、かつ消えかつ結びて、久しくとどまりたる例《ためし》なし。世の中にある人と栖《すみか》と、また(b)かくのごとし。

たましきの都のうちに、棟を並べ甍《いらか》を争へる、高きいやしき人の住まひは、世々を経て尽きせぬものなれど、これをまことかと尋ぬれば、昔あり(2)し家はまれなり。あるいは(c)去年焼けて今年作れり。あるいは大家《おほいへ》滅びて小家《こいへ》となる。住む人もこれに同じ。所も変はら(3)ず人も多かれど、古《いにしへ》(d)見し人は二、三十人が中にわづかに一人二人なり。朝《あした》に死に夕べに生まるるならひ、ただ水の泡にぞ似(4)たりける。知らず、生まれ死ぬる人、いづ方より来たりて、いづ方へか去る。(e)また知らず、仮の宿り、たがために心を悩まし、何によりてか目を喜ばしむる。その主《あるじ》と栖と無常を争ふさま、いはば朝顔の露に異ならず。あるいは露落ちて花残れり。残るといへども朝日に枯れぬ。あるいは(f)花しぼみて(g)露なほ消えず。消えずといへども夕べを待つことなし。

1 傍線部(a)の現代語訳と同じ意味の語句を文章中から書き抜け。

2 傍線部(b)が指す内容を二十五字以上三十五字以内で説明せよ。

3　傍線部(c)について、現代では「きょねん」と読むが、古典ではどのように読むか。平仮名で書け。
4　傍線部(d)を現代語訳せよ。
5　波線部(1)～(4)の助動詞の活用形で異なるものを一つ選び、番号で答えよ。
6　傍線部(e)と対句になっている部分の最初と最後の五字ずつを文章中から書き抜け。
7　傍線部(f)、(g)はそれぞれ何を比喩で表現したものか。文章中からそれぞれ漢字一字で書き抜け。
8　この文章は、和文と比べて簡潔な表現となっている。この文章の文体名を答えよ。
9　この文章の作品が成立した時代と著者名を漢字で書け。
10　この文章の作品を通して表されている考え方を端的に示している本文中の語句を漢字二字で書け。

(☆☆☆◎◎◎)

【三】平成二十九年告示の中学校学習指導要領「国語」について、次の各問いに答えよ。

1　次の文は、各学年の目標の一部である。(　①　)～(　③　)に当てはまる語句を書け。なお、同じ番号には同じ内容が入るものとする。

〔第一学年〕 (2) 筋道立てて考える力や豊かに感じたり想像したりする力を養い、(①)における人との関わりの中で(②)力を高め、自分の思いや考えを確かなものにすることができるようにする。
〔第二学年〕 (2) (③)に考える力や共感したり想像したりする力を養い、社会生活における人との関わりの中で(②)力を高め、自分の思いや考えを広げたり深めたりすることができるようにする。
〔第三学年〕 (2) (③)に考える力や深く共感したり豊かに想像したりする力を養い、社会生活における人との関わりの中で(②)力を高め、自分の思いや考えを広げたり深めたりすることができるようにする。

2　内容に関する記述として適当なものを、次の(ア)～(エ)から全て選び、記号で答えよ。

(ア)〔知識及び技能〕の内容は、「(1)言葉の特徴や使い方に関する事項」、「(2)話や文章に含まれている情報の扱い方に関する事項」、「(3)我が国の言語文化に関する事項」により構成している。

(イ)　第三学年では、〔思考力、判断力、表現力等〕「A　話すこと・聞くこと」に示す事項については、例えば、紹介や報告など伝えたいことを話したり、それらを聞いて質問したり意見などを述べたりする言語活動を通して指導するものとする。

(ウ)　第二学年では、〔思考力、判断力、表現力等〕「B　書くこと」に示す事項については、根拠の適切さを考えて説明や具体例を加えたり、表現の効果を考えて描写したりするなど、自分の考えが伝わる文章になるように工夫することができるよう指導する。

（エ）　第一学年では、〔思考力、判断力、表現力等〕「C　読むこと」に示す事項については、文章を共感的に読みながら、文章に表れているものの見方や考え方について考えることができるよう指導する。

（☆☆☆◎◎◎）

【四】次の漢文を読んで、各問いに答えよ。

昭王招カントス二賢者ヲ一。(a)隗《くわい》曰ハク、「古《いにしへの》之君ニ、(b)有リ下以《も》ツテ二千金ヲ一使《し》ムル三涓《けん》人《じん》ヲシテ求メ二千里ノ馬ヲ一者上。買ヒテ二死馬ノ骨ヲ五百金ニ一而返ル。君怒ル。涓人曰ハク、『死馬スラ且ツ買フレ之《これ》ヲ、況《いは》ンヤ生ケル者ヲ乎《や》。馬今ニ至ラント矣。』不《ず》シテ二期年ナラ一、千里ノ馬至ル者三。今、王必ズ欲セバレ致サントレ士ヲ、先ヅ従リレ隗始メヨ。況ンヤ賢ナル二於隗ヨリ一者、豈《あ》ニ遠シトセン二千里ヲ一哉《や》ト。」

於《お》イテレ是《ここ》ニ昭王為《ため》ニレ隗ノ改メ築キテレ宮ヲ、師二-事スレ之ニ一。於イテレ是ニ士争ヒテ趨《おもむ》クレ燕《えん》ニ。

涓人——君主の側で雑用をする人

（東京書籍『精選古典B　漢文編』から）

1　傍線部(a)の読みがなを、送りがなを含めてひらがなで書け。ただし歴史的仮名遣いは現代仮名遣いに直して書け。

2　傍線部(b)を書き下し文にせよ。

3　この漢文を由来とする故事成語を用いた次の会話でA・Bに入る文を書け。なお、次の条件を満たすものとする。

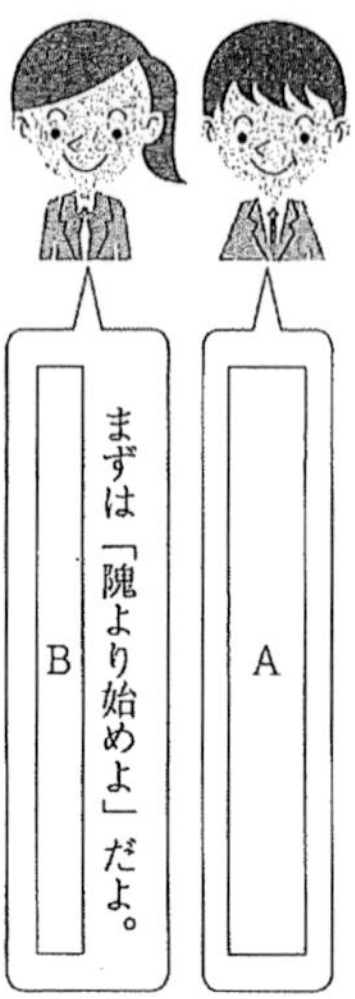

条件

① 会話の順序は、Aの次にBとすること。
② この漢文を由来とする故事成語の意味を活かしてA・Bの会話を構成すること。
③ Aは、二十字以上三十字以内で書くこと。
④ Bは、十字以上二十字以内で書くこと。

（☆☆☆◎◎◎）

解答・解説

岡山県

【中高共通】

【一】【中学校】問1　① 取材　② 説得力　③ 整える　④ 自分の表現　問2 (ア)、(ウ)

【高等学校】問1　① 相手　② 論拠　③ 描写　④ 自分の表現　問2 (イ)、(ウ)

〈解説〉【中学校】問1　中学校第三学年の「B　書くこと」のアは、課題設定や取材、構成、イは、記述、ウは、推敲、エは、交流に関する指導事項である。本問は現行の学習指導要領であるが、新学習指導要領では、三領域が「思考力、判断力、表現力等」を構成する位置に改訂され、指導事項も異なるので、教科目標を十分に学習し整理しておくことが大切である。　問2　(イ)　本資料「第3　指導計画の作成と内容の取扱い」では、授業時数は、第一学年及び第二学年では年間三十〜四十単位時間程度、第三学年では年間二十〜三十単位時間程度とすること、と示されている。　(エ)　後半の文の「整った文字を書く」は、「効果的に文字を書く」と、本資料の〔伝統的な言語文化と国語の特質に関する事項〕で示されている。【高等学校】問1　「国語総合」は、従来の「国語総合」の内容を改善し、教科の目標を全面的に受け、総合的な言語能力を育成することをねらいとした共通必履修科目である。「B　書くこと」の指導事項アは、「題材を選び、表現を工夫して書く」、イは、「論理の構成や展開を工夫して書く」、ウは、「適切な表現の仕方を考えて書く」、エは、「表現について考察したり交流したりして、考えを深めること」に関してである。

【二】問1　(a)　ゆえん　(b)　すなわち　問2　エ　問3　まなぶことなきにしかざるなり。
問4　オ　問5　学問に親しむことが、自らの行いを正し世の中に役立つという点において、春の花を愛で、秋の実を収穫することと似ているから。(五十九字)

〈解説〉問1　(a)　「所以」は、「故に」の転。(b)　「便」は、「すぐに」の意。　問2　「悪」は、「にくむ(こと)」と読む。同義の熟語は(エ)「嫌悪」　問3　(1)　「不《ル》レ如《カ》レ無《キニ》レ学《ブコト》也。」の書き下し文。　問4　傍線部(2)の後に「古之学者為人、行道以利世也」に対し「今之学者為己、修身以求進也」とある。昔の学者が仁義・徳行の人道により世の人々のために尽くしたのに反し、今の学者は世の人々のためではなく自分のために立身出世を求めて学問を身につけようとすることを述べている。　問5　「学者猶種樹也」(学は、なお(ほ)樹を種(う)うるがごときなり)は、「学問に励み、それを身につけることはちょうど樹を植えるようなものである」と訳す。傍線部(3)の後の文章を含め、学問を身につけ、人道に生き世の人々のために尽くすことが植えた木の花を愛で、秋にその実を収穫することに似ている、と述べている。

【三】問1 (a)(ア) (c)(ウ) 問2 (b) お書きになっている (d) めったにないほどすばらしいこと 問3 (オ) 問4 評判の伊勢へ参詣し申し上げたい。 問5 あこぎのように悪行は度重なると報いが生じるので、何度も女院を垣間見る西行の行いもいずれ露見し一大事になることを西行のために教えたというもの。(七十字)

〈解説〉問1 (a)の「申し」は、「言ふ」の謙譲語「申す」(サ行四段活用)の連用形で、女院への敬意。(c)の「候は」は、補助動詞「ある」の丁寧語で「候ふ」の未然形。主(乗清)への敬意。 問2 (b)の「遊ばしたる」の「遊ばし」は、「遊ばす」(「する」の尊敬語)の連用形で「お書きになる」の意。これに完了の助動詞「たり」の連体形がついたもの。(d)の「ありがたさ」は、漢字で示すと「有難さ」で、希有なことを言う。「めったにないほどのすばらしさ」の意。 問3 「これこそ道心の基」の「これこそ」は、女院が短冊に書いた「あこぎ」という一筆について、歌人である西行(乗清)が「多くの詞を見つれども、あこぎといふこといまだ知らず」と言い、「あこぎ」という言葉について知らない自分を、女院に対する及ばぬ恋への反省を含め恥じ入っている内容である。これが西行の「道心(出家)の基(原因)」である。 問4 (2)の「聞こゆる伊勢へ」の「聞こゆる」は、「聞こゆ」(ヤ行下二段活用)の連体形で、「評判高い。うわさされている。」の意。「参詣申さばや」の「ばや」は、「〜したい」意の終助詞。 問5 他者の植えた麦を食べた牛を「あこぎよ」と言って打つ童に、西行がその理由を聞いたところ、昔、阿漕という者が、禁漁の掟を破り悪行を重ねその報いが生じたという話から、自分の女院への度重なる垣間見の行為が、いずれは阿漕のような報いとなって現われることを、女院に「あこぎ」の一筆で教えられたことに気づいたのである。

【四】問1　(a)　矯正　(b)　隔　(c)　因習(因襲)　(d)　隆盛　問2　利用者主体で選択がなされる(こと。)　問3　ウ　問4　近代以前、共同体の統制のもとに発せられた公の言葉を聞く立場に過ぎなかった個人が、近代における印刷術の発達によって、自ら主体的に言葉を操る機会を得たということ(七十九字)。
問5　人間の幼さに自覚的な近代文化においては、小説家のような文筆の職業化が起きるほど、公的な承認のない個人のもつ疑わしさや偽物性がフィクションという概念のもとに積極的に受け入れられてきたということ。(九十九字)

〈解説〉問1　同音(訓)異義語に注意して、文脈に適した漢字を書くこと。　問2　(1)　「一時的な演技」は、前文の「教えを与える熟練者と教えを受ける未熟者という関係性が演じられる」ことをさしている。前提として、演技は「熟練者と未熟者」が対等の関係にあることが必要となるが、「利用者主体で選択がなされる」ことで一時的な演技となるのである。　問3　「幼さはもはや生きる態度として」の「幼さ」は、ここでは文中の「消費行動」における利用者(幼く未熟な者)の生活状況をさす。「生きる態度」は、生活していくうえでの生き方をいう。傍線部(2)直後に「未成熟であることは一時的な欠点や症状として～大人にとっても、死ぬまで付き合わねばならない人格の一部」と述べている。　問4　「言葉を発する権利が〃民主化〃される」の「民主化」とは、公の制約から個人が解放され、語りの主体となることである。近代以前は、共同体による個人の語りには、制約があったが、近代になり印刷されたパンフレットや書物によるメディアの開放とともに、人は語る主体となったということである。　問5　(4)　「近代の文化」については、第八段落以降、この第十二段落の内容を含めて丁寧な説明がされている。それを整理すると、次のようになる。①人が語る主体となったこと。②個人の自由な言葉は公的に未承認であるために「いかがわしさ」をもつ。③その「いかがわしさ」を受け入れるフィクションという概念の創出(公的に未承認・社会的な幼さ)と市民権の獲得(社会的評価)。「こうした人間の負の要素」とは、フィクションを構成する近代人特有の弱さであり幼さである。このフィクションという概念が、印刷術の発達により文筆の職業化と同時に積極的に受け入れられ、近代文化を構築したことを述べている。

岡山市

【中学校】

【一】1 (a) かさ (c) いったん 2 (b) 換 (d) 過程 3 (エ) 4 (ウ) 5 チームは
6 大脳基底核の一部の尾状核 7 退化 8 (ア) 9 熟達者の直

〈解説〉1・2 読みは、音訓で正しく読むこと。書き取りでは、文意に整合するように同音異義語に注意し、楷書で書くこと。 3 空欄補充は、その前後の語句や文と整合することが必要である。Aの前の文は、ゲームが第三者に教えられ、そのしかたを覚えることが述べられており、A以下で、この学習の内容が述べられている。意識的な学習であるから「無意識」の学習とは異なる。 4 Bの後で、「事実の記憶」が、それを反復して使ううちに、「身体化」されて、必要なときに取出し可能になる、と述べられている。「取出し」に支障がないのだから(ウ)の「自由自在」が適切である。 5 「調べた」の主部は「理化学研究所のチームは」であるが、一文節という指示があるので、「チームは」が主語になる。 6 (2)は、「直観」を説明したものである。その活動をする脳の場所は、同じ段落の末で「大脳基底核の一部の尾状核」と説明されている。 7 「進化」の対義語は「退化」。 8 プロ棋士は瞬間的な判断を必要とする。そのよりどころが「直観」である。 9 一流の熟達者に必要な判断については、本文末の結論部分に「熟達者の直観と臨機応変な判断は、長年の習慣的な経験の繰り返しから生まれる」とある。

【二】 1 (水の)泡　2 河の流れが絶えず流れていくことと、水の泡が浮かんでは消えていくこと。(三十四字)　3 こぞ　4 出会った人　5 (2)　6 知らず、生～へか去る。　7 (f) 栖　(g) 主　8 和漢混交文　9 時代…鎌倉　著者名…鴨長明　10 無常

〈解説〉1 「うたかた」は「泡沫」と書く。「水面に生じる泡」の意。第2段落末の「水の泡」である。2 「かくのごとし」とは、「このようなものである」の意。「世の中にある人と栖」は、流れる河の水は元の水でなく、淀みに浮かぶ泡沫が消えたり結んだりして永くとどまることがないのと同じだ、というのである。いわゆる「無常思想」である。　3 「去年」は、「前の年」の意。　4 「見し人」の「し」は、過去の助動詞「き」の連体形。「出会った人」の意。　5 (1)、(3)、(4)は終止形。(2)は連体形。　6 (e)の前の文が対句である。「知らず、～いづ方へか去る。」の最初と最後の五字を書き抜く。　7 (f)と(g)は、文中の「主と栖」の無常を争うさまの比喩である。人の命を「露」にたとえることから、「露」は、「主」、「花」は「栖」を表現している。　8 本文は、和文と漢語を交えた簡潔流麗な和漢混交文で、対句や比喩を用いた当時の新文体の特色を示している。　9 「方丈記」は鎌倉時代初期(十三世紀初め)の成立。作者は鴨長明(一一五五～一二一六)。　10 本文末の「その主と栖と無常を争ふさま」で、「無常」とは、仏教で、この世のすべてのものは、常に変化するものであって一定しているものはないこと、をいう。

【三】 1 ① 日常生活　② 伝え合う　③ 論理的　2 (ア)、(ウ)

〈解説〉新学習指導要領では、国語科の目標の構成を改善し、国語科で育成を目指す資質・能力を「国語で正確に理解し適切に表現する資質・能力」と規定するとともに、「知識及び技能」、「思考力、判断力、表現力等」、

「学びに向かう力、人間性等」の三つの柱で整理している。学年の目標についても、従前、「話すこと・聞くこと」「書くこと」「読むこと」の領域ごとに示していた目標を、教科の目標と同様に、「知識及び技能」「思考力、判断力、表現力等」「学びに向かう力、人間性等」の三つの柱で整理している。また、内容の構成も教科目標の三つの柱に沿った資質・能力の整理を踏まえ、従来、「話すこと・聞くこと」「書くこと」「読むこと」の三領域及び〔伝統的な言語文化と国語の特質に関する事項〕で構成していた内容を〔知識及び技能〕、〔思考力、判断力、表現力等〕に構成し直している。1は、〔思考力、判断力、表現力等〕に関する学年目標である。2は、(ア)・(ウ)は正しいが、(イ)は、第一学年の言語活動。(エ)は、第三学年の事項であり、「文章を共感的に読みながら」は、「文章を批判的に読みながら」の誤り。文章を批判的に読むとは、文章に書かれていることをそのまま受け入れるのではなく、文章を対象化して、吟味したり検討したりしながら読むことである。

【四】1 いわく　2 千金を以って涓人をして千里の馬を求めしむる者有り。　3 A 全市民が総力をあげて岡山マラソンを成功させるべきだと思うよ。　B あなたは、何をするの？

〈解説〉1 (a)「いわ(は)く」は、「言ふ」(ハ行四段活用)の未然形「言は」に接尾語「く」が付いて名詞化した形。　2 返り点の規則に従って、まず一→二点を読み、次に、その後の返り点のついていない「涓人」を読み、一→二→三点を読む、最後に上→下点を読む。　3 ご当地の課題を解答で示しているが、「いじめ」問題の解消などの今日的教育問題や校内環境の美化運動等をAで述べ、Bは、Aの取り組みについて「あなたはどうするか」の問いにしてもよいであろう。

二〇一八年度　実施問題

岡山県

【中高共通】

【一】受験する校種の学習指導要領について、次の各問いに答えよ。

【中学校】

問1　次は平成二十年告示の中学校学習指導要領の「国語」の第一学年「2内容」の抜粋である。次の（　①　）〜（　④　）に当てはまる語句を書け。

C　読むこと

(1)　読むことの能力を育成するため、次の事項について指導する。

ア　（　①　）の中における語句の意味を的確にとらえ、理解すること。

イ　文章の中心的な部分と（　②　）な部分、事実と意見などとを読み分け、目的や必要に応じて要約したり要旨をとらえたりすること。

ウ　場面の展開や登場人物などの描写に注意して読み、（　③　）の理解に役立てること。

エ　文章の構成や展開、表現の特徴について、（　④　）をもつこと。

オ　文章に表れているものの見方や考え方をとらえ、自分のものの見方や考え方を広くすること。

カ　本や文章などから必要な情報を集めるための方法を身に付け、目的に応じて必要な情報を読み取ること。

問2　平成二十年に一部改正が行われた学校教育法施行規則で定められた中学校第一学年での国語の授業時数の標準は何単位時間か。算用数字で答えよ。

【高等学校】

問1　次は平成二十一年告示の高等学校学習指導要領の「国語」の科目「国語総合」の「2内容」の抜粋である。次の（　①　）～（　④　）に当てはまる語句を書け。

C　読むこと

(1)　次の事項について指導する。

ア　文章の内容や（　①　）に応じた表現の特色に注意して読むこと。

イ　文章の内容を叙述に即して的確に読み取ったり、必要に応じて要約や（　②　）をしたりすること。

ウ　文章に描かれた人物、（　③　）、心情などを表現に即して読み味わうこと。

エ　文章の構成や展開を確かめ、内容や表現の仕方について評価したり、書き手の意図をとらえたりすること。

オ　幅広く本や文章を読み、情報を得て用いたり、ものの見方、感じ方、考え方を（　④　）にしたりすること。

問２　平成二十一年告示の高等学校学習指導要領の「国語」の科目「国語総合」の「3内容の取扱い」に示された教材を取り上げる際に配慮する観点として適当でないものを、次の(ア)～(エ)から一つ選び、記号で答えよ。

(ア)　言語文化に対する関心や理解を深め、国語を尊重する態度を育てるのに役立つこと。
(イ)　日常の言葉遣いなど言語生活に関心をもち、伝え合う力を高めるのに役立つこと。
(ウ)　情報を活用して、公正かつ適切に判断する能力や発展的思考を養うのに役立つこと。
(エ)　広い視野から国際理解を深め、日本人としての自覚をもち、国際協調の精神を高めるのに役立つこと。

(☆☆☆◎◎◎)

【二】次の文章は、『新序』の一節である。これを読んで、各問いに答えよ。(設問の都合で訓点を省略した部分がある。)

魏ノ文侯ノ弟ヲ曰ヒ二季成一ト、友ヲ曰フ二翟黄《てきくわう》一ト。文侯欲シテレ相トセントレ之ヲ、而未ダ(a)能決スル。以テ問フ二李克ニ一。克対ヘテ曰ハク、「君(b)若置カントセバレ相ヲ、(1)則問楽商与王孫苟端孰賢。」文侯曰ハク、「善シト。」(2)以テ二王孫苟端一ヲ為ス二不肖一ト。翟黄進ムレ之ヲ。楽商ヲ為スレ□ト。季成進ムレ之ヲ。故ニ相トス二季成一ヲ。故ニ知ルハレ人ヲ則哲、進ムルハレ賢ヲ受ク二上賞一ヲ。季成以テレ知ルレ賢ヲ、故ニ文侯以テ為スレ相ト。季成翟黄、皆近臣親属也。以テ二所ノレ進ムル者ノ賢ナルヲ一(3)別ツレ之ヲ。故ニ(4)李克之言是也。

(注)　李克――戦国時代、魏の政治家。文侯に仕え、新政策により国力を強化した。

楽商・王孫苟端――いずれも人名。　哲――物事の道理に明るいこと。　上賞――立派な褒美。

問1　波線部(a)「能」・(b)「若」の読みを送り仮名も含めて答えよ。
問2　文中の空欄□に入れるのに最も適当な漢字一字を、文章中から抜き出せ。
問3　傍線部(1)は「すなはちがくしやうとわうそんこうたんといづれかけんなるととへ」と読む。これに従って返り点を施せ。
問4　傍線部(2)を現代語訳せよ。
問5　傍線部(3)「別之」とあるが、「之」の指示内容として適当なものを、次の(ア)～(カ)から二つ選び、記号で答えよ。
(ア)　文侯　(イ)　季成　(ウ)　翟黄　(エ)　李克　(オ)　楽商　(カ)　王孫苟端
問6　傍線部(4)とあるが、どのような点が正しいのか。六十字以内で説明せよ。

(☆☆☆◎◎◎)

【三】次の文章は『海人《あま》の刈藻』の一節で、帝が女二の宮や弘徽殿《こきでん》の女御腹の宮たちに琴を教えた後、頭の中将・蔵人の少将兄弟と管弦の遊びを続けていたときに、権大納言が参内する先払いの声が聞こえてきた場面である。これを読んで、各問いに答えよ。

御遊びありて、中将に笙《さう》の笛、少将に横笛つかうまつらせ給ふ。「かやうの物の音は、つねに耳馴《な》るらんものに違はぬなり」とて、典侍ぞ琵琶掻《か》き合はする。御前には唱歌忍びやかにせさせ給ひなどしておはしますほどに、先おどろおどろしう追はせて参り給ふ人あり。

「誰にか」と仰せらるれば、「殿の権大納言にや。確かにも見侍らず」と中将奏すれば、待ちおはしませど、やや久しければ、少将して、「こなたに」と仰せらる。「この御方におはしますなりけり。まづ中宮の御方に参りて、帰り参らん」と奏すれば、「まづこち」と仰せらるれば、「承りぬ」とて、中宮に参り給ひて、「御風の気と承りて、急ぎ参り侍りつる」と(a)啓し給ふ。「わざとも侍らず。姫宮こそ、上にて、弘徽殿の宮たちと琴習ひ給ふなる。『心憎げなくや』と思へど、せさせ給はんはよきことにこそ」とてうち笑み給へれば、「殿の御心、右の大臣の御ためにありがたくものせさせ給へば、いとど隔てなく思し召すにこそ。まことになでふことか侍らん。親しかるべきほどはさこそは」など、細やかなる御物語聞こえ給ふほどに、二の宮走りおはして、「(1)などか久しうは見え給はざりつる。我を憎めば、我がやうに袴着《はかまぎ》もせさせせじ」とのたまはするを、いと(b)うつくしければ、「つねに候はずとて、袴着もせで候はば、いかに(c)なめげに」など、うち笑ひ(d)給ふ。「まことはよな、上の御前の、姫宮に琵琶を教へ聞こえ給ひて、まろをば、『幼し』とて教へさせ給はねば、今『姫宮の琴の緒切らん』と思ふぞ」と語らはせ給へば、「上よりは、なにがしはよく教へ聞こえん。姫宮にまさり聞こえ給ひてん」と慰められて、(2)「嬉し」と思したり。

　何かと言ふ言ふ、膝に寝入らせ給ひぬれば、いと心苦しうて、なほ候ひ給ふに、蔵人また参りて、とく参らせ給ふべきよし申せば、中納言の乳母に抱き移させ(e)奉りて、参り給へり。

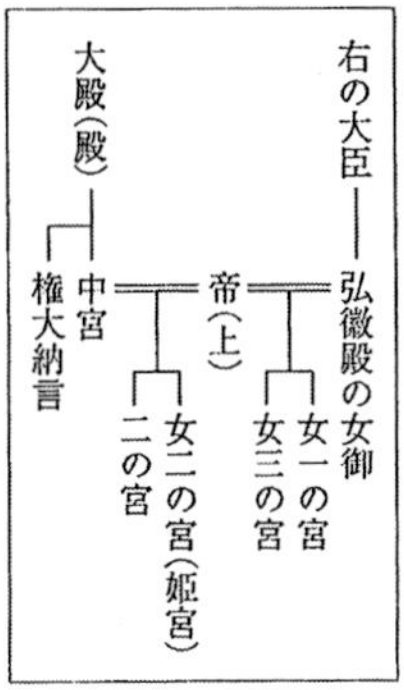

（注）琴――弦楽器の総称。琴《きん》・箏《そう》・和琴《わごん》・琵琶《びわ》など
典侍――帝のそば近くに伺候していた女房　殿の権大納言――大殿の息子である権大納言
ありがたくものせさせ給へば――(心配りが)すばらしくていらっしゃるので
なにがし――わたくし

問1　波線部(a)・(d)・(e)の敬語の種類と敬意の対象の組合せとして適当なものを、次の(ア)～(ク)からそれぞれ一つ選び、記号で答えよ。

(ア)　尊敬――帝　(イ)　尊敬――中宮　(ウ)　尊敬――権大納言　(エ)　尊敬――二の宮
(オ)　謙譲――帝　(カ)　謙譲――中宮　(キ)　謙譲――権大納言　(ク)　謙譲――二の宮

問2　波線部(b)・(c)の本文中の意味を、それぞれ簡潔に答えよ。
問3　傍線部(1)を現代語訳せよ。
問4　傍線部(2)について、
①　「思したり」の主語を本文中から抜き出せ。
②　①の人物が、「嬉し」と思った理由を七十字以内で説明せよ。
問5　本文の内容に合致するものを、次の(ア)～(オ)から一つ選び、記号で答えよ。
(ア)　権大納言は帝からお呼びがかかって御前に参上したが、この後中宮のもとを訪れてから帰路につく旨を帝に直接伝えて早々に退出した。
(イ)　姫宮が弘徽殿の宮たちと一緒に帝のもとで琴を習っていることについて、中宮は厚かましくはないかと心配する一方、よいことだとも思っていた。

(ウ)　日ごろから姫宮と二の宮の姉弟仲の悪さを憂えていた中宮は、風邪を口実に権大納言を呼び寄せ、幼い二の宮の面倒を見ない姫宮を非難した。

(エ)　二の宮は、帝が自分を嫌っているので袴着をさせてくれないのだろうと権大納言に訴えたが、相手にしてもらえずますます不満を募らせた。

(オ)　風邪のため自室にいた中宮のもとに蔵人の少将が帝の使いとしてやってきたので、寝入った二の宮を気にしつつも、中宮は帝のもとに参上した。

(☆☆☆◎◎◎)

【四】次の文章を読んで、各問いに答えよ。

「近代化」の真相を独特の観察眼で鋭くえぐり出したゲーテの作品が、本格的に近代化を始めたばかりの日本で広く読まれるようになったことには、(西欧の文学の巨匠に対する権威主義的な憧れという次元を超えた)一定の□性があると思われる。ゲーテの時代のドイツは、国際情勢に押されて急激に近代化のコースを歩み始め、それまでの秩序が「近代」的なものに取って替わり、人びとの欲望や幻想が解き放たれる様を短時間で経験することになった。それよりもさらに五十年から百年くらい遅れて近代化を始めた「日本」にとって、短時間で近代化に成功したドイツはモデルになった。日本近代文学の創始者たちにとって、「教養小説」というジャンルを確立するなど、ドイツ文学の基礎を作り、なおかつ、「近代化」の本質的諸要素を作品を通して巧みに表現したゲーテが、モデルになったとしても不思議ではない。

「近代化」が一応完結した(ように思える)現代の日本では、ゲーテの作品はそれほど熱狂的に読まれていない。『マイスター』や『ファウスト』を読んで、「近代」とはいかなる時代か、西欧人が目指す「人間性」の理想はどこにあるのか、市民社会において人と人を結び付けているのは何か、「教養＝自己形成」とはどういうプロセスを経ていくのか……などと考えようとする人はあまりいそうにない。そういうことは、ゲーテのような読みにくい作家を読むまでもなく、いろんなところで散々論じられているし、あるいは、端から分かり切った話ではないかと思うのが、伝統的なドイツ文学の特別な愛好者ではない〝普通の人〟の反応だろう。〝普通の人〟は、そういうことを学びたければ、哲学や社会学などの人文書を読めばいい、と言うかもしれない。

しかし、その種の〝普通の考え方〟に徹するのであれば、文学は、ストーリーの意外性（あるいは、お決まりのパターンによる安心感）と魅力的なキャラクターで読者を楽しませるエンタテイメントであって、読んだ人に何かを考えさせるという役割は、哲学や社会学、心理学などに任せればいい、という身も蓋もない話になってしまうだろう。そこまで割り切っている人には何を言っても仕方がないが、文学には哲学や社会学などの学問とは違った仕方で、読者にあるテーマについて深く考えさせたり、想像力を拡げさせるきっかけを与えるものだと思っている[(a)]キトクな人向けに、まとめとして、〝現代日本においてゲーテを読む意義〟という言わずもがなの話を一応しておこう——本当に文学の好きな人には、余計で無粋な話にすぎないかもしれないが。

私たちの多くは、自分自身が「近代市民社会」の中に生きているので、[(1)]「近代」についても「市民社会」についてもよく分かっているつもりになっている。しかし、本当に分かっているのか？　ゲーテの主要作品の登場人物は、自分が何を求めているのか、どういう人間になりたいのか、何を達成したら満足なのか、よく分かっていない。しかし、現在の自分に何かが欠けていると感じ、その欠落を埋めようと、試行錯誤する。予期しなかった他者や出来事との遭遇で、その方向性がラディカルに変わったり、自分の欲望や性格、能力についてより反省的に捉え直すようになる。自分では、何物にも囚われることなく、自由に道を選んでいるつもりでも、無意識に潜んでいる神話的表象に支配されていたことに、何かの拍子に気付くかもしれない。気付いても、もはや自分のアイデンティティがかなり固定化しているために、欲望のコースを変更することができないかもしれない。

哲学、心理学、社会学などの学問は、そうした自己形成をめぐる諸問題を、細かいテーマに分類し、厳密な方法論によって分析する。しかし、私たちが現実の人生で遭遇する問題は、そのようにきれいに分類されているわけではない。純粋な恋愛の問題と見えるものが、階層意識や職業人としてのプライド、芸術的美への志向、市民的道徳規範などと深く結び付いていたりする。学問的な分析では捉えきれない、複合的な関係性を描き出すのが、文学を始めとする芸術一般の役割だと言うことができるが、多様な才能と関心を持ち、実践したゲーテは、まさに複合的な問題を描き出す名手であった。現実の人生に芸術が関わってきた時、余計に話がややこしくなってくることも、ゲーテの視野に入っている。自分の内外で起こる種々の変化を、複合的な視点から観察し、散漫にならずに物語化するバランス感覚にすぐれていたがゆえに、ゲーテはシュレーゲルやノヴァーリスなどのロマン派世代を魅了し、フロイト、ベンヤミン、アドルノのような、アイロニカルな反近代の思想家に刺激を与えてきたのである。自分自身が割り切れない存在であり、長く生きるほど自分自身が分からなくなってきたという人に、お勧めの作家である――逆に言うと、若いうちは、『ウェルテル』や『ゲッツ』のような、変化が激しい初期の作品しか面白くないかもしれない。

万能人のイメージのあるゲーテは、(b)アキラめムードの強い現代日本人の感性には合わないと考える人もいるかもしれない。しかし、『遍歴時代』は、いかにして分を知り、自分に相応《ふさわ》しい居場所を見つけるか、それまで自分が築いてきた関係性を維持できなくなった時、どうするのか、というある意味、極めてアクチュアルなテーマを扱った作品である。『ファウスト』は、ファウストの大胆な企ての裏面として、もはやゼロから人生をやり直すことが無理な状況になった時、自分の内に残っている実現不可能に見える欲望とどう付き合うのか、という問題を提起しているようにも読める。

ツイッターなどSNSでの、短い言葉での即興的なやりとりに慣れっこになっている現代人には、『修業時代』『遍歴時代』『ファウスト』のような複雑な物語を読むのはかなりの苦行かもしれない。ただ、SNSや2ちゃんねる等で必死に自己主張——(2)匿名での書き込みの場合、かなり屈折した〝自己〟主張になる——することで、自分の〝独創性〟を示し、他人の注目を集めようとしている人たちは、ゲーテの作品の登場人物たちのように、自分が社会の中で何をしたらいいのか分からず、あがいているように見える。自分をどうしたらいいのか分からない人たちが、(経済的合理性を象徴する)貨幣と(規範から(c)イツダツしようとする想像力の産物である)芸術を両極とする各種のメディアを通じて新たな繋《つな》がりを求めるようになり、ワルプルギスの夜のようなカオスを呈するのが、近代市民社会である。ネットで一日中書き込みをしている人たちは、片手間で楽しめないゲーテの作品など目にしたくないだろうが、様々な欲望が(d)セイセイして、不思議な化学反応を起こす現代のネット空間は、ある意味、極めてゲーテ的な空間と言えるかもしれない。

無論、ゲーテの作品を読んだからといって、人生をポジティヴに生きるための知恵のようなものがすぐに浮かんでくるわけではない。ゲーテの作品を読むことが心地よく感じられるようになるには、文学的センスが元から備わっている人でない限り、それなりの読む訓練と教養が必要だろう。最後に、『ヴィルヘルム・マイスターの遍歴時代』の末尾の「マカーリエの文庫から」に収められている箴言《しんげん》の一つを引用しておく。

大衆は新しい重要な現象に出会うと、それがなんの役に立つかとたずねる。これはまちがってはいない。なぜなら、彼らは実利によってしか物事の価値を認めることができないからである。(登張正實訳『ゲーテ全集

8』潮出版、四〇八頁）
（仲正昌樹『教養としてのゲーテ入門』――「ウェルテルの悩み」から「ファウスト」まで）

(注) ワルプルギスの夜――『ファウスト』の中に出てくる魔女の集会のこと。

問1　波線部(a)～(d)のカタカナを漢字に改めよ。

問2　本文中の□に当てはまる語句として最も適当なものを、次の(ア)～(オ)から一つ選び、記号で答えよ。

(ア)　偶然　(イ)　必然　(ウ)　普通　(エ)　特殊　(オ)　現実

問3　傍線部(1)とあるが、筆者がそのように述べる理由として最も適当なものを、次の(ア)～(オ)から一つ選び、記号で答えよ。

(ア)　私たちは、「近代」や「市民社会」を理解していると思っているが、実際は哲学などによる厳密な分析を怠っているため「近代」を本質的には理解できておらず、自己の存在を模索し続けていると筆者は考えているから。

(イ)　私たちは、ゲーテの作品を読むことで「近代」や「市民社会」の有り様をよく理解しており、自己をどのように形成すればよいか分からないといった近代における諸問題に対処することができると筆者は考えているから。

(ウ)　私たちは、階層意識や道徳規範などど結びついた複合的な自己が「近代」や「市民社会」を形成すると考えているが、実際は何物にも囚われない自由な自己により形成される事実に気付いていないと筆者は考えているから。

（エ）私たちは、哲学などの価値観や規範を踏まえた「近代」や「市民社会」を十分に理解することができており、ゲーテの作品の登場人物のように他者との関わりの中で自己を省みながら自己形成を行えると筆者は考えているから。

（オ）私たちは、「近代」や「市民社会」を理解していると思い込んでいるが、実際は学問分析で捉えきれない複合的な関係性の中で生きており、自己形成の諸問題にも複合的な視点を必要とすると筆者は考えているから。

問4　傍線部(2)とあるが、「屈折した自己主張になる」のはなぜか。六十字以内で分かりやすく説明せよ。

問5　二重傍線部とあるが、それはどのようなものか。その「意義」について、本文中の言葉を使って、百字以内で説明せよ。

（☆☆☆◎◎◎）

岡山市

【中学校】

【一】次の文章を読んで、各問いに答えよ。

ある家族の食卓の風景です。

今日の夕食メニューは、デパートで買ったお惣菜がメイン。お父さんが海老のチリソース、お母さんが帆立貝グラタン、子どもはお鮨。家族間で、和・洋・中が食卓に並んでいます。

このような食べ方を、〝個食〟ということばで表すことがあります。

個人の〝個〟と書く字のごとく、ひとりひとりが異なる料理を食べることで、〝バラバラ食〟ともいわれます。ひとりきりでお弁当を広げる場合もあてはまるのですが、どちらかというと、誰かといっしょに食卓を囲んでいるのに、各人がちがう料理を食べている場合を指します。［A］

食の選択の自由が広がった表れともいえます。料理を共有しないけれど、ともに食卓を囲んで(a)和やかに食べているのであれば、問題がないような気もします。それでも、この(1)個食は、いまの日本の食卓環境の特徴として、しばしば問題視されています。

なぜでしょうか。各人が食べたいものを食べているだけなのに。

問題視される割には理由が(b)ゲンキュウされることが案外少ないのですが、私は心の結びつきに深く影響するからだと考えています。

食の共有の利点のひとつは、〝理解しあうこと〟なのだと思うからです。

たとえば、料理を共有しないと、味の共有ができません。自分自身の味の好み、お腹のすき具合、食べ方だけで(c)シュウシしてしまいます。

「このハンバーグのソースは塩気が強いから、あまりかけないほうがいいね」といったことばかけは、自分が同じ味を共有しなければ、(2)出てくるはずもありません。［B］

(3)よく、仲のよい夫婦は顔が似ているといいますが、実際、長年連れ添った夫婦は、顎の骨格が似てくるそうです。これは同じ料理を食べ続けることによって、噛む回数や食の傾向などが(d)合致していき、顎の発達やえらの張り具合が似通ってくるためなのだそうです。骨格まで変わらないまでも、同じ料理を食べることは仲がよい夫婦のバロメーターといえるかもしれません。

家族の料理は手料理と相場が決まっていたころは、みなが同じ料理を食べるのがあたりまえでした。「同じ釜の飯を食う」ということばで昔は表現していましたが、このことばも滅多に聞くこともなくなり、(4)そんな場面が少なくなったことを物語っています。C

ですが、料理を分かち合うことは、思いを分かち合い、人生を共有することにもつながるのです。おたがいを気づかったり、相手の気持ちや状況を理解すること、相手の体調に気づくこと、悩みごとに気づくことにも通じるはずです。

同じ料理を食べて元気になることは、家族が同じ方向にベクトルを向けることとなるでしょう。家族の絆に悩んだら、まず、同じ料理を食べ続けることが最短の近道のように思います。できれば手づくりによって継続することが、家族だけの料理の歴史となるのでお奨めです。

個食のほんとうの問題は、何を食べるかという内容にとどまらず、むしろ、心の共有ができないことや、身勝手な振る舞いに気づかないことにあるのです。D

ですから、職場や友人どうしの会食も同じです。そして個食を余儀なくされる場合にも、できるだけ食器をきちんと出して、盛りつけをていねいにおこない、感謝して料理を食べること。そうすれば、個食の問題点はだいぶ軽減されるでしょう。

食は、お腹を満たすにとどまらないサムシング・エルス(特別な何か)を得る(e)キカイです。〃何かを分かち合う〃食べ方が必要なのです。この、ことばにできないサムシング・エルスを重んじる気持ちが、いまの日本の食卓に欠けているのです。

個食の習慣は、食卓の課題だけでなく、この社会に生きる人びとのエネルギーに関係してくると思います。

生きるエネルギーの共有を、取り戻さなければなりません。

（小倉朋子『「いただきます」を忘れた日本人』から）

1　波線部(a)、(d)の漢字の読みがなをひらがなで書け。
2　波線部(b)、(c)、(e)のカタカナを漢字に直せ。
3　傍線部(1)とあるが、筆者は、個食について、何が問題だと考えているか。文章中から三十字以内で抜き出せ。
4　傍線部(2)の単語の数を漢数字で答えよ。
5　傍線部(3)が修飾している語を、文章中から一文節で抜き出せ。
6　傍線部(4)とは、どんな場面か。その内容を十五字以内で書け。
7　二重傍線部と同じ構成の熟語を次の(ア)～(エ)から一つ選び、記号で答えよ。
(ア)　訂正　(イ)　帰宅　(ウ)　是非　(エ)　切望
8　次の文は、文章中の[A]～[D]のどこに入るか。記号で答えよ。
『つまり、「この料理をどう思うのか」「量や数は足りているのか」という相手への配慮は、個食ではまったく必要なくなってしまうのです。』
9　この文章の特徴について最も適当なものを次の(ア)～(エ)から一つ選び、記号で答えよ。
(ア)　体言止めや比喩などの表現技法を用いて、効果的に非現実的な世界を描いている。
(イ)　身近な問題を取り上げ、具体例を示しながら自分の意見を分かりやすく説明している。
(ウ)　文章の構成を双括型にすることにより、自分の意見とその根拠を読者に印象づけている。

(エ)　外来語を多く使用することで、日本の家庭における生活の変化を際立たせている。

(☆☆☆◎◎◎)

【二】次の文章は「無名草子」の一節である。これを読んで、後の各問いに答えよ。

この世にいかでかかることありけむと、めでたくおぼゆることは、(a)文に[ ]はべるなれ。(1)『枕《まくらの》草子《さうし》』に返す返す申してはべるめれば、事新しく申すに及ばねど、(b)なほいとめでたきものなり。遥かなる世界にかき離れて、幾年《いくとせ》逢《あ》ひ見ぬ人なれど、文といふものだに見つれば、ただ今さし向かひたる心地して、なかなか、うち向かひては思ふほども続けやらぬ心の色もあらはし、言はまほしきことをもこまごまと書きつくしたるを見る心は、めづらしくうれしく、あひ向かひたるに(2)劣りてやはある。

つれづれなる折、昔の人(ア)の文見出でたるは、ただ(3)その折の心地して、いみじくうれしく[ ]おぼゆれ。まして亡き人などの書きたるものなど見るは、いみじくあはれに、年月(イ)の多く積もりたるも、ただ今筆うち濡《ぬ》らして書きたる(c)やうなる[ ]、返す返すめでたけれ。たださし向かひたるほどの情けばかりにて[ ]はべれ、これは、昔ながらつゆ変はることなきも、(d)めでたきことなり。

いみじかりける延喜《えんぎ》・天暦《てんりやく》の御時のふる事《ごと》も、唐土《もろこし》・天竺《てんぢく》の知らぬ世の事も、この文字といふものなからましかば、今の世のわれらが片はしもいかでか書き伝へまし、など思ふにも、なほかばかりめでたきことは(4)よもはべらじ。

(秋山虔・桑名靖治・鈴木日出男編『日本古典読本』から)

1　波線部(a)の読みと本文中の意味を答えよ。

2　波線部(b)、(d)の本文中の意味を簡潔に答えよ。
3　波線部(c)の歴史的仮名遣いを現代仮名遣いに直して書け。
4　□に入る係助詞を一語で答えよ。※全て同じ語句が入る。
5　傍線部(1)の作品のジャンル(種類)と作者名をそれぞれ漢字で書け。
6　傍線部(3)とは、いつのことか、簡潔に答えよ。
7　傍線部(2)、(4)を現代語訳せよ。
8　二重傍線部(ア)と(イ)の違いを文法的に説明せよ。

(☆☆☆◎◎◎)

【三】次の文章は、地域の夏祭りに参加した文化委員の生徒が、当日の活動や地域の祭りについて調べたことなどを地域の方に発表した時の原稿である。これを読んで、敬語の誤りを百字以上百二十字以内で説明せよ。
なお、後の条件を満たすものとする。

私たちは、地域の夏祭りにボランティアとして参加しました。今日は、夏祭りについて調べたことや、ボランティアとして活動した時のことについて発表します。
私たちの地域には全部で十五の町内会がありますが、みなさんはそのうちどのくらいの町内会で祭りが開催されているかご存知ですか。お手元の資料をご覧ください。調べた結果、夏に行うところが七町内会、秋に行うところが五町内会、夏と秋両方行うというところが三町内会でした。つまり、全ての町内会で祭りが行われていることがわかりました。調査の詳しい内容についてお知りになりたい方は、この後の展示発表の時間に、待機している担当者にうかがってください。
また、みなさんは、夏祭りと言えば、屋台や花火といったイメージを持たれる方が多いと思いますが、元々は、…(後略)

〈条件〉
① 文中の敬語の使用について、不適切なところを指摘すること。
② 不適切と考える理由を敬語の働きをふまえて説明すること。
③ 不適切なところを適切な形に直して示すこと。

(☆☆☆◎◎◎)

【四】平成二十年告示の中学校学習指導要領の「国語」について、次の各問いに答えよ。

1 次の文は、各学年の目標の一部である。①~③に当てはまる語句を書け。なお、同じ番号には同じ内容が入るものとする。

〈第一学年〉
(1) (①)や場面に応じ、(②)にかかわることなどについて構成を工夫して話す能力、話し手の意図を考えながら聞く能力、話題や方向をとらえて話し合う能力を身に付けさせるとともに、話したり聞いたりして考えをまとめようとする態度を育てる。

〈第二学年〉

(1)　（　①　）や場面に応じ、社会生活にかかわることなどについて立場や考えの違いを踏まえて話す能力、考えを比べながら聞く能力、相手の立場を尊重して話し合う能力を身に付けさせるとともに、話したり聞いたりして考えを広げようとする態度を育てる。

〈第三学年〉

(1)　（　①　）や場面に応じ、社会生活にかかわることなどについて相手や場に応じて話す能力、表現の工夫を（　③　）して聞く能力、課題の解決に向けて話し合う能力を身に付けさせるとともに、話したり聞いたりして考えを深めようとする態度を育てる。

2　「指導計画の作成と内容の取扱い」に関する記述として適当なものを、次の(ア)～(エ)から全て選び、記号で答えよ。

(ア)　「伝統的な言語文化と国語の特質に関する事項」については、知識をまとめて指導したり、繰り返して指導したりすることが必要なものについては、特にそれだけを取り上げて学習させることにも配慮する。

(イ)　指導計画の作成に当たっては、国語の授業においても、道徳教育の目標に基づき、道徳の時間などとの関連を考慮しながら、道徳の特質に応じて適切な指導をする。

(ウ)　教材は、話すこと・聞くことの能力、書くことの能力、読むことの能力などを偏りなく養うことや読書に親しむ態度の育成をねらいとし、生徒の発達の段階に即して適切な話題や題材を精選して調和的に取り上げる。

(エ)　毛筆を使用する書写の指導は第一学年に行い、第二学年及び第三学年では実際の生活に役立つよう硬筆の指導を通して、文字を正しく整えて速く書くことができるようにする。

(☆☆☆◎◎◎)

解答・解説

岡山県

【中高共通】

【一】【中学校】 問1 ① 文脈 ② 付加的 ③ 内容 ④ 自分の考え 問2 140

【高等学校】 問1 ① 形態 ② 詳述 ③ 情景 ④ 豊か 問2 (ウ)

〈解説〉【中学校】 問1 「C読むこと」は、三領域の一つで、第一学年では、アは語句の意味の理解に関する指導事項で「文脈の中における意味をとらえて読むこと」。イとウは文章の解釈に関する指導事項、エとオは自分の考えの形成に関する指導事項、カは読書と情報活用に関する指導事項である。 問2 中学校第一学年の国語の授業時数は、学校教育法施行規則第七十三条に規定され、別表第二で「一四〇」と記されている。第二学年も同様。第三学年は「一〇五」である。 【高等学校】 問1 「高等学校学習指導要領解説 国語編 第1章 第1節 3 (8) 各科目の要点 ア 国語総合」では、「国語総合」は、科目の目標を全面的に受け、総合的な言語能力を育成することをねらいとした共通必履修科目であると示されていることをふまえておく。

本資料「C読むこと」の指導事項で、アは「表現の特色に注意して読むこと」、イは「文章を的確に読み取ること」、「要約や詳述をすること」、ウは「表現に即して読み味わうこと」、エは「表現の仕方を評価すること、書き手の意図をとらえること」、オは「読書をして考えを深めること」に関してである。　問2　本資料「国語総合」の「3　内容の取扱い」で、教材を取り上げる際に配慮する観点としての(ア)〜(ケ)が示されている。その中の(エ)が、選択肢(ウ)に当たるが、文中の「発展的思考」は「創造的精神」が正しい。

【二】問1　(a)　あたは　(b)　もし　問2　賢　問3　則問㆘楽商与㆓王孫苟端㆒孰賢㆖　問4　王孫苟端を愚か者であると考えていた。　問5　(イ)、(ウ)　問6　親しい臣下や肉親であっても、人物の賢愚を見極める力の有無によって、宰相にふさわしい人物を取り立てるよう進言している点。(五十九字)

〈解説〉問1　(a)「能」は「あたは」と読む。「あたふ」の未然形の「読み」で再読文字「未」(ず)に返読する形。(b)「若」は、「もし」と読む。「もしも。仮りに。」の意の副詞で、ここでは「置」と呼応し仮定形をつくる。問2　宰相を選ぶために、文侯は家臣の李克にその方法をたずねたところ、李克は「問楽商与王孫苟端孰賢」(楽商と王孫苟端とどちらが賢者であるかおたずね下さい)と答えている。そこで翟黄と季成は自分の考えている「賢(者)」を答えたのである。　問3　返り点であるから、送りがなは不要。漢文の構造(述語＋目的語)をふまえ、返読文字「与」に注意し、書き下し文に従い、一・二点と上・下点を用いて「問」に最後の返り点をつける。　問4　「以王孫苟端為不肖」の「不肖」は、「愚か者」の意。　問5　「別之」の「之」は、賢者について進言したこと(「以所進者賢」)をふまえ、二人(季成と翟黄)を指す。　問6　「李克之言是也」の「李克之言」は、文侯の弟である季成と友(近臣)の翟黄のいずれかを宰相にしたいが、いずれがよいかの文侯の問いに、李克は、楽商と王孫苟端のいずれが賢者であるかを尋ねることで、人物の賢愚を見分ける能力の有無を確め、宰相に取立てるように進言している。「是也」は、このことをいう。

【三】問1 (a)(カ) (d)(ウ) (e)(ク) 問2 (b) かわいらしい (c) 無礼だ 問3 どうして長い間おいでにならなかったのか。 問4 ① 二の宮 ② 幼さ故に帝に琴を教えてもらえず不満をもらすと、権大納言に「私が帝より上手にお教えするから、きっと姉宮よりうまくなりますよ」と慰められたから。(七十字) 問5 (イ)

〈解説〉問1 (a)「啓し」は、「啓す」(サ変)の連用形で、中宮への謙譲表現。 (d)「給ふ」は、尊敬の補助動詞で権大納言への敬意。 (e)「奉り」は、謙譲の補助動詞「奉る」(ラ四)の連用形で、二の宮への敬意。問2 (b)「うつくしけれ」は、「うつくし」(形・シク)の已然形で、「かわいらしい。愛らしい。」の意。(c)「なめげに」は、「なめげなり」(形動)の連用形で、「礼を知らぬさま。無礼だ。」の意。 問3 (1)「などか久しうは見え給はざりつる」は、「などか〜ざる」で疑問形。「などか」は打消の助動詞「ず」の連体形と呼応して係結びになっている。「久しう」は、「久し」(形・シク)の連用形で、「久しく」のウ音便。「長い間」の意。「見え給はざりつる」は、「見ゆ」+「給ふ」+「ざる」(打消の助動詞)+「つ」(完了の助動詞)。問4 ①「思したり」の「思す」(サ四)は、「思ふ」の尊敬語。主語は二の宮。 ② 二の宮が「嬉し」と思ったのは、二の宮が「上の御前」(帝)から「まろ」(自分)を「幼し」(まだ幼い)ということで教えてもらえず癪にさわるので、姫宮の琴の緒を今切ろうと思う。というのに対して権大納言が、「上よりは、なにがし(私)が、上手にお教えしましょう。姫宮よりきっとうまくなりますよ」と慰められたからである。「姫宮にまさり聞こえ給ひてん」の「てん」は、完了の助動詞「つ」の未然形「て」に推量の助動詞「む(ん)」のついた形で、「きっと〜するだろう」の強い推量を表す。 問5 (ア) 権大納言は姉の中宮が風邪気味と聞いて参上し、まず中宮のもとを訪れている。(ウ)は本文中にない。(エ)　二の宮の袴着をさせないことへの苦言は権大納言に対してである。それに対し権大納言はきちんと応対している。(オ)　蔵人の少将が帝の使いでやってきたのは、権大納言に帝の御前へ参上することを促してきたのである。(イ)は、姫宮が弘徽殿の宮たちと一緒に帝のもとで琴を習っていることについて「『心憎げなくや』」(厚かましくはないか)と思うものの「せさせ給はんはよきこと」(お稽古をして下さるのは結構なこと)と述べているので、本文の内容に合致する。

【四】問1　(a)　奇特　(b)　諦　(c)　逸脱　(d)　生成　問2　(イ)　問3　(オ)　問4　自己形成の問題にあがく人が、ネット空間で、素性を明かさないまま自己の独自性を顕示しようとする矛盾した態度をとるから。(五十八字)　問5　近代化が完結したとされる現代日本で、学問分析では捉えきれない複合的な関係性を描き出す名手であるゲーテの作品を読むことは、私達が抱える自己形成の諸問題を深く考察し、想像力を拡げる契機となるというもの。(九十九字)

〈解説〉問1　漢字は表意性があるため、文脈に整合した漢字であることが必要である。そのため同音(訓)異義語や類似の字形に注意して楷書で書くこと。　問2　空欄補充は、空欄前後の語句や文と整合した言葉の選択が必要である。本文の空欄の前後で、これから近代化を図ろうとする日本にとって、ドイツの近代化の真相を究明したゲーテの作品を読むようになったのは「必然」であることが述べられている。　問3　近代化が一応完結したと思われる現代の日本では、ゲーテの作品を読まなくても、近代の時代性や市民社会での人間関係、自己の人間形成について分かりきっているつもりの人間が多い。しかし、筆者は、文学は、哲学や社会学とは異なった方法で読者に近代のかかえる諸問題や自己形成などの複合的問題について思考させ想像させる動機を与える。と述べている。　問4　SNSや2チャンネルで自己主張している人間は、その匿名での書き込みで、自己の独創性を顕示しているが、実際は、自分が社会の中で何をしたらいいのか分からずあがいており、確立した人間の自己主張ではなく、自己形成につまずいている自分を隠してアピールしているのである。
問5 「現代日本においてゲーテを読む意義」について、第五段落で「ゲーテは、まさに複合的な問題を描き出す名手であった」とある。この前の部分で、自己形成をめぐる諸問題は、学問的な分析では捉えきれない。それら複合的な関係性をゲーテは、文学で描き出したと述べている。そのゲーテの作品を読むことで、複雑な人間関係や自己の人間形成に関わる種々の変化について、深く考えたり想像力を拡げたりする契機となるのである。

岡山市

【中学校】

【一】 1 (a) なご (d) がっち 2 (b) 言及 (c) 終始 (e) 機会 3 心の共有ができないことや、身勝手な振る舞いに気づかないこと(二十九字) 4 八 5 いいますが 6 みなが同じ料理を食べる場面(十三字) 7 (ウ) 8 B 9 (イ)
〈解説〉1 漢字の読みに音訓があるが、音が、字音(中国での読み方)であるのに対し、訓は、漢字の意味にあたる日本語の読み方である。熟語では、音+音が多いが、訓+訓以外に、音+訓(重箱読み)や訓+音(重箱読み)があるので注意する。 2 漢字は表意文字であるから、文脈に整合するように同音(訓)異義語や類似の字形に注意して楷書で書く。 3 D の段落冒頭に、「個食のほんとうの問題」についてとあり、「心の共有ができないことや、身勝手な振る舞いに気づかないこと」と指摘がある。　4「出／て／来る／はず／も／あり／ませ／ん」となる。　5「よく」は副詞で、述語(用言・動詞)の「いいますが」を修飾している。

6「そんな場面」とは、「同じ釜の飯を食う」場面のことで、文中の「みなが同じ料理を食べる」場面をいう。

7「夫婦」は、反対語の組合せである。(ア)の「訂正」類義語の組合せ。(イ)の「帰宅」は、「述語＋補語」。
(ウ)の「是非」は、反対語の組合せ。(エ)「切望」は、「修飾・被修飾関係」。　8 欠文の「つまり」以下は、個食のマイナス要素を要約した文である。個食について同じ味を共有できない例を示している段落をさがすと、[B]の段落の最後に『このハンバーグのソースは～かけないほうがいいね』といったことばかけは、自分が同じ味を共有しなければ、～。」とある。　9 この文章では、(ア)の「体言止め」「比喩の表現技法」、(ウ)の「双括法」については用いられておらず、(エ)の「外来語を多く使用」してもいない。

【二】1 読み…ふみ　意味…手紙　2 (b) やはり　(d) すばらしい　3 よう　4 こそ
5 ジャンル…随筆　作者名…清少納言　6 手紙を受け取った当時　7 (2) 劣っていようか。いや劣ってはいない。　(4) 決してあるまい　8 (ア)は、連体格を示し、連体修飾語をつくる。それに対して、(イ)は、主格を示し、主語をつくる。

〈解説〉1 (a)「文」には、① 文書 ② 手紙 ③ 学問 ④ 漢詩 などの意味がある。ここでは②の意味が適切。筆者は、「枕草子」を例示して、「返す返す申してはべるめれば」と述べている。「枕草子」には「文ことばなめき人こそ　いとどにくけれ」とある。　2 (b)「なほ」は、「やはり。依然として。」の意の副詞。(d)「めでたき」は、「めでたし」(形・ク)の連体形で、「すばらしい」の意。　4 それぞれの空欄に続く語を見る。一つ目の「はべるなれ」の「なれ」、二つ目の「おぼゆれ」、四つ目の「はべれ」は、活用語の已然形である。係助詞「こそ」は、結辞の活用語と呼応して「強意の係り結び」をつくる。三つ目の空欄の「こそ」の結辞は、「めでたし」(形・ク)の已然形「めでたけれ」である。 6 「その折」とは、「(昔親しくしていた人から)手紙を受け取った時」をいう。 7 (2) 「劣りてやはある」の「やは」は、反語を表す係助詞。文中にあるときは、文末(結辞)は活用語の連体形になる。「劣っていようか、いや劣ってはいない」などと訳す。(4) 「よもはべらじ」の「よも」は、下に打消語を伴い「まさか。決して。」の意を表わす副詞。「はべら」は、「はべり」(ラ変)の未然形で「いる」の謙譲語。「じ」は、打消推量。「決してないでしょう」の意。 8 アは、「体言＋の＋体言」の形で、連体修飾する格助詞、イは、主格を表わす格助詞である。

【三】「うかがってください」というところが不適切である。なぜなら、「うかがう」は「聞く・尋ねる」という動作の向かう先を立てる謙譲語であり、話し手側の人物である担当者を立てることになるからである。したがって、「お聞きください」と言うべきである。(百十八字)

〈解説〉問題文第2段落最後の「待機している担当者にうかがってください。」の「うかがって」は、自分または身内を低く待遇し、相手に敬意を表す「聞く」の謙譲語である。ここでは、話題の人(調査の詳しい内容を知りたい方)の行為に対する尊敬語の「お聞きください」と言うのが適切である。

【四】 1 ① 目的 ② 日常生活 ③ 評価 2 (ア)、(ウ)

〈解説〉1 本問で示された各学年の目標は、「A話すこと・聞くこと」に関する目標である。ここでは、話す能力、聞く能力、話し合う能力と話すこと・聞くこと全体にわたる態度に関する目標を示している。本問の各学年の「目的や場面に応じ」ることは、中学三年間を通じた「話すこと・聞くこと」のねらいである。第二学年や第三学年の「社会生活にかかわることなどについて」は、第一学年の「日常生活にかかわることなどについて」から視野を広げ、地域社会の中で見聞したこと、テレビや新聞などの様々なメディアを通じて伝えられることなどから、社会生活の中の出来事や事象に関心をもち、それらを話題として取り上げていくことを示している。　2　「指導計画の作成と内容の取扱い」で、(イ)の「道徳の特質に応じて」は「国語の特質に応じて」が正しい。(エ)は、「硬筆及び毛筆を使用する書写の指導は各学年で行い、毛筆を使用する書写の指導は硬筆による書写の能力の基礎を養うようにすること。」と示している。

二〇一七年度 実施問題

【中高共通】

【一】受験する校種の学習指導要領について、次の各問いに答えよ。

【中学校】

問1　次は平成二十年告示の中学校学習指導要領の「国語」の第二学年「2内容」の抜粋である。次の（①）〜（④）に当てはまる語句を書け。

A　話すこと・聞くこと

(1)　話すこと・聞くことの能力を育成するため、次の事項について指導する。

ア　（①）の中から話題を決め、話したり話し合ったりするための材料を多様な方法で集め整理すること。

イ　異なる立場や考えを想定して自分の考えをまとめ、話の中心的な部分と付加的な部分などに注意し、論理的な（②）を考えて話すこと。

ウ　（③）に応じて、資料や機器などを効果的に活用して話すこと。

エ　話の論理的な（②）などに注意して聞き、自分の考えと比較すること。

オ　相手の立場や考えを尊重し、目的に沿って話し合い、（④）を検討して自分の考えを広げること。

問2　平成二十年告示の中学校学習指導要領の「国語」における〔伝統的な言語文化と国語の特質に関する事項〕の「書写」に関する記述のうち、(A)「身の回りの多様な文字に関心をもち」という一節を含むのは第何学年か。また、(B)「指導計画の作成と内容の取扱い」で定められたこの学年での書写の指導に配当する授業時数は何単位時間程度か。それぞれ算用数字で答えよ。

【高等学校】

問1　次は平成二十一年告示の高等学校学習指導要領の「国語」の科目「国語総合」の「2内容」の抜粋である。次の（　①　）～（　④　）に当てはまる語句を書け。

> A　話すこと・聞くこと
> (1)　次の事項について指導する。
> ア　話題について様々な角度から検討して自分の考えをもち、根拠を明確にするなど論理の（　①　）を工夫して意見を述べること。
> イ　（　②　）に応じて、効果的に話したり的確に聞き取ったりすること。
> ウ　課題を解決したり考えを深めたりするために、相手の立場や考えを尊重し、表現の仕方や（　③　）などを工夫して話し合うこと。
> エ　話したり聞いたり話し合ったりしたことの内容や表現の仕方について自己評価や（　④　）を行い、自分の話し方や言葉遣いに役立てるとともに、ものの見方、感じ方、考え方を豊かにすること。

問2　平成二十一年告示の高等学校学習指導要領の「国語」における科目の目標のうち、(A)「国語の向上を図り人生を豊かにする態度を育てる」という一節を含む科目名を答えよ。また、(B)平成二十一年告示の高等学校学習指導要領の「総則」で定められたこの科目の標準単位数は何単位か。算用数字で答えよ。

(☆☆☆◎◎◎)

【二】次の文章は『列子』の一節である。これを読んで、各問いに答えよ。(設問の都合で訓点を省略した部分がある。)

列子学ビテレ射ヲ(a)中矣。請フ二於関尹《くわんゐん》子ニ一。尹子曰ハク、「子ハ知ル下子之所ノ二以中一者ヲ上乎ト。」対ヘテ曰ハク、「弗ルレ知ラ也ト。」関尹子曰ハク、「(1)未ダレ可。」退キテ而習フコトレ之ヲ三年。又以テ(b)報ニ関尹子ニ一。尹子曰ハク、「子ハ知ル三子之所二以ヲ中一乎ト。」列子曰ハク、「(2)知レリレ之ヲ矣。」関尹子曰ハク、「可ナリ矣。守リテ而勿カレレ失フコト也。(3)非ザル二独リ射ノミニ一也。(4)為《をさ》ムルモ二国ト与レ身ヲ、亦皆如シレ之《か》クノ。故ニ聖人ハ不シテレ察セ二存亡ヲ一、而察ス三其ノ所二以ヲ然ル一。」

(注) 列子——戦国時代の思想家。　請——教えを請う。　関尹子——関所を守る長官。
退——家に帰る。　三年——事績を検証する上で一区切りとなる期間。

問1　波線部(a)「中」・(b)「報」について、同じ意味の「中」・「報」を含む熟語として最も適当なものを、次の(ア)~(オ)からそれぞれ一つ選び、記号で答えよ。

(a)「中」——(ア) 中立　(イ) 途中　(ウ) 最中　(エ) 命中　(オ) 中断

(b)「報」——(ア) 報恩　(イ) 報酬　(ウ) 報復　(エ) 報償　(オ) 報告

問2　傍線部(1)を全て平仮名で書き下し文にせよ。

問3　傍線部(2)とはどういうことか。その説明として最も適当なものを、次の(ア)~(オ)から一つ選び、記号で答えよ。

(ア)　列子は、弓の上達には技術と精神の両面での鍛錬が必要であることに、自然と気がついたということ。

(イ)　列子は、三年間練習を重ね、どうすれば確実に的を射ることができるかについて理解したということ。

(ウ)　列子は、三年前あえて指導せず、自立させようとした関尹子の意図が今ようやくわかったということ。

(エ)　関尹子は、習いたてであっても見事に的を射た列子の、優れた弓の才能を見抜いていたということ。

(オ)　関尹子は、弓の名手であってもなお教えを請う列子の謙虚さに、その大成を予感していたということ。

問4　傍線部(3)を現代語訳せよ。

問5　傍線部(4)とあるが、ここで筆者はどういうことを言おうとしているか。六十字以内で説明せよ。

(☆☆☆◎◎◎)

【三】次の文章は『堤中納言物語』の一節である。蔵人の少将が垣間見のため、ある邸《やしき》に忍び入ったところ、邸の姫君に仕える女童に見つかってしまう。後見人のいない姫君が貝合わせに使う貝の準備に苦慮していると女童から聞いた少将は、手助けをするかわりに垣間見の手引きを頼み、妻戸の陰に案内された。以下はそれに続く場面である。これを読んで、各問いに答えよ。

このありつるやうなる童《わらは》、三、四人ばかりつれて、「わが母の、常に読みたまひし観音経。(1)わが御前《おまへ》負けさせたてまつりたまふな」。ただ、この居たる戸のもとにしも向きて、念じあへる顔、をかしけれど、ありつる童や言ひ出《い》でむと思ひ居たるに、立ち走りて、あなたにいぬ。いと細き声にて、

かひなしと何なげくらむ白波も君がかたには心寄せてむ

と言ひたるを、さすがに耳とく聞きつけて、「今、方人に。聞きたまひつや」「これは、誰《た》が言ふべきぞ」「観

音の出《い》でたまひたるなり」「うれしのわざや。姫君の御前に聞こえむ」と言ひて、さ言ひがてら、おそろしくやありけむ、つれて走り入りぬ。

「ようなきことは言ひて、このわたりをや見あらはさむ」と(a)胸つぶれて、さすがに思ひ居たれど、ただ、いとあわたたしく、「かうかう、念じつれば、仏のたまひつる」と語れば、いとうれしと思ひたる声にて、「まことかはとよ。おそろしきまでこそおぼゆれ」とて、頬杖《つらづゑ》つきやみて、うち赤みたるまみ、(2)いみじくうつくしげなり。「いかにぞ、この組入《くみいれ》の上より、ふと物の落ちたらば」「まことの仏の御徳《とく》とこそは思はめ」など言ひあへるは、をかし。

「とく帰りて、いかで、これを勝たせばや」と思へど、昼は出《い》づべきかたもなければ、(b)すずろによく見暮して、夕霧に立ち隠れて、まぎれ出でてぞ、(c)えならぬ州浜《すはま》の三間《みま》ばかりなるを、うつほに作りて、いみじき小箱を据ゑて、いろいろの貝をいみじく多く入れて、上には白銀《しろがね》、こがねの、蛤《はまぐり》、うつせ貝などを、ひまなく蒔《ま》かせて、(d)手はいと小さくて、

(3)白波に心を寄せて立ち寄らばかひなきならぬ心寄せなむ

とて、ひき結びつけて、例の随身《ずいじん》に持たせて、まだ暁《あかつき》に、門《かど》のわたりをたたずめば、昨日《きのふ》の子しも走る。うれしくて、「かうぞ、はかり聞こえぬよ」とて、ふところより、をかしき小箱を取らせて、「誰がともなくて、さし置かせて来たまへよ。さて、今日《けふ》のありさまの見せたまへよ。さらばまたまたも」と言へば、(e)いみじく喜びて、ただ、「ありし戸口、そこは、まして今日は、人もやあらじ」とて入りぬ。

(注)このありつるやうなる童――邸に忍び入った蔵人の少将を見つけ、垣間見の手引きをした女童。
組入――格子形に桟を組んだ天井。　州浜――洲や浜をかたどった装飾台。

うつほに作りて――くぼみをつけて。

問1　波線部(a)・(e)の主語として適当なものを、次の(ア)～(オ)からそれぞれ一つ選び、記号で答えよ。
(ア)　女童　(イ)　姫君　(ウ)　観音様　(エ)　蔵人の少将　(オ)　随身
問2　波線部(b)・(c)・(d)の本文中の意味を、それぞれ簡潔に答えよ。
問3　傍線部(1)を現代語訳せよ。
問4　傍線部(2)はどのような様子に対する表現か。最も適当なものを、次の(ア)～(オ)から一つ選び、記号で答えよ。
(ア)　願いを観音様が聞き入れてくれたと信じた女童が、顔を紅潮させながら姫君に語っている様子。
(イ)　観音様からお告げを受けるという神秘体験をした姫君が、恐ろしさのあまり目を潤ませている様子。
(ウ)　観音様に扮《ふん》した蔵人の少将の思いやりを理解した姫君が、恥ずかしさとうれしさで赤面している様子。
(エ)　蔵人の少将が観音様のふりをしていることに気づいた女童が、少将の大胆さに恐れをなしている様子。
(オ)　女童から観音様が自分たちの味方をしてくれると聞いた姫君が、喜んでほんのり上気している様子。
問5　傍線部(3)は誰のどのような思いが込められた歌か。掛詞を踏まえながら六十字以内で説明せよ。

(☆☆☆◎◎◎)

【四】次の文章を読んで、各問いに答えよ。

社会的な相互作用状況のなかで他者を前にして行為するとき、私たちの行為は多かれ少なかれ演技の性格をおびる。俳優が舞台で役を演じるように、私たちも、ある状況のなかで、たとえば父親や母親、友人や恋人、先輩や後輩など、何らかの役を演じ、しばしばそこに「理想化された自己」や「偽りの自己」を投影する。つまり私たちは、社会的状況を舞台とし、その状況に含まれる他者を観客(オーディエンス)とするパフォーマーであり、そのパフォーマンスを通して、自分が他者に与える印象を(a)トウセイし操作しようとする「印象の演出者」である。しかしこのことはオーディエンスにもよくわかっているので、オーディエンスは通常パフォーマーの自己呈示を額面通りに受け入れることに慎重であり、パフォーマーが意図的に発信している情報の妥当性を、パフォーマーが何気なく漏洩《ろうえい》してしまう情報によってチェックしようとする。だがさらに、パフォーマーの側がこのチェックを利用して、何気ないふりをして補強情報を発信し、これを印象操作の有力な手段とすることもある。こうして(1)私たちの社会的相互作用は「一種の情報ゲーム」となる。

このような自己情報化の進展は、どこの誰ともわからないストレンジャー(あるいは、それに近い人びと)同士の接触交渉を必然化する都市化の進行と関連している。都市化した状況のなかでこそ、さまざまな「みせかけ」が効果を発揮する。と同時にそれは、「パーソナリティ・マーケット」の拡大をもたらす脱工業化(経済のソフト化)過程とも関連している。第三次産業の発展につれて、セールスやサービス業の領域で「感じのよいパーソナリティ」が、そしてその感じのよさを必須とする「感情労働」がますます求められるようになるからである。

もちろん、ゴフマンも強調しているように、こうした演技や「みせかけ」のすべてが利己的な動機や目的に基づくわけではない。たとえば、相手を傷つけないための演技やうそといったものもある。これらをもう少し広くとらえて、ゴフマンは「相互作用儀礼」と呼んだ。それは、一般にエチケットやマナーと呼ばれているものや、相手の失態に気づかないふりをする「思いやりある不注意」など、具体的にはさまざまな形をとってあらわれるが、ゴフマンによれば、その根本は相手の体面を守り人格を傷つけないという原則に立つ儀礼的パフォーマンスであり、これによって私たちの社会的相互作用の秩序が保たれている。いいかえれば、私たちの社会生活は、この種の「みせかけ」の文化に支えられ、その上に成り立っているのである。今日では、いわゆるマナーやエチケットの(b)カンレイ的なパターンが崩れてきたため、私たちは以前よりもいっそう意識的な演技や演出によって、他者を傷つけないための「みせかけ」を保持していかねばならない。

微視社会学的レベルでの「みせかけ」の文化は、こうして、戦略的な自己イメージの操作から、ちょっとした自己演出や自己(c)ケンジ、あるいは相互作用儀礼のような社交的パフォーマンスや、その場その場の「空気」や期待への同調などにいたるまで、さまざまな形の「演技」としてあらわれ、そこにさまざまな「物語」をつくりだす。演技するということは、しばしば、そのもとになる筋書き、つまり物語をつくり、それを上演するということである。ある状況のなかで自分が果たすべき役割についての物語、自分と他者との関係についての物語、あるいは過去の出来事や自分のこれまでの人生についての物語――それらさまざまの物語がいわば台本になる。しかし、これらの物語とその上演は、必ずしも単なる作り話、単なる「みせかけ」にとどまるものではない。もともと、人生における出来事や経験の意味というものは、「物語」の形でメリハリをつけないと、うまくとらえられないところがある。その意味で、(2)物語は人間にとって「経験を整序し現実を構成する」ための「基本的な形式」である。とすれば、ここでの「みせかけ」と「現実(リアリティ)」との関係はきわめて微妙なものとならざるをえない。

【中略】

私たちの自己と人生の物語は、複雑な社会的コミュニケーション過程のなかで構築され伝達されていくのだが、その過程には当然さまざまな「みせかけ」や自己欺瞞《ぎまん》が忍び込み、見分けがたく事実とブレンドされていく。その意味で、私たちの人生のリアリティは「みせかけ」を織り込んだ形で成り立っているのである。

【中略】

人生が物語であるとすれば、世界もまた物語である。私たちの人生は、他者を含む世界のなかで展開する。もちろん、ここでいう世界は単なる物理的な環境ではない。人間によって意味づけられ、秩序づけられた環境が「世界」である。だから、カルロス・カスタネダの一連の著作の主人公、メキシコのヤキ族の老呪術師は次のようにいう。「世界がこれこれであったり、しかじかであったりするのは、要するにわしらが自分自身にそれが世界のあり方なのだといいきかせているからにすぎん。もしわしらが世界はこのようなものだと自分自身にいいきかせることをやめれば、世界もそうであることをやめるんだ」。

現代の私たちの社会で、「世界はこのようなものだといいきかせる」うえで重要な役割を果たすのは、各種のマスメディアが(d)ルフする情報やインターネット上の多様な情報であろう。これらの情報が、私たちに日々さまざまな物語を提供し、私たちの世界像の形成・維持・変容にかかわっている。提供される物語はもちろん多様であるが、必ずしも同じ平面に並んでいるわけではない。ある物語が提供され、広まると、別のメディアや発信者によって、その物語についての物語が提示され、さらにその第二の物語についての物語が……というふうに積み重なって、いわば(　　　)していく場合が少なくないからである。そして、この種のメタ情報(情報についての情報)やメタ物語(物語についての物語)は、俗にいう(3)裏情報あるいは裏話として流通することが多い。

裏情報とか裏話というと、ひそひそと囁《ささや》かれるものというイメージがあるが、現代ではむしろ「あれは実は……」という裏話的な情報こそが「売り」となり、主流となる。美しい物語や立派な物語は、たちまちひっくり返される運命にある。裏話には、「表」にあらわれている理念やタテマエを相対化し「脱神話化」する作用がある。こうして、情報の「(　　　)」は、神話的あるいは規範的な含みをもつ「大きな物語」の力を衰弱させる。

裏話型の世界観の根底には一種のシニシズムがある。「表」にはいろいろきれいごとが示されていても、結局のところ、人間も、人間の集団や組織も、利己的な動機で動く。どんなに立派にみえる行動も、裏の動機をさぐれば、必ずや権力欲、物欲、性的関心、保身や組織防衛の必要などに行きつくだろう。そういう物の見方である。したがって、裏話や裏情報は、個人や集団の自己情報化に基づく「みせかけ」の文化をつき崩していく働きをもち、ここでもさまざまな「情報ゲーム」が展開されることになる。

しかし、裏話や裏情報というものは、本来、意地の悪い仮面はがしだけでなく、お互い人間的弱点をもつ者として人と人とを結びつけていく働き、あるいは遠い対象を身近に引き寄せて理解を深める働きなどをも含んでいるはずである。表と裏を単純に対比するのではなく、表もあれば裏もある、ふくらみをもつ全体として人間と世界をとらえるところに、むしろ裏の物語の重要な意味があるのではないか。

（井上　俊『現代文化を学ぶ人のために』から）

（注）ゴフマン——アメリカの社会学者。
カルロス・カスタネダ——アメリカの作家。人類学者。

問1　波線部(a)～(d)のカタカナを漢字に改めよ。
問2　傍線部(1)とはどういうことか。本文中の言葉を使って六十字以内で説明せよ。
問3　傍線部(2)とあるが、これはどういうことか。その説明として最も適当なものを、次の(ア)～(オ)から一つ選び、記号で答えよ。
(ア)　物語とは、他者との関わりの中で自己の印象を都合よく操りながら自己の経験を意味づける、人間にとって現実世界を生きるための方策であるということ。
(イ) 物語とは、他者から批判を受けたとしても自分らしさを貫いていこうとする、現実世界において自己実現を果たすための最良の手段であるということ。
(ウ) 物語とは、社会との関わりの中で、その場の空気や期待へ同調するだけの自己を現実の自己として認識する、人生を方向づける端緒であるということ。
(エ) 物語とは、他者との衝突を避け、相手を傷つけないための意識的な演技や演出を現実として受け容れる、社会秩序を保つ唯一の方法であるということ。
(オ) 物語とは、感情労働が求められる現代において、これまでの自己の出来事や経験を相対化する、見失った現実を取り戻す手がかりであるということ。

問4 本文中の二箇所の(　　)に共通して当てはまる語句として最も適当なものを、次の(ア)～(オ)から一つ選び、記号で答えよ。
(ア) 現実化　(イ) 儀礼化　(ウ) 多層化　(エ) 加速化　(オ) 絶対化

問5 傍線部(3)とあるが、筆者は「裏情報」や「裏話」をどのようなものとしてとらえているか。八十字以内で説明せよ。

(☆☆☆◎◎◎)

解答・解説

【中高共通】

【一】【中学校】　問1　①　社会生活　②　構成や展開　③　目的や状況　④　互いの発言
問2　(A)　(第)3(学年)　(B)　10(単位時間程度)　【高等学校】　問1　①　構成や展開　②　目的や場
③　進行の仕方　④　相互評価　問2　(A)　現代文B　(B)　4(単位)

〈解説〉【中学校】　問1　他の学年の「A話すこと・聞くこと」と記述内容を混同しないように、各指導事項について段階を踏まえて整理しておくこと。たとえば、①は第1学年で「日常生活」、③は第3学年で「場の状況や相手の様子」という似ている記述が出てくるので注意する。　問2　各学年の〔伝統的な言語文化と国語の特質に関する事項〕のうち書写に関する事項は、漢字に関する指導や「B書くこと」の領域の指導と密接に関連することをおさえておきたい。　【高等学校】　問1　「国語総合」は必履修科目のため出題頻度が非常に高い。学習指導要領と学習指導要領解説国語編を併用して学習し、指導事項と留意事項を関連させて理解しておくこと。　問2　「現代文B」は、従前の「現代文」の内容を改善し、近代以降の様々な文章を的確に理解し、適切に表現する能力を高めるとともに、国語の向上を図る態度や人生を豊かにする態度を育成する選択科目である。

【二】　問1　(a)　(エ)　(b)　(オ)　問2　いまだかならず(と)。　問3　(イ)　問4　ただ弓を射る場合だけではない。　問5　国を治めたり身を修めたりする場合も、列子の弓を射ることと同様に、結果ではなく、原因を明確にすることが大切だということ。(五十九字)

〈解説〉問1　傍線部(a)の「中」は「あたれり」と読み、「的にあたった」という意である。傍線部(b)の「報」は「ほうず」と読み、「報告する」という意である。　問2　「未」は再読文字で、「いまだ～ず」と書き下す。問3　傍線部(2)は、「子知子之所以中乎」(子は子のあつるゆえんを知るか)に対する列子の答えである。「知之矣」の「之」は、列子が的に弓矢をあてた理由である。「知」は「理解した」の意。列子は、三年間の弓の練習で確実に的を射る技を身につけたのである。　問4　「非独～」は累加形で「ただ～だけではない」と訳す。問5　傍線部(4)は「国と身とを為むるも、亦之くの如し」と書き下し、「国を治め身を修める場合も、いずれも皆これと同じである」と訳す。傍線部(4)以下の文は、聖人は国家の存亡を形に現われた面だけに注意を払わず、「察其所以然」(どうしてそうなったという原因について、常に注意を払う)とのべている。このことをまとめる。

【三】問1　(a)　(エ)　(e)　(ア)　問2　(b)　なんとなく　(c)　なんとも言えないほどすばらしい　(d)　文字　問3　私のご主人様を負けさせ申し上げなさるな。　問4　(オ)　問5　自分を頼りにしてくれるなら、頼りがいがあるように貝を用意し支援するので、姫君に自分を頼って欲しいという蔵人の少将の思い。(六十字)

〈解説〉問1　(a)　文中の「ようなきことは言ひて、このわたりをや見あらはさむ」(無用なことを言って、このかくれ場所を童たちが見つけやしまいかと「胸つぶれて」(どきどきして)いる蔵人の少将が主語。(e)　蔵人の少将から、「をかしき小箱」をもらって大喜びの女童が主語。　問2　(b)　「すずろに」は「すずろなり」(形動・ナリ)の連用形。(c)　「えならぬ」は、副詞の「え」と動詞「なる」の未然形に、打消の助動詞「ず」の連体形がついた連語。直後の「洲浜」を形容している。(d)　「手」には様々な意味があるので、文脈から判断できるようにしておきたい。　問3　動詞型活用語の終止形につく終助詞「な」は、強い禁止を表す。問4　傍線部(2)の主語は姫君。「かうかう、念じつれば、仏のたまひつる」（仏様にお祈りしましたら、こうこう仏様がおっしゃいました）と女童が姫君に伝えたために姫君が、「まことかはとよ。…」と喜ぶ様子である。問5　傍線部(3)の歌意は「盗人のように忍びこんでいる私に心を寄せて頼りになさるならば、甲斐(貝)がある心を寄せてお力添えいたしましょう」。「白波」には「盗人」の意もある。また、「かひ」は「甲斐」と「貝」の掛詞となっている。

【四】問1　(a)　統制　(b)　慣例　(c)　顕示　(d)　流布　問2　意図的に自己情報を流したり、相手がその情報の妥当性をチェックしたりして、社会の中でお互いに自己印象を操作し合うこと。（五十八字）　問3　(ア)　問4　(ウ)　問5　表面的な理念やタテマエを相対化し、規範的側面を崩壊させるが、その一方で、人間的弱点を持つ者として人と人とを結びつけ、人間や世界を多面的にとらえるもの。（七十五字）

〈解説〉問1　「常用漢字表」（平成二十二年内閣告示第二号）に示されている漢字の読み、書き、用法などは完璧に習得しておくこと。　問2　「私たちの社会的相互作用」とは、自他の人間関係をいう。人間は、他者との人間関係で自分が他者に好印象を与えようとし自己呈示の操作をし、相手はそれをチェックする。自分もまた、相手のチェックを利用して、自己の印象の再操作をする。第一段落で述べられているこのサークル的作用を「一種の情報ゲーム」と述べたのである。　問3　傍線部(2)における「物語」とは、他者との関係の中で、「理想化された自己」や「偽りの自己」を投影し、自分の印象を効果的に操りながら自分の経験を意味づける、現実世界を生きるためのシナリオ(方策)である、というのである。　問4　空欄補充は、空欄前後の語句や文と整合する語句を選ぶことが大切である。第七段落の空欄の直前にある「いわば」は、「別のことばで言えば」

の意である。「ある物語が提供され、広まると、(中略)というふうに積み重なって」を受けている。この文の内容を参考にする。　問5　「裏情報あるいは裏話」について筆者は、①「裏話」には、「表」にあらわれている理念やタテマエを相対化し「脱神話化」する作用がある。②「裏話型の世界観」の根底には一種のシニシズム(既成の習俗・世論・社会道徳を無視する人生観)があり、「みせかけ」の文化をつき崩していく働きを持つ。③裏話や裏情報は、人間的弱点をもつ者として人と人とを結びつけていく働きがある。また、表もあれば裏もある、ふくらみをもつ全体として人間と世界をとらえる多面性がある、と述べている。以上の①～③の内容を要約して制限字数内にまとめる。

二〇一六年度　実施問題

【中高共通】

【一】次の文章を読んで、各問いに答えよ。

文学を学ぶことがもたらす意義は、文学と言葉、とりわけ文学と母語との関係を考えるとき、すぐに見いだされる。文学は母語の、そして母語に対する感度を高める有効な、というよりは最良の手段である。

作家はみずからが生きる外部環境に大きく規定されつつも、彼・彼女の書くものはその外的な制約や条件を超出する。「美しい本は一種の外国語で書かれている」というプルーストの言葉にあるように、近代以降の文学において、個々の作家は母語をいわば外国語のように書くことによって独自の文学言語を確立しようとしてきた。

チャド出身のニムロードは、その文学エッセイ集のなかで、母語ではなく、学校で書き言葉としてフランス語を学んだアフリカの人間が、そのフランス語で詩や小説を書いていることに驚く読者の反応に対して、逆に驚いて見せる。「フランス語は誰の母語でもない」とニムロードは言う。作家にとって書くことは、たとえ母語を使用していても、つねに外国語で書くことだからだ。母語であろうが外国語であろうが、自分が表現したいと欲望していることと、実現されたものとのあいだにはつねにズレが生じる。これは実はわれわれの誰もが、どのようなかたちであれ言葉を使って何かを表現しようとするときにつねに経験していることである。

母語はけっして自由なものなどではない。それどころか、むしろ母語はわれわれを(1)呪縛するものだ、と片岡義男なら言うだろう(片岡は「母語」ではなくて、「母国語」という語を使っているが、両者は同じものだと考えて差し支えない)。

　自分というもののとらえかたから始まって、あらゆる物や事柄の認識、そしてものの考えかたから世界観にいたるまで、人が頭のなかでおこなうことすべては、言語を媒介にしておこなわれている。そして言葉とは、少なくとも日常的には、ほとんどの場合、母国語を意味する。日本の人たちにとって母国語は日本語だ。彼らがなにごとかについて少しでも考えたり思ったりするとき、その考えや思いは母国語である日本語の構造と性能のなかでしか、おこなわれない。人の頭や心は、母国語というひとつの強力な枠の内部にしか、基本的にはあり得ない。

　自分自身も含めて世界のすべてを、自分はそのあるがままにとらえ認識しているはずだと、多くの人たちは思い込んでいる。けっしてあるがままではなく、日本語という母国語の構造や性能というフィルターをとおして、人は物や事柄そして世界をとらえている。すべての、と言っていいほどに圧倒的に多くの人たちは、母国語の内部に閉じ込められている。しかもそのことについて、普通はいっさいなにも自覚していない。母国語は、それを母国語とする人たちを、何重にも決定的に、そして強力に、呪縛する。

　片岡はまた、母語には「母国語の文脈の外にある異質なものすべてに対して、閉じられた防御的な機能を発揮する」基本的な性格があるとも指摘している。異質なもの、他なるものと出会い、そうしたものを受け入れるために、みずからを開こうとするのが文学であった。終わらないために、尽きてしまわないために、新たに語る可能性を求めて、みずからを変えていこうとする声である文学は、そのために自分とはちがうものを(a)キキュウする。自分を檻のなかに閉じ込めようとするもの、束縛しようとするものに(b)テイコウし、たえずそこから逃れようとする。文学たろうとする言葉はその性質上、どうしても母語にとって異質なもの、つまり外国語にならざるをえない。

外国語を経由することで、自分の文学言語を確立したサミュエル・ベケットのような作家もいる。アイルランドで生まれ育ったベケットの母語は英語である。しかし『名づけえぬもの』は、フランス語で書かれている。ベケットはフランス語であれば「非人称的に書く」ことができるとも言っている。それはどういうことか。おそらくベケットにとっては、母語はあまりに近すぎる、親密すぎるがゆえに、かえって書くことができなかったのである。母語であれば自由になんでも表現できるというのは正しくはない。若きベケットは、ドイツの編集者の知人にあてた手紙をこう書き出している。

実際、僕にとって、きちんとした英語で書くのはだんだんむずかしくなっていて、的外れなことじゃないかと思うようにさえなっています。自分の言葉というものがますますヴェールのようになってきているように感じられます。それを引き裂かなければ、背後にある事物(あるいは無)に達することはできないのです。

母語が言語の向こうで表現されるべく待っているものに到達することを(c)サマタげる。そして実に興味深いことに、この手紙はドイツ語で書かれているのである。(2)作家にとって、そもそも言語は透明な媒体たりえない。

マルティニクの詩人・文化理論家のエドゥアール・グリッサンは、人と物と情報の国境を越えた移動が容易になり、いたるところで言語や文化や人種の異種混淆＝「クレオール化」が起こり、「予見不可能なもの」が生み出されている現代の世界において、作家は過去のいかなる時代にも増して「単一言語的に書く」ことはできなくなっているとくり返し言っている。本当の意味で複数の言語で書ける作家は少ないが、しかしどのような作家であれ、もはや他の諸言語の存在を意識せずして書くことはできないというのだ。

実際、ますます多くの作家にとって外国語の体験が重要な次元を占めるようになっている。村上春樹の文体の形成に、アメリカ現代文学を読み翻訳する経験が決定的な役割を果たしていることは知られている。多和田葉子はドイツ語と日本語で書くバイリンガル作家であるが、『エクソフォニー』を読むと、彼女がむしろ意識的にドイツ語と日本語の〈はざま〉に身を置いて書こうとしていることがわかる。外国語を読むときには、言語の物質性が、母語を読むときよりも際立って感じられるものだ。多和田葉子の日本語の作品には、ただ意味を伝達する手段ではなく、「音」や「物」、あるいは「身体」を持つ「生き物」としての言葉の質感が感じられるような表現が(d)ヒンシュツして読者をはっとさせる。

外国語を学ぶことには、他者の文化や社会への入り口という有用性があるばかりではなく、異なる語の響きや異なる言葉のつくりに触れる喜びがつねにともなう。詩を読むときに、われわれは言葉が伝達する意味だけではなく、言葉の響き、リズム、配列に注意を、目を、耳を傾ける。よく考えると、これは外国語を学ぶときの経験に近い。言葉そのものへの意識という点で、文学を学ぶことと外国語を学ぶことには深い親近性がある。外国語を学んでいくにつれて、母語の見方、母語への接し方も当然変化してくる――母語に対する感度がより研ぎ澄まされていく。

（小野正嗣『ヒューマニティーズ　文学』から）

問1　傍線部(a)～(d)のカタカナを漢字に改めよ。
問2　傍線部(1)とあるが、片岡の考える「呪縛」の状態を、本文中の言葉を使って三十五字以内で説明せよ。
問3　傍線部(2)とあるが、「言語」が「透明な媒体たりえない」ことによって、作家は具体的にどのような経験をするのか。それを説明した一文を、引用部分を除いた本文中から六十字以内で抜き出し、最初の五字を答えよ。
問4　傍線部について、なぜ「文学は母語の、そして母語に対する感度を高める有効な、というよりは最良の手段」となり得ると筆者は述べているか。本文中の言葉を使って百字以内で説明せよ。
問5　この文章の構成や展開の特徴として最も適当なものを、次の(ア)～(オ)から一つ選び、記号で答えよ。
(ア)　外国語と母語とを対比させながら客観的に論を展開し、諸外国の作家や詩人の言説を効果的に挿入することによって、両者の違いを鮮明に説明している。
(イ)　文学と母語との関係性について比喩を用いて話題を提示し、続けて日本やヨーロッパの文学者の体験談や筆者自身の経験を根拠にしながら、主張を述べている。
(ウ)　文学を学ぶ意義について説明した後、具体例を用いて詳細な考察を展開し、結論部分においては外国語と母語との関係について読み手に判断を投げかけている。
(エ)　冒頭部分でまず筆者の主張を述べ、洋の東西を問わず作家や詩人などの言説やエピソードを複数引用しながら、文学と母語について考察している。
(オ)　文学と母語との関係についての一般論を紹介した後、反論として外国語の体験や習得の必要性を述べ、結論部分で筆者の考える文学の意義について考察している。

(☆☆☆◎◎◎)

【二】次の文章は『しのびね』の一節である。中将は、出家し山に入ってしまった父(中納言入道)に会いたいと長年願ってきた。次の場面は父の消息を聞いた中将が横川を訪れる場面である。これを読んで、各問いに答えよ。

(中将は)明け暮れ「父のおはすらんところ知らせ給へ」と、神仏にも祈り給ふ(a)しるしにや、横川におはしますといふこと聞き給ひて、おしあてにおはしまして、「都人の籠り給へるところは」と、ここかしこたづね歩き給へば、ある庵室にたづねより給へば、法華経をいと高う読誦して後、念仏十遍ばかり申す声のしける、あやしく覚えて、「しかしかの人」とたづね給へば、中納言入道聞き給ひて、「いづくより、誰」と問ひ給へば、「大殿の御孫、中将殿の、御山籠りの人をたづね給へる」と申しければ、年頃、人づてにはことゆゑなくておはすと聞き給へども、御覧ぜぬことは心もとなく思しわたりつるに、「かつは恋ひしくも思ふ人のことなれば、忍ぶべきにもあらず」と思して、「こなたへ」とのたまへば入り給ふ。

折にあひたる御直衣の紅葉色々織りうかし、あざやかなるを着給ひて、指貫の側高く取りて、にほひ入り給へる様を見給ふに、夢の心地ぞする。中将は、まづ父の御顔の(b)ゆかしさに、いそぎ入りて見給へば、二、三人ばかりおはするを御覧じまはす。

大人しきほどにて別れ給はんだに変はり給へる御様は、ふとしも見分け給ふまじきに、ましてほのかには覚え給へども、さだかにはいかでか知り給ふべき。そのなかに、まみなどのけ高く、色も余の僧より白くおはするを、まづ御目とどめて見給へば、「これへこれへ」とのたまへるに、うちかしこまり給ひてさぶらひ給ふ。

「年頃ゆかしう恋ひしくも思ふゆゑに、念仏もさはりがちになりつるを、うれしくもたづね給へるかな。別れ奉りにし折は、子ほど持つまじきものなし、入山道のほだしと思ひしに、いまかく見奉れば、子ならざらん人は誰か草深き山里へたづね入り給ふべき」とて、墨染の御袖おしあてて(1)泣き給ふ。

中将も、直衣の袖ひきもはなたせ給はず、ややためらひて、「(c)むげに幼くて離れ奉りしかば、さだかならね(d)ども、ほのかに覚ゆる御面影の、明け暮れは恋ひしく、(2)いかで変はれる御姿をも見奉らんと、神仏に念じ奉りしに、夢のやうに人の申し侍りしを、もしやとたづねまゐりしなり。ここにおはしましけるを、凡夫の身のかなしさは、いままで知り奉らで十年あまりが間、ものを思ひ侍り(e)つることのかなしさよ」とて、せきもあへ給はず。

(注)　おしあてに——当て推量に。　大殿——中納言入道の父。
ひきもはなたせ給はず——顔からお離しにもならず。　夢のやうに——はっきりしないながらも。

問1　傍線部(a)〜(c)の本文中の意味を、それぞれ簡潔に答えよ。

問2　傍線部(d)・(e)の助動詞の文法上の意味として最も適当なものを、次の(ア)〜(カ)からそれぞれ一つ選び、記号で答えよ。

(ア)　過去　(イ)　完了　(ウ)　推量　(エ)　打消　(オ)　断定　(カ)　尊敬

問3　傍線部(1)のときの中納言入道の心情を、中将と別れたときの気持ちにも触れながら七十字以内で説明せよ。

問4　傍線部(2)を現代語訳せよ。

問5　本文の内容に合致するものを、次の(ア)〜(オ)から一つ選び、記号で答えよ。

(ア)　中将が声をかけたとき、子への思いが仏道修行のさまたげになるかもしれないと思った父は返事をためらった。

(イ)　中将は成人してから父と別れたため父の顔を覚えており、数人いる僧たちの中から父を見分けることができた。

(ウ) 中将は夢の中で父が横川にいるという神仏のお告げを得て、半信半疑で訪れたところ無事父に会うことができた。
(エ) 中将は横川の庵で時節に合った美しい着物を着た父の立派な姿を目にし、夢を見ているような気持ちになった。
(オ) 中将は父が横川にいることを十年あまり知らずに思い悩んでいた我が身を悲しく思い、涙を止められなかった。

(☆☆☆◎◎◎)

【三】次の文章は、『牧民心鑑』の一節で、官吏としてのあり方を述べたものである。これを読んで、各問いに答えよ。(設問の都合で訓点を省略した部分がある。)

人有ルハ二以テレ物ヲ為スレ礼ト、将《おこ》ナフナリ二敬ヲ於吾一。雖モ二其ノ心誠ナリト一、決シテ不レ可カラレ納《い》ル。(a)苟聴納之心一タビ啓《ひら》カバ、則チ賄誘之路必ズ開カレン。(1)涓《けん》滴之水モ成シ二江河ヲ一、寸燼《じん》之火モ成ス二烈焰《えん》ヲ一。其ノ来タルヤ有リ二不ルレ可カラレ遏《とど》ム者一。蓋シ物欲ハ雖モレ小ナリト、能ク害スルコト二天理之大ヲ一、猶ホシ三片雲ハ雖モレ少ナシト、能ク掩《おほ》フガ二大陽之輝《ひかり》ヲ一。(b)凡受クレバ二人之物ヲ一、即チ聴《ゆる》シ二人之嘱ヲ一、以テレ直ヲ為シレ曲ト、(2)以是為非。国家之法不レ能ハレ行ナフコト、而シテ在ルレ己ニ之禍ヒ、終ニ不レ免レ。吁《ああ》、何ゾ不ル丁恪《つつし》ミ二守リ廉潔ヲ一、一毫モ不三以テ染メラレ二於人ニ一、而シテ使メ丙吾ガ清風勁節ヲシテ、長ク行ナハレ乙於天地之間ニ甲耶。能ク(3)如クンバレ是ノ、則チ非ズ二惟ダニ人人敬スルノミニ丁レ之ヲ、雖モ二鬼神ト一亦タ敬センレ我ヲ矣。有ルノレ官君子、其レ宝トセンレ之ヲ哉《かな》。

(注)　涓滴――少ないしずく。　江河――長江と黄河。　勁節――強くて屈しない志。

問1　波線部(a)・(b)の読みを、送り仮名も含めて現代仮名遣いで答えよ。

問2　傍線部(1)はどのようなことを述べているか。その説明として最も適当なものを、次の(ア)~(オ)から一つ選び、記号で答えよ。

(ア)　努力を積み重ねて国家の大事を成し遂げようとしても、少しの油断でかえって損害を被る可能性があるということ。

(イ)　個々が持つ力は小さなものだが、民衆が一致団結し協調することで、国家繁栄のための原動力となり得るということ。

(ウ)　小人の取るに足らない意見にも耳を傾け、私情を挟むことなく公平に判断することが君子には求められるということ。

(エ)　政治に対する小さな不満も放置すると、国家に対する人民の信頼は失墜し、収拾のつかない混乱に陥るということ。

(オ)　些細なことでも不正が横行する契機となり、後に天下を揺るがす取り返しのつかない事態を招きかねないということ。

問3　傍線部(2)を、全て平仮名で書き下し文にせよ。

問4　傍線部(3)とあるが、「是」の指示内容として適当でないものを、次の(ア)~(オ)から一つ選び、記号で答えよ。

(ア)　上司の意見に耳を傾けること。　(イ)　他人の言動に惑わされないこと。

(ウ)　信念を曲げないこと。　(エ)　清廉潔白であること。

(オ) 正しいことを世に実行すること。

問5 本文では、官吏として具体的にどうあるべきだと述べているか。根拠を明確にして、六十字以内で説明せよ。

(☆☆☆◎◎◎)

【四】受験する校種の学習指導要領について、次の各問いに答えよ。

【中学校】平成二十年告示の中学校学習指導要領「国語」

問1 第三学年の〔伝統的な言語文化と国語の特質に関する事項〕の抜粋である。(①)～(③)に当てはまる語句を書け。

ア 伝統的な言語文化に関する事項

(ア) (①)背景などに注意して古典を読み、その世界に(②)こと。

(イ) 古典の(③)を引用するなどして、古典に関する簡単な文章を書くこと。

問2 「国語」に関する記述として適当なものを、次の(ア)～(エ)から全て選び、記号で答えよ。

(ア) 第三学年では、「A 話すこと・聞くこと」に示す事項については、例えば、物語や小説などを読んで批評する言語活動を通して指導するものとする。

(イ) 第二学年では、「B 書くこと」に示す事項については、例えば、表現の仕方を工夫して、詩歌をつくったり物語などを書いたりする言語活動を通して指導するものとする。

(ウ) 第三学年では、第二学年までに学習した常用漢字に加え、その他の常用漢字の大体を書くこと。

(エ) 「A 話すこと・聞くこと」の指導に配当する授業時数は、第一学年及び第二学年では年間十五～二十五単位時間程度、第三学年では年間十～二十単位時間程度とすること。

【高等学校】平成二十一年告示の高等学校学習指導要領「国語」の科目「国語総合」

問1　〔伝統的な言語文化と国語の特質に関する事項〕の抜粋である。（　①　）～（　③　）に当てはまる語句を書け。

ア　伝統的な言語文化に関する事項

(ア)　言語文化の特質や我が国の文化と外国の文化との関係について気付き、伝統的な言語文化への（　①　）を広げること

(イ)　（　②　）のきまり、訓読のきまりなどを理解すること。

イ　言葉の特徴やきまりに関する事項

(ア)　国語における言葉の（　③　）、表現の特色及び言語の役割などを理解すること。

問2　「国語総合」に関する記述として適当なものを、次の(ア)～(エ)から全て選び、記号で答えよ。

(ア)　「B　書くこと」に示す事項については、例えば、様々な文章を読み比べ、内容や表現の仕方について、感想を述べたり批評する文章を書いたりする言語活動を通して指導するものとする。

(イ)　「A　話すこと・聞くこと」、「B　書くこと」及び「C　読むこと」に掲げる言語活動が十分行われるよう教材を選定すること。

(ウ)　漢字に関しては常用漢字の読みに慣れ、全ての常用漢字が書けるようになること。

(エ)　話すこと・聞くことを主とする指導には十五～二十五単位時間程度を配当するものとし、計画的に指導すること。

（☆☆☆◎◎◎）

解答・解説

【中高共通】

【一】問1 (a) 希求 (b) 抵抗 (c) 妨 (d) 頻出 問2 気付かないうちに母国語で認識できる範囲だけで世界を捉えている状態。 問3 母語であろ 問4 母語の制約を超出して外国語のように書かれた文学を学ぶことで、母語の枠の中で世界を認識していることに気付くとともに、響き、リズム、配列といった言葉そのものへの意識が高まり、母語への見方が変化するから。 問5 (エ)

〈解説〉問2 母語が自由でなく、我々を呪縛するものだという点は、この後の片岡義男の引用文で述べられている。人の認識や思考は全て母語で行われること、普通はそれを自覚していないことの2点をまとめればよい。問3 「言語」をキーワードとして、母語の制約という内容から離れて、言語の持つ限界を規定している文を探せばよい。 問4 本文全体を字数以内で要約すると考えてよい。母語は認識を制約していること、文学は新たなものを求めて、自らを変えていくものという2点を踏まえて記述することが必要であろう。問5 本文をじっくり読めば正答が導けるだろうが、時間を意識しながら解答することが必要である。(ア)は「両者の違い」、(イ)は「比喩を用いて」、(ウ)は最後の「読み手に判断を投げかけ」、(オ)は「反論として」が誤りである。

【二】問1 (a) 霊験 (b) 見たさ (c) ひどく 問2 (d) (エ) (e) (イ) 問3 別れた時は出家の差し障りになる子供は持つべきでないと思ったが、今はわが子だからこそ草深い山里まで訪ねて来てくれるのだと嬉しく思っている。 問4 何とかして出家なさった御姿をも拝見したい。 問5 (オ)

〈解説〉問2　(d)は「ども」に続くので打消、(e)は体言に接続しているので完了と判断できる。問3　傍線部の前の中納言入道の言葉をまとめればよい。「子ほど持つまじきものなし」という点と、「子ならざらん人は…」の2点をおさえること。　問4　「いかで」が何とかしてと分かることと、「変はれる御姿」を「出家した姿」と捉えることがポイントである。　問5　(ア)は「返事をためらった」、(イ)は「成人してから父と別れた」、(ウ)は「半信半疑で」、(エ)は「時節に合った…」が誤りである。

【三】問1　(a)　いやしくも　(b)　およそ　問2　(オ)　問3　ぜをもってひとなす。　問4　(ア)　問5　小さな欲が天下の道理を揺るがす危険性があるので、安易に礼物を受け取ることなく、清廉潔白を堅持すべきだということ。

〈解説〉問2　「少ないしずくでも大河となり、小さな火でも猛火となる」と述べているので、その比喩するところをつかむ。官吏としてどんなものも受け取ってはならないという前文を受けて考えるとよい。　問3　前の文の「直」と「曲」が対比されている点を捉えると、この文でも「是」と「非」が対比されている語であるとわかる。　問4　本文中の内容にないことを探せばよい。「上司の意見」という記述はどこにもない。問5　人から贈り物を受け取らず、清廉潔白であることが官吏の在り方として捉えられていることが求められる。問2の解答を受けてまとめればよいだろう。

【四】(中学校)　問1　①　歴史的　②　親しむ　③　一節　問2　(イ)・(エ)　(高等学校)　問1　①　興味・関心　②　文語　③　成り立ち　問2　(イ)・(エ)

〈解説〉問1　受験する校種の学習指導要領は、よく読み込んでおく必要がある。キーワードをおさえておけば空欄補充問題への対策になる。なお、自治体によっては、学校種の区別なく出題するところもあるので、中高の学習内容のつながりを把握することも必要である。問2 (中学校) (ア)は「読むこと」の指導内容である。(ウ)は大体を「書く」ではなく、「読む」が正しい。(高等学校) (ア)は「様々な文章を読み比べ」は読むことの指導内容、(ウ)は「全ての常用漢字」ではなく、「主な常用漢字」が正しい。

二〇一五年度　実施問題

【中高共通】

【一】次の文章を読んで、各問いに答えよ。

　日本文学にとって「物語」とは何であったのか？　こんな壮大な問いに正面切って答えることは私にはできないし、またその資格もないが、とりあえずこの問題が現代でも有効性を失っていないことは認めよう。古代から幾星霜を経た二一世紀の今日においても、私たちは「物語」というこの古臭い言葉を手放せそうにない。明治期以降、西洋からおびただしい数のフィクションが入ってきたが、私たちは今なお倦《う》むことなく、それらを「物語」というカテゴリに吸収して理解しようとする。現代日本人の認知パターンのなかに、「物語」は小説や映画、アートといったフィクションの諸ジャンルを貫通する強力な尺度として組み込まれている。

　こうした強靭さは日本の物語が独自の文化的役割を担ってきたことに由来すると、ひとまず言っておけるだろう。古代の日本人は『竹取物語』や『伊勢物語』、『源氏物語』、『今昔物語』、『平家物語』など「昔」の出来事を回顧的に振り返るタイプの物語を愛好していたが、その態度の裏側には客観的＝公式的な歴史記述に対する不信があった。日本の物語は史書とは違うジャンルとして、いわば歴史の余白に住まうことを積極的に選び取ってきたと言ってもよい。

　この点については、虚構よりも事実を重んじ、史書の編纂に莫大な労力を費やしてきた中国と比較するべきだろう。中国の正史は文明の存在証明のための大掛かりな仕事であり、たんに人間の行為を記すだけではなく、人間の制作物をも記録しようとする一大プロジェクトであった。例えば、司馬遷の『史記』は多くの国家の存亡の記録であると同時に、(1)長い歳月のあいだに生み出されてきた、さまざまな知や情念、さらには文学作品をも収録した総合的人間学に他ならない。人間存在のリアリティをトータルに(a)ハアクしようとする中国人の意志は、古代ギリシアにおけるような哲学や劇ではなく、『史記』に代表される歴史書にこそ(b)タクされてきた。

　それに対して、日本人の公式的な歴史の取り扱いは、いささかぞんざいであったように見受けられる。例えば、正史である六国史の一つ『日本後紀』は(c)サンイツしてしまって一部しか残っていないし、六国史の最後の『日本三代実録』になると宮中の年中行事の記録が格段に増える。実録化した史書や王朝時代の公家の日記は、中国ふうの総合的な史書であることを止めて、むしろ宮廷における公事情報＝先例を集積した実用的なデータベースのような様相を(d)テイしていた。考えてみれば、『古事記』や『万葉集』から今日に到るまで千年を優に超える伝統があるにもかかわらず、日本人の書いたテクストが他国に影響を及ぼしたことはほとんどない。それは普遍的な「総合的人間学」としての歴史書を作らねばならなかった大陸の中国人とは違って、島国の日本人が文明の価値を広く喧伝する必要に迫られなかったということと同義である。『古事記』や『日本書紀』で始まった古代日本の正史編纂事業が尻すぼみで終わり、結局は宮中のデータベースになってしまったのも、ある意味では当然であった。

　だが、律令国家の制定した公式的な歴史が弱々しかったぶん、非公式的な「物語」の力を承認しようとする言説も台頭する。例えば、『源氏物語』を「いづれの御時にか」と書き出し、作品の時間設定をわざとあいまいにした紫式部は、蛍の巻において光源氏に有名な物語論を語らせていた。物語のなかに「まこと」は大変少ない、なのに女たちはこんな「すずろごと」(捉えどころのないもの)に心を移しているよ、と光源氏は玉鬘に笑って語りかけてから、一転して「『日本紀』などは、ただかたそばぞかし。これら〔物語〕にこそ道々しく詳しきことはあらめ」、つまり『日本書紀』の記述は所詮一面的なものにすぎず、むしろ物語にこそ道理にかなった詳細なリアリティがあるのだと述べる。後に本居宣長が『紫文要領』という優れた『源氏物語』論のなかで一言一句詳しく注釈して述べたように、この箇所は「何となくなだらかに書きなし」たところに妙味がある。「何となき所に、ゆるやかに大意をしらせ、さかしげにそれとはいはねど、それと聞かせて書きあはせる事、和漢無双の妙手といふべし」。光源氏＝紫式部の物語論はあくまで冗談めかしたものとして語られたが、宣長はその何気なさにこそ「和漢無双」の文学的技術を認めた。(2)中国ふうの史書とは違って、日本のフィクション＝物語は四角四面の善悪判断を超えたありのままの真実を語るのだということを、紫式部はなだらかでゆるやかな、押しつけがましさのない文体によって示していた。

しかも、面白いことに、彼女は中国の歴史記述に無関心であったわけでもない。それどころか、『源氏物語』は日本の他のいかなる史書よりも巧みに、『史記』の紀伝体のスタイルを活用したと言うべきだろう。国語学者の大野晋によれば、『源氏物語』の全体構造は、光源氏が繁栄と富貴を極めていくプロセス(致富譚)を描いた「本紀」的な系列と、彼と関係を持った女性たち(空蟬、夕顔、末摘花、玉鬘)に焦点を当てた「列伝」的な系列の組み合わせとして理解することができる。現行の『源氏物語』の時間の流れ方が直線的というより曲線的なものになり、女性の描き方についても深浅や濃淡があるのは、この系列の二重化と関わっている。文字通り光輝溢れる光源氏の生涯を本筋としつつ、彼の失敗談も含めたバラエティ豊かな列伝的物語がネットワークとして組織されたとき、(3)中国の歴史記述の方法論が日本的に見事に昇華されたのであった。

さらに、歴史を物語化することにも日本文学はきわめて熱心に取り組んだ。『保元物語』以降の軍記物語から、頼山陽の『日本外史』、司馬遼太郎の一連の歴史小説に到るまで、日本の「国民文学」はしばしば民間の

「野史」によって占められてきた。例えば、一八世紀後半の寛政の改革に際して「過去を制すること」を目論んだ松平定信は、朱子学＝正学を司る大学頭《だいがくのかみ》の林述斎に徳川幕府の正史である『御実紀』（別名『徳川実紀』）を、若き頼山陽に一般的な読み物である『日本外史』をそれぞれ手がけさせたのだが、後世への影響という面では圧倒的に後者がまさっていたと言わねばならない。日本における歴史記述は厳密な正確さを目指すよりも、所詮は「漫言《すずろごと》」である物語からリアリティ――知識社会学の用語で言えば「もっともらしさ」(plausibility)――を生成するゲームになりがちだということを、日本の物語作家たちは身をもって示したのである。何にせよ、公的＝権威的な正史よりも私的＝物語的な野史のほうがややもすれば影響力を獲得してしまう、それが日本の「歴史」というものであった。

(4)オーソドックスな歴史記述ではカバーしきれない領域において、日本文学はその気魄を漲らせたのである。

（福嶋亮大『復興文化論　日本的創造の系譜』から）

問1　傍線部(a)～(d)のカタカナを漢字に改めよ。

問2　傍線部(1)と同じ意味の熟語を、本文の第一形式段落中から抜き出して答えよ。

問3　傍線部(2)とあるが、ここで筆者が述べようとしていることを説明したものとして最も適当なものを次の(ア)～(オ)から一つ選び、記号で答えよ。

(ア)　中国の正史が公的な国家存亡の記録だけでなく人間存在のリアリティに迫ったのに対して、日本では歴史書が宮廷の公事情報＝先例を記録した実用的なデータベースにしかならなかったということ。

(イ)　中国で司馬遷の『史記』のように虚構より事実を重んじた歴史書が評価されたのに対して、日本では紫式部の『源氏物語』のように作品の時間設定を殊更あいまいにした物語が好まれたということ。

（ウ）中国が文明の存在証明のため総合的人間学としての公式的な歴史書を編纂したのに対して、日本では事実とはいえない非公式の物語の中に一面的でない詳細なリアリティが含まれていたということ。
（エ）中国が人間の行為に加えて知や情念まで記録する一大プロジェクトに成功したのに対して、日本では物語によって『古事記』や『日本書紀』に始まる正史編纂事業が駆逐されてしまったということ。
（オ）中国が文明の価値を喧伝するため公式的な正史の編纂に莫大な労力を費やしたのに対して、日本では島国の利点として他国への影響をほとんど無視して物語の芸術的完成度を高めてきたということ。

問4　傍線部(3)とあるが、これは『源氏物語』がどのように記述されていることを述べているか。本文中の言葉を使って百字以内で説明せよ。

問5　傍線部(4)とあるが、これは日本文学について具体的にどのようなことを言い表しているか。本文中の言葉を使って八十字以内で説明せよ。

（☆☆☆◎◎◎）

【二】次の文章は、宋の詩人・文章家である蘇轍が上官の韓太尉に宛てて書いた手紙の一節である。これを読んで、各問いに答えよ。（設問の都合で訓点を省略した部分がある。）

太尉執事。轍《てつ》生マレテ好ミレ為《つく》ルヲレ文ヲ、思フコトレ之ヲ至ツテ深シ。(a)以為文ナル者ハ気之所ナリトレ形スル。然モ(1)文ハ不レ可ニ以テ学ビテ而能クス一、気ハ可ニ以テ養ヒテ而致ス一。孟子曰ハク、「我(b)善養フトニ吾ガ浩然之気ヲ一。」今観ルニニ其ノ文章ヲ一、寛厚ニシテ宏博、充チニ乎天地之間ニ一、(c)称ニ其ノ気之小大ニ一。太史公ハ行《めぐ》リニ天下ヲ一、周ニ覧シ四海ノ名山大川ヲ一、与ニ燕趙ノ間ノ豪俊一交游ス。故ニ其ノ文ハ疎《そ》蕩《たう》ニシテ、頗《すこぶ》ル有リニ奇気一。此ノ二子ナル者ハ、(2)豈嘗執レ筆学レ為ニ如レ此之文一哉。其ノ気充チテニ乎其ノ中ニ一、而溢レニ乎其ノ貌《そと》ニ一、動キテニ乎其ノ言ニ一、而見《あらは》ルルモニ乎其ノ文ニ一、而不ルニ自ラ知ラ一也。

（注）執事——高官に手紙を出すときに添える語。
気——生命力や活力の根源。
小大——大きさ。
太史公——司馬遷のこと。
四海——天下。
燕趙間——燕・趙ともに戦国時代の国名。現在の黄河以北一帯の地域。
疎蕩——おおらかで小事にこだわらないこと。

奇気――すぐれた気。

問1　波線部(a)・(b)の読みを、送り仮名も含めて現代仮名遣いで答えよ。
問2　波線部(c)と同じ意味を持つものとして、最も適当なものを次の(ア)～(オ)から一つ選び、記号で答えよ。
(ア)　測　(イ)　挙　(ウ)　唱　(エ)　賛　(オ)　適
問3　傍線部(1)を現代語訳せよ。
問4　傍線部(2)を書き下し文に改めよ。また、この部分の解釈として、最も適当なものを次の(ア)～(オ)から一つ選び、記号で答えよ。
(ア)　どうして以前は、筆を使ってこの程度の文章しか書くことができなかったのですか。
(イ)　すでに筆を捨てているのに、どうやって文章を書くこの技を身につけたのでしょうか。
(ウ)　なにも以前に、筆を持ってこういう文章を書く練習をしてきたわけではないでしょう。
(エ)　きっと今まで、筆を手にしてこうした文章を書く訓練を積んできたに違いありません。
(オ)　なんとあるときには、筆を借りてまでこうした文章を書く勉強に励んでいたそうです。
問5　作者は、文章の上達には、どのようなことが必要だと述べているか。孟子と太史公を取り上げたことを踏まえて、五十字以内で説明せよ。

(☆☆☆◎◎◎)

【三】あとの文章は『苔の衣』の一節である。夏ごろから病気がちになった内大臣は、自分の寿命が長くないと悟り、子どもたちの将来をこれまで不仲であった弟の大将に委ねた。これを読んで、各問いに答えよ。

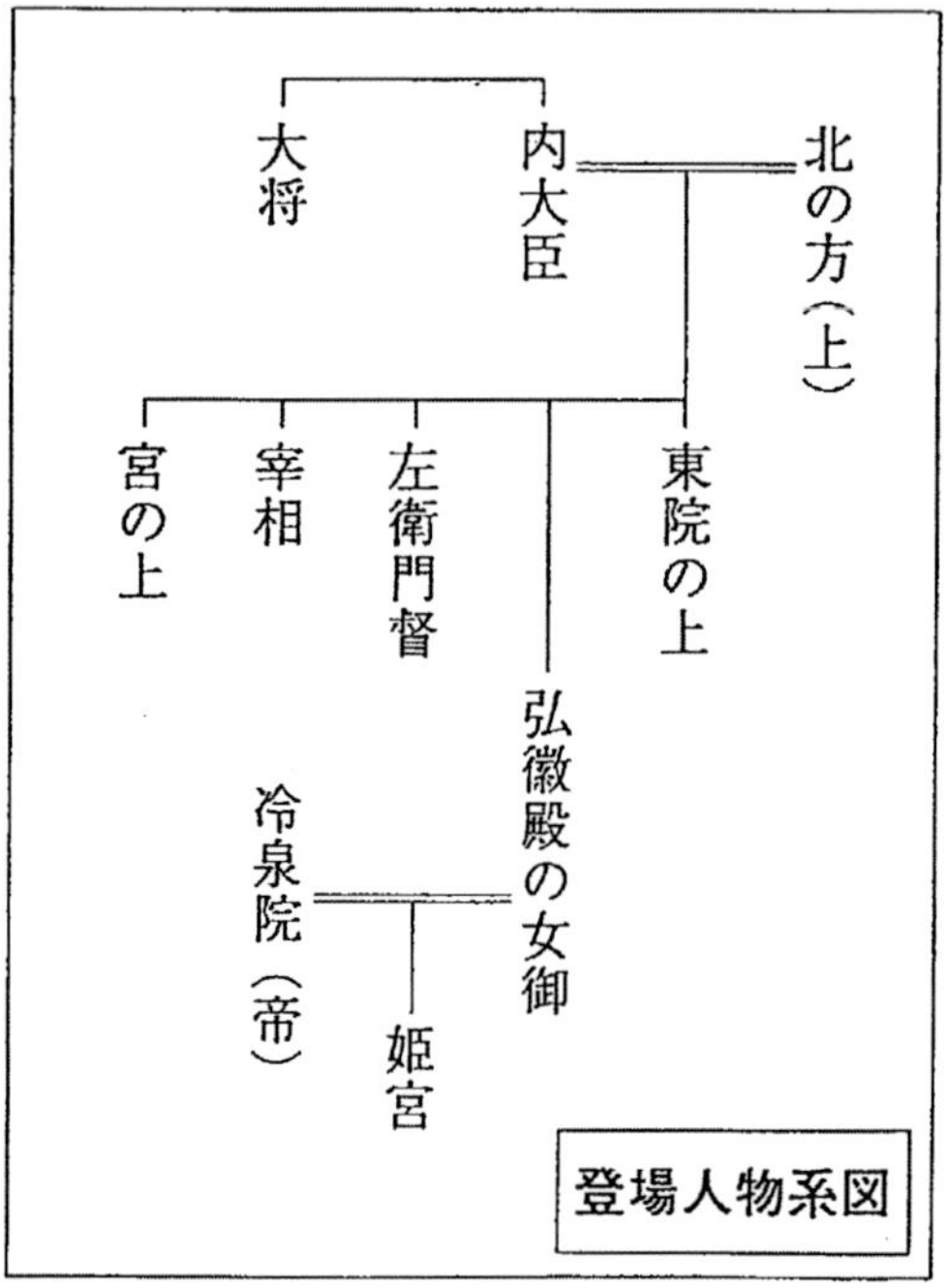

かくて(a)九月にもなりぬれば、風の気色心細く肌寒きに、内の大臣の御心地、このほどとなりてはおのづから起き居などし給ふことも(b)をさをさなし。御粥などもはかばかしうも見入れ給はず十日ばかりにもなりぬ。あさましう頼み少なく見え給ふに、おのづから(1)その験もやと本意深く思したることなれば、九月十九日出家し給へるに上もやがて様かへ給ふ。別《わ》くかたなくて年頃になり給ひぬれば、同じことといひながら(2)いかでか

おろかに思されん。限りあることなれば何の験もなくて、三日といふにつひに(c)限りのさまに成り果て給ひぬ。内裏にも聞かせ給ひて、おほかたの人がらなど重々しくおはしつる人なればあはれに思し嘆く。大将殿もつねは心ゆかず思しむつかりしこそわづらはしかりしか、おほかたにはいと思ひ遣りありて頼もしかりし御心をと思せば、あはれ浅からず思す。(東院の)上のいたく嘆き入り給へるを心苦しければ、言ひも慰め給はんとやがて具し給ひて帰り給ひぬ。(弘徽殿女御の)姫宮は内裏へ迎へきこえさせ給ふ。宮の上も帰り給ひぬ。いとど尼上も心細く思し入りたるを、左衛門督・宰相などぞよろづにつかうまつり給ふ。七日七日の御仏供養などぞ、君達多くおはしませばいと頼もしげなり。嘆く嘆く御法事過ぎぬれば人々往き別れ給ひぬ。大将殿より左衛門の御許へ、

「限りとて別れし暮に今はまたたち帰りつつものや悲しきいと忍び難くなん」。

御返事には、

(3)悲しさは別れし暮に尽き果ててひたすら今は袖ぞ朽ちぬる

月日ほどなく過ぎぬれば誰も忘れ草生ふる習ひなるを、故郷の尼上ぞ尽きせず思し入りたる。

問1　傍線部(a)の陰暦での異名を漢字で答えよ。また、傍線部(b)・(c)の本文中の意味を簡潔に答えよ。

問2　傍線部(1)の「その」のさす語を文章中から抜き出して答えよ。

問3　傍線部(2)を「思す」の主語を明らかにして現代語訳せよ。

問4　傍線部(3)の和歌について、「袖」が「朽ち」るとは具体的にどういうことを言っているか。四十字以内で説明せよ。

問5　登場人物のうち、帝と大将の評価からうかがわれる内大臣の人柄について説明したものとして、最も適

当なものを次の(ア)～(オ)から一つ選び、記号で答えよ。
(ア) 内大臣は、東院の上が嘆き悲しんでいるのを見かねて慰めようと奔走する心優しい方であった。
(イ) 内大臣は、宮の上や左衛門督、宰相ら多くの子どもたちから慕われる面倒見のよい方であった。
(ウ) 内大臣は、周囲の支えもありつつではあったが病床でも法事に抜かりのない信心深い方であった。
(エ) 内大臣は、不機嫌なところもあったが総じて人柄が重々しく思いやりがあり頼もしい方であった。
(オ) 内大臣は、北の方が尼僧となった後も他の女性に全く心惹かれることのない情の深い方であった。
(☆☆☆◎◎◎)

【四】受験する校種の次の各問いに答えよ。

【中学校】

問1 次の文が、平成二十年告示中学校学習指導要領の「国語」の目標になるように(①)～(③)に当てはまる語句を書け。

国語を適切に表現し(①)に理解する能力を育成し、伝え合う力を高めるとともに、思考力や想像力を(②)言語感覚を豊かにし、(③)を深め国語を尊重する態度を育てる。

問2 平成二十年告示中学校学習指導要領の「国語」における各学年の目標のうち、「文章の展開や表現の仕方などを評価しながら読む能力を身に付けさせる」ことが定められているのは第何学年か。また、学校教育法施行規則で定められたこの学年での国語の授業時数の標準は何単位時間か。算用数字で答えよ。

【高等学校】

問1　次の文が、平成二十一年告示高等学校学習指導要領の「国語」の目標になるように（　①　）～（　③　）に当てはまる語句を書け。

国語を適切に表現し（　①　）に理解する能力を育成し、伝え合う力を高めるとともに、思考力や想像力を（　②　）、心情を豊かにし、言語感覚を磨き、（　③　）を深め、国語を尊重してその向上を図る態度を育てる。

問2　平成二十一年告示高等学校学習指導要領の「国語」における科目の目標のうち、「生涯にわたって読書に親しみ」という一節を含む科目名を答えよ。また、平成二十一年告示高等学校学習指導要領の「総則」で定められたこの科目の標準単位数は何単位か。算用数字で答えよ。

（☆☆☆◎◎◎）

解答・解説

【中高共通】

【一】問1　(a)　把握　(b)　託　(c)　散逸　(d)　呈　問2　幾星霜　問3　ウ　問4　紀伝体を模し、光源氏の生涯を描く本紀的な本筋とバラエティ豊かな列伝的物語とが組み合わされた全体構造をとることで、時間の流れ方が曲線的で、女性の描き方についても深浅や濃淡がある記述がなされていること。

問5　民間の野史が、たとえ虚構を含むにせよ歴史を物語化して記述されたことで、厳密な正確さを目指して事実が羅列された公的な正史にない詳細なリアリティを備えたこと。

〈解説〉問1　同音(訓)異義語や類似の字形に注意すること。　問2　「長い歳月」の同義語は、「幾星霜」(いくせいそう)。「星霜」とは、「星は一年で天を一めぐりし、霜は年ごとに降ること」から、「年月。歳月」を表す。問3　第三形式段落で、中国の正史が虚構よりも事実を重んじ、文明の存在証明のための総合的人間学としての公式的な歴史書であったと述べているのに対し、第四形式段落で、島国の日本では、自国の文明的価値を他国に喧伝する必要はなく、歴史の余白に史書と異なるジャンルで事実とはいえない非公式の物語の中に道理にかなった詳細なリアリティが含まれており、価値ある作品として結実していると述べていることを読み取る。問4　中国の「歴史記述の方法」とは、「史記」の紀伝体をさす。天子のこと及び大事件を年代順に書いた「本紀」と重要人物の伝記を記した「列伝」とを中心として編修されている歴史書の体裁をいう。国語学者の大野晋によると『源氏物語』の光源氏の繁栄と富貴は「本紀」的系列で、彼と関係を持った多くの女性については「列伝」的系列の二系列でこの作品は巧みに構成され、時間の流れが直線的でなく曲線的になり、女性の描写についても深浅や濃淡がある、として系列の二重性のバラエティ効果が指摘されている。このことをまとめる。　問5　「オーソドックスな歴史記述」とは、「公的＝権成的正史＝事実重視」。「日本文学」とは、「私的＝物語的な野史＝漫言(すずろごと・虚構性)」。この物語文学が、歴史そのものを虚構を含めて物語化したことで事実以上に詳細なリアリティを具備したというのである。

【二】問1　(a)　おもえらく　(b)　よく　問2　オ　問3　文章は学習によって上達することはできず　問4　書き下し文　豈に嘗て筆を執りて此くのごときの文を為るを学ばんや。　解釈　ウ　問5　体に充満した気が文章となって外にあふれ出るように、気の修養のため世の中を巡って見聞を広めること。

〈解説〉問1　(a)　「以為」は、「おもえ(へ)らく」と読む。「思うには。思うことには」の意。(b)　「善」は、「よく」と読む。「たくみに」の意。　問2　「称」は、「かなう(ふ)」と読む。「適合する」意。この文では、(オ)の「適」と同じ意味。　問3　傍線部(1)の書き下し文は、「文は以て学びて能くすべからず」である。この和文を現代語に訳す。「能くす」は、「上手にできる」の意。　問4　反語形の「豈～哉」の応用。「どうして～しようか、そんなわけはない。」の意味。「嘗」は、「以前に」の意。「為」は、「つくる」と読み「創る」の意。　問5　孟子は、「浩然之気」(天地の間に充満している生命力や活力の根源となるもの。広くおおらかな心のこと)を養う、と述べている。これが人間に宿って何物にも屈しない道徳的勇気となる。また太史公(司馬遷)は、「天下をめぐり、四海の名山大川を周覧し、燕趙の間の豪俊と交游す」とあり、蘇轍はこの二者の生き方を例示し、前者の文章は「寛厚宏博、充乎天地之間」と述べ、後者の文章は「其文疎蕩、頗有奇気」と評している。このことをふまえて、五十字以内にまとめる。

【三】問1　(a)　長月　(b)　ほとんどない　(c)　臨終　問2　出家　問3　北の方は、どうして並一通りに悲しみをお感じになるのだろうか。いや、並一通りであろうはずがない。　問4　父を亡くした深い悲しみによりとめどなく流れた涙で、袖が腐るほど濡れたということ。　問5　エ

〈解説〉問1　(a)　陰暦九月の異名は、長月。季語では、「秋」。(b)　「をさをさなし」の「をさをさ」は、「きちんと。しっかり」という意味の副詞で、下に打消の形容詞「なし」を伴う場合は「ほとんど。めったに」の意になる。(c)　「限り」は、「臨終。命の終わり」を表す。　問2　「その」は、中称の指示代名詞で、内大臣の「本意深く思したること」(出家)を指す。「その験」とは、「(内大臣の)出家の効果」である。

問3　「思されん」の「思す」は、北の方への作者の敬意である。「いかでか〜ん(む)」は、反語形。「北の方の御悲嘆は、並一通りでおありだろうか。いや、並一通りでおありのはずがない」の意。　問4　傍線部(3)の歌意は、「悲しい思いは、父に別れた夕暮れにすっかり味わいつくしてしまって、今はただ涙で袖が腐ってしまいました。」「袖」が「朽ちる」(腐る)ほど、父を亡くした悲しみの涙で濡れたということ。　問5　文中に「大将殿も(内大臣が)つねは心ゆかず思しむつかりしこそわづらはしかりしか、おほかたにはいと思ひ遣りありて頼もしかりし御心をと思せば」と述べてある。また、その前の文に、「内裏にも聞かせ給ひて、おほかたの人がらなど重々しくおはしつる人なればあはれに思し嘆く。」とある。

【四】【中学校】問1　①　正確　②　養い　③　国語に対する認識　問2　第3学年　算用数字　105

【高等学校】問1　①　的確　②　伸ばし　③　言語文化に対する関心　問2　現代文A　算用数字　2

〈解説〉【中学校】問1　平成二十年告示中学校学習指導要領の「国語」の目標は、小学校の目標を受けたもので、文中の「とともに」を境に二つの部分から構成されている。この構成は、小・中・高とともに同じで一貫性が図られている。ただし、心身の発達と学習段階に応じて内容に違いが見られる。　問2　各学年の目標は領域ごとに異なる。「文章の展開や表現の仕方などを評価しながら読む能力を身につけさせる」は、この文の前に「目的や意図に応じ」が付いている。これは、中学校第3学年の「C読むこと」の目標である。また、第3学年の授業時数の標準は、一〇五単位時間(学校教育法施行規則第七十三条別表第二)。

【高等学校】問1　平成二十一年告示高等学校学習指導要領の「国語」の目標には、新たに「想像力」が加えられた。小・中・高の系統的一貫性を図ったものと思われる。目標の空欄の内容も中学校の目標より高次なものになっているので、十分に内容を理解しておく必要がある。　問2　科目の目標に「生涯にわたって読書に親しみ」の一節を含む科目は、「現代文A」である。目標は、「近代以降の様々な文章を読むことによって、我が国の言語文化に対する理解を深め、生涯にわたって読書に親しみ、国語の向上や社会生活の充実を図る態度を育てる。」と示してある。「生涯にわたって読書に親しむ態度を育てる」とは、主体的に読書をする意欲を高め、確かな読書習慣を身に付けさせることをいう。なお、高等学校学習指導要領の「高等学校の各教科に共通する教科・科目及び標準単位数」で定められている「現代文A」(選択科目)の標準単位数は2である。

二〇一四年度 実施問題

【中高共通】

【一】次の文章を読んで、各問いに答えよ。

作者は自分の目に入るもの、心の目にうつるものを描き出す。はっきり自覚することはまれであるにしても、一定の視座、視点に立っていることになる。その視点から見えるものを写し出す。

それは、景色を写生しようとする画家がしかるべきところへカンバスを置くのに通ずるところがある。描き出されるのは、そこから見える世界である。なにが描かれるかは、視点とそれが支配するパースペクティヴによって決定づけられる。

その視点は、時と所によって規定されている。まったく同じ視点が二度、二ヵ所に存在することはない。一回性が特色である。同じ画家でも別の日であれば、同じところであっても、同一視点に立つことはできない。たとえごくわずかではあっても、かならず、違ったものを見ることになるはずである。

この世にまったく同じ個性というものがないと同じように、二つの視点が完全に符合するということはない。あるように考えるのは(a)ベンギ的理解である。

作者が後になって、自作を改訂したり、改変を加えたり、極端な場合、廃棄したりすることがおこるのも視点の変化によって、原作で見ていたところが、もはや認められなくなり、したがって、意に満たなくなったからである。

作者自身にとってもそうであるとするならば、第三者にとって、視点が違っているのは当然であろう。どんなに、作者に接近しようとも、第三者が作者と視点を共有することはあり得べからざることと言わなくてはならない。(1)第三者はその独自のパースペクティヴの中において作品の世界を見る、すなわち、見なおすことになる。作品との間に違和の生ずるのは是非もない。

よほど従順で没個性的な読者でない限り、たとえ、無意識であってもみずからの知見によって、作品を修整しようとするにちがいない。その結果が異本である。はっきりした意図も意識もないまま、発生する姿なき異本はこのようにして無数に生まれては消えているのである。作者の表現したものの中でも読者のパースペクティヴの中に入ることのできないものは、無視されるか、見落されるか、否定される。

パースペクティヴはある一つの視点から目に入る視野における統合である。それは、あくまで、見えている部分だけのことである。すべてのものが見えるわけではない。すべてを見ることのできる万有視点は神のみのものであるとしてよい。つまり、一つの点から見える世界がわれわれにとっての世界ということである。

実は、その見えているところの裏側に、見えている部分によって掩《おお》われ、見えなくされている、たいへん大きな世界のあることは忘れてはならない。ものごとが見えるというのは、それによって、きわめて多くのことが見えなくなっているということでもある。決して見えているものがすべてではない。それどころかごく一部といった方が妥当である。読者がちがった視点に立つならば作者に見えていないところが目に入る。

作者と違った視点に立たざるを得ない読者は、すでにのべたように、作者の見ているものすべてを、目に入れることはできない。パースペクティヴがすこしでも変われば、見えるものは必ず変化する。

これは、作品をゆがめ、小さくするという消極的なはたらきばかりを意味するものではない。作者の視点からは見えなかったものが読者の新しいパースペクティヴからはごく自然に目に入る。これは原作品には見られなかったもので、読者による付加であり創造といってよいものである。読者はこのように、消極的、積極的の両面から作品を新しいものにしていく。

このように読者はかならず作者とは視点を異にするのであるが、それはわずかな差、多少のずれといったものではない。(2)いわば、次元の違う視点である。

一般のコミュニケーションは発話者と聴者との間において成立するけれども、文学的伝達は、それとは性格を異にしている。二次的伝達ともいうべきものである。作品の表現の中で直接的伝達がおこっている。読者は外部から、間接的にそれを理解する。〃のぞき見〃、〃立ち聞き〃に相当する伝達である。視点はまったくはなれている。作者の視点で見えているものも、読者の局外的視点からは目に入らない。作者の意図するところのものも読者は推測しなくてはならないのである。見当違いな解釈を下すことがあるのは怪しむには足りないが、読者はそれをあまり意に(b)カイしない。それどころか、別次元における視点からの解釈をもつことに喜びを感じるのが普通である。読者の創造性もそこに根ざしている。

シェイクスピアはイギリスのエリザベス朝時代の劇作家である。当時の演劇は、どちらかと言えば、音楽的、聴覚的なものであった。ところが百年経って十八世紀になると、演劇に限らず、一般に、絵画的で視覚的性格のつよい文化が優勢になってきたのである。

作者在世中のシェイクスピア劇は、ことばの音楽といった(c)オモムキがある。それが、絵画的な十八世紀になると、当然のように、(3)変質しなくてはならなくなった。視覚的想像力のつよくなった十八世紀のシェイクスピア批評家たちは、いろいろと時代に合わない点を批判しないではいられなくなった。

音楽的シェイクスピア劇は区切りのない一つらなりの流れをもっていた。それを、十八世紀の学者や批評家は、いくつもの部分に区切って、それぞれをタブロー、(d)ガクブチ画のように仕立てた。そのため、原作にはほんのわずかしかなかったト書きを大量に書き加えることになる。そして、主として聴くドラマであったものが、どちらかと言えば視る芝居に変貌することになる。

その結果、作者が力を入れていたと思われる喜劇群よりも、悲劇の方が評価が高くなるということにもなった。こういう変化をともなって十八世紀のシェイクスピアは近代劇として、傑作と見なされ、はっきり古典となったのである。これは見方によればシェイクスピアの変革であった。もとのままがいつとはなしに古典になったのではない。

そのような深刻な異本化作用に耐えられなかったシェイクスピア以外の同時代劇作家の多くは、古典の位置を得ることなく、名のみの存在に甘んじなくてはならなかったのである。

これに類する視座の変化は、小さな規模ではつねにおこっているものであるが、歴史的な大きな変動にともなって顕著な形をとることもすくなくない。それにともなってひとときは広く人気をあつめていた作品が埋没したり、逆に埋もれていた作品が新しい脚光を浴びるようになったりする。それは作者と作品との間だけでおこることではない。読者、批評家、学者など、作品を視る人たちの新しい視点によって消えたり、新たに発見されたりするところで新しい作品として生まれ変わる。(4)それが古典である。


（外山滋比古『古典論』より）

（注）タブロー――完成した絵画作品。

問１　傍線部(a)～(d)のカタカナを漢字に改めよ。
問２　傍線部(1)とあるが、このように言えるのはなぜか。それを説明したものとして最も適当なものを次の(ア)～(オ)から一つ選び、記号で答えよ。
(ア)　この世にはまったく同じ個性というものがない以上、作者と読者の視座が完全に符合することはなく、読者は無意識のうちに自身の知見によって修整された作品の方を是とするものであるから。

（イ）読者は作品の世界を外部から間接的に〝のぞき見〟するしかない第三者である以上、どれほど作者に接近しても、独自のパースペクティヴから作品を紡ぎ上げる作者の域には到達できないから。
（ウ）時と所によって規定される視点が一回性を有する以上、作者自身ですらその変化の影響から逃れ得ず、まして作品世界を独自の視点から見る読者が作者と視点を共にすることはあり得ないから。
（エ）作者が自作を後に改訂、改変したり廃棄したりすることがある以上、作品は作者の視点に支配されており、視点の変化によって作者のパースペクティヴから作品に迫ることには困難を伴うから。
（オ）読者が明確な意図も意識もないまま異本を発生させる以上、作品がどれだけ作者の表現しようとするものに忠実であっても、作者は読者のパースペクティヴの中に入るものしか伝え得ないから。

問3　傍線部(2)とあるが、「次元の違う視点」に立つことで読者と作品の間にはどのようなことが生じるか。本文中の言葉を使って六十字以内で説明せよ。

問4　傍線部(3)とあるが、ここでの「変質」の内容を最も端的に表した一文を本文中から抜き出し、最初の五字を答えよ。

問5　傍線部(4)とあるが、筆者はシェイクスピアの作品が「古典」である理由をどのように考えているか。本文中の言葉を使って六十字以内で説明せよ。

（☆☆☆◎◎◎）

【二】次の文章は『住吉物語』の一節である。四位の少将はかねてより中納言の宮の姫君に求愛していたが、姫君は応じずにいた。次の場面は、少将が姫君を訪れた場面である。これを読んで、各問いに答えよ。

夜更くるままに、月影さやけくて、草葉に置ける白露、玉をつらねたるやうにて、いとど心澄みて少将は、

秋の夜の草葉の露にあらねどもわが袂《たもと》こそ露けかりけれ

とのたまへば、侍従あはれに思ひて、姫君にかくと申せば、「いさや、世の中の(a)つつましさにこそ。さりながら、かくと(b)聞こえよ」とて、姫君、

消えかへり思ふとを知れ露の身の人に心のおかるべければ

とのたまへば、侍従、「かくなん」と申しければ、少将うち笑みて、「すこし立ち出でさせたまひて、隈なき月をも御覧ぜよかし」とて、

天の原のどかに照らす月影を(2)夜な夜な君と見るよしもがな

とあるを、かくと申せば、「寝入りたると聞こえよ」と(c)仰せらるれば、少将殿聞きたまひて、「つらき御心かな。みづからをこそ憎みたまふとも、(3)有明の月の少なうも照らさせたまふこそ、(d)うたてけれ」とのたまふほどに、夜も明け方になりければ、寺々の鐘の声も聞こゆれば、侍従、古き歌をながめけり。

暁の鐘の音こそ聞こゆなれ

と申せば、少将うち笑ひて、

これを入相《いりあひ》と思はましかば

と(e)ながめたまへば、姫君、をかしと聞きたまひて臥したまへり。

(注)「露ならぬ身は」――『後撰集』秋中、藤原師輔「露ならぬわが身と思へど秋の夜をかくこそ明かせおきゐながらに」を引く。　侍従――姫君の侍女。　暁の鐘――朝の勤行の時刻を告げる鐘。

入相――夕方の勤行の時刻を告げる鐘。

問1　傍線部(a)・(d)・(e)の本文中の意味を簡潔に答えよ。

問2　傍線部(b)・(c)の敬語の種類と敬意の対象の組合せとして適当なものを、次の(ア)～(カ)からそれぞれ一つ選び、記号で答えよ。

(ア)　尊敬―少将　(イ)　尊敬―姫君　(ウ)　尊敬―侍従
(エ)　謙譲―少将　(オ)　謙譲―姫君　(カ)　謙譲―侍従

問3　傍線部(1)の「露ならぬ身は」の引き歌には掛詞が使われている。その歌の内容を踏まえて、ここでの少将の思いを説明せよ。

問4　傍線部(2)を現代語訳せよ。

問5　傍線部(3)とは、誰のどのような様子を述べたものか。具体的に説明せよ。

(☆☆☆◎◎◎)

【三】次の文章は『伝習録』の序の一節である。これを読んで、各問いに答えよ。(設問の都合で訓点を省略した部分がある。)

孔子謂ヒテ二子貢ニ一(a)嘗曰ハク、「予《われ》欲スレト無カラント一レ言フコト。」他日ハ則チ曰ハク、「吾(b)与レ回言フコト終日。」ト又何ゾ言フコトノレ之ヲ不ルレ一ナラ邪。蓋《けだ》シ子貢ハ専ラ求ム二聖人ヲ於言語之間ニ一。故ニ孔子ハ以テレ無キヲレ言フコト警《いまし》メレ之ヲ、(1)使ム下之（　　）実ニ体シ二諸《これ》ヲ心ニ一、以テ求メ中自得スルヲ上。顔子ハ於テ二孔子之言ニ一、黙識心通シ、(2)無シレ不ルレコト在ラレ己ニ。故ニ与レ之言フコト終日ナルモ、(3)若下決二江河一而之上海也。故ニ孔子ハ於テ二子貢之無キニレ言フコト不レ為サレ少ナシト。於テ二顔子之終日言フニ一不レ為サレ多シト。(4)各当タル二其ノ可ニ一而已。

（注）子貢――孔子の弟子。姓は端木、名は賜、「子貢」は字《あざな》。
回――孔子の弟子。姓は顔、「回」は名、字は子淵。

問1　波線部(a)・(b)の読みを、送り仮名も含めて現代仮名遣いで答えよ。
問2　傍線部(1)について、（　）に入る送り仮名を補って、書き下し文に改めよ。
問3　傍線部(2)の解釈として最も適当なものを、次の(ア)～(オ)から一つ選び、記号で答えよ。
(ア)　自分の居場所がないと感じた。
(イ)　自分の考えをなくしてしまった。
(ウ)　はっきりと自分の価値を確かめた。
(エ)　しっかりと自分のものにした。
(オ)　自分は何でもできると思った。
問4　傍線部(3)を現代語訳せよ。
問5　傍線部(4)について、「可に当たる」とは「適切であった」の意であるが、これは二人の弟子に対する孔子のどのような態度を評価したのか。弟子それぞれの特徴を踏まえて六十字以内で説明せよ。

（☆☆☆◎◎◎）

【四】受験する校種の学習指導要領について、次の各問いに答えよ。

【中学校】

問1　次は平成二十年告示の中学校学習指導要領の「国語」の各学年の「1目標」の抜粋である。次の（　①　）・（　②　）に当てはまる語句を書け。また、（　A　）・（　B　）に当てはまる内容として適当なものを、次の(ア)～(エ)からそれぞれ一つ選び、記号で答えよ。

第1学年　目的や意図に応じ、様々な本や文章などを読み、内容や（　①　）を的確にとらえる能力を身に付けさせるとともに、読書を通してものの見方や考え方を広げようとする態度を育てる。
第2学年　目的や意図に応じ、文章の内容や表現の仕方に注意して読む能力、広い範囲から情報を集め効果的に活用する能力を身に付けさせるとともに、読書を（　A　）
第3学年　目的や意図に応じ、文章の展開や表現の仕方などを（　②　）しながら読む能力を身に付けさせるとともに、読書を（　B　）
(ア)　生活に役立てようとする態度を育てる。
(イ)　通して自己を向上させようとする態度を育てる。
(ウ)　通して考えを深めたりしようとする態度を育てる。
(エ)　学習に役立てようとする態度を育てる。

問2　「指導計画の作成と内容の取扱い」に関する記述として最も適当なものを、次の(ア)～(エ)から一つ選び、記号で答えよ。
(ア)　言葉の特徴やきまりに関する事項については、日常の言語生活を振り返り、言葉の特徴やきまりについて気付かせ、言語活動の向上に役立てることを重視する。
(イ)　教材は、思考力、判断力や表現力を養い言語感覚を豊かにするのに役立つことに配慮して取り上げる。
(ウ)　古典に関する教材については、古典の原文に加え、古典の現代語訳、古典について解説した文章などを取り上げる。
(エ)　書写の指導に配当する授業時数は、第一学年及び第二学年では年間十単位時間程度、第三学年では年間二十単位時間程度とする。

【高等学校】

問1　次は平成二十一年告示の高等学校学習指導要領の「国語」の科目「国語総合」の「2内容」の「B書くこと」の抜粋である。次の（　①　）～（　③　）に当てはまる語句を書け。また、A～Dを学習過程の順序に並べ替えよ。

A　対象を的確に説明したり描写したりするなど、適切な表現の仕方を考えて書くこと。

B　相手や目的に応じて題材を選び、文章の形態や（　①　）、語句などを工夫して書くこと。

C　優れた表現に接してその（　②　）を考えたり、書いた文章について自己評価や相互評価を行ったりして、自分の表現に役立てるとともに、ものの見方、感じ方、考え方を豊かにすること。

D　（　③　）の構成や展開を工夫し、論拠に基づいて自分の考えを文章にまとめること。

問2　「内容の取扱い」に関する記述として最も適当なものを、次の(ア)～(エ)から一つ選び、記号で答えよ。

(ア)　書くことを主とする指導には十五～二十五単位時間程度を配当するものとし、計画的に指導する。

(イ)　文章を読み深めるため、読書の幅を広げ、読書の習慣を養う。

(ウ)　教材は、倫理的、合理的な見方や考え方を養い、視野を広げるのに役立つことを配慮して取り上げる。

(エ)　文語のきまり、訓読のきまりなどを理解することについては、読むことの指導に即して行う。

（☆☆☆◎◎◎）

解答・解説

【中高共通】

【一】問1 (a) 便宜 (b) 介 (c) 趣 (d) 額縁 問2 (ウ) 問3 作者が表現したことのすべてはとらえられないものの、読者自身の解釈をもつことに喜びを感じ、作品に付加や創造を行うこと。
問4 そして、主 問5 作者の意図に反するとしても、視る人たちの視点により時代に合わせて変貌する深刻な異本化作用に耐え、傑作と見なされたから。

〈解説〉問1 同音(訓)異義語や類似の字形に注意すること。 問2 第三形式段落に、「その(画家の)視点は、時と所によって規定されている。まったく同じ視点が二度、二カ所に存在することはない。一回性が特色である。」とあり、第六形式段落には、「第三者が作者と視点を共有することはあり得べからざることと言わなくてはならない。」とのべている。 問3 (2)の「次元の違う視点」とは、読者と作者の視点の違いである。作者の視点から見えなかったものが読者の新しいパースペクティヴからはごく自然に目に入る。これは原作への読者の付加であり創造である。ここに読者の別次元における視点からの解釈をもつ喜びと創造性がここから生まれる。 問4 (3)の前の文が「変質」に大きくかかわる。シェイクスピア劇のことばの音楽(聴覚的性格)から絵画的(視覚的性格)への変化である。そのことを具体的にのべている部分をさがす。 問5 本来、音楽的、聴覚的なシェイクスピアの演劇が十八世紀になると、時代とともに絵画的、視覚的な演劇に変質していったが、それを仕立てたのは当時の学者や批評家たちであり、彼等の異本化作用に耐えてシェイクスピアの作品は新しく古典として、生まれ変わったというのである。

【二】問1　(a)　気が引けること　(d)　ひどい。気にくわない。　(e)　歌を口ずさむ　問2　(b)　(エ)
(c)　(イ)　問3　草葉に置く露ではない私が、一晩中起きて涙に暮れているのは姫君が私の思いを受け入れてくれないからだという、姫君のつれなさを恨み嘆く心情。　問4　毎晩あなたと一緒に眺めることができたらなあ。　問5　姫君の、少将の贈歌に対して返歌をしても、その後すぐ部屋の奥へ引きこもってしまうような、ほんのわずかな対応しかしない様子。

〈解説〉問1　(a)「つつましさ」は、「つつまし」(形・シク)の名詞化したもので、「恥ずかしい。気が引ける。遠慮される。」の意。(d)「うたてけれ」は、「うたてし」(形容詞・ク・シク)の已然形で、「あんまりだ。ひどい。」の意。(e)「ながめ」は、「ながむ」(詠む)の連用形で、「歌を詠む」の意。　問2　(b)は、会話文での姫君の少将への謙譲表現。(c)は、地の文で、作者の姫君への尊敬表現。　問3　「秋の夜の～」の歌意は、「秋の夜の草葉に置く露のせいではありませんが、私の袂の方こそいっそう露でしめっております。」である。この歌の「露」には、「草葉の露」と露にちなんだ恋の涙が詠みこまれている。姫君への恋の恨みを嘆く歌である。
問4　(2)の歌意は、「(空からのどかに照らす月影を)毎晩あなたと一緒に眺めることができたらうれしいなあ」である。「もがな」は、願望の意を表す終助詞。　問5　(3)の「有明の月の少なうも照らさせたまふ」は、「有明の月のように短い間しか姿をお見せにならず(すぐ隠れてしまわれるとは)」の意で、少将の「～夜な夜な君と見るよしもがな」の姫君への返歌に対しても、姫君は、「寝入りたると聞こえよ」と少将に対してつれない。姫君のこの態度に少将は「つらき御心かな」と嘆く様子をのべている。この姫君の様子についてまとめる。

【三】問1　(a)　かつて　(b)　と　問2　之をして実に諸を心に体し、以て自得するを求めしむ。
問3　(エ)　問4　長江や黄河の水があふれて海に流れていくようだ。　問5　聖人の道を言葉づらで理解しようとする子貢と言葉を超えて体得しようとする顔回に対し、それぞれに異なる方法で教え導いた態度。
〈解説〉問1 (a)「嘗」は、「かつて」と読む。「あるとき。以前。」の意。(b)「与」は「と」と読む。並列の助字。問2 一・二点を先に、次に上・中・下点を送りがなとともに訓読しながら書き下すこと。 問3 (2)「無不在己」(己に在らざること無し)は、「自己のものとすることができた」の意。 問4 (3)は、「江河を決して海に之かしむるがごときなり」と書き下す。「揚子江・黄河の水を海へ切り落とすように自然に通じたからである。」と解釈する。 問5 孔子が子貢と何も語らず、顔回と終日語り合ったことについて、「各(おのおの)当其可而已」(おのおの適切であったという外はない)と孔子が言ったことを考える。子貢は聖人を言語の上で理解しようとしたので無言で戒め、彼に心の中で実地に体得させようとしたのであり、顔回は孔子の真意を暗黙のうちに心に受け入れて自己のものにすることができたから終日孔子は顔回と話すことにしたのである。

【四】【中学校】問1 ① 要旨 ② 評価 A (ア) B (イ) 問2 (ウ)
【高等学校】問1 ① 文体 ② 条件 ③ 論理 (順序) B→D→A→C 問2 (エ)
〈解説〉【中学校】平成二十年告示の中学校学習指導要領の教科目標は、これまでと変わらないが、これまで第2学年及び第3学年については目標と内容を2学年まとめて示していたが、今回の改訂で学年ごとに示されている。 問1は、「C読むこと」の領域における目標である。学習の発達段階に応じて適切なものを選ぶこと。問2「指導計画の作成と内容の取扱い」の(ア)の「日常の言語生活」は、「日常の言語活動」、「言語活動の向上」は、「言語生活の向上」の誤り。(イ)についての記述は見当たらない。(ウ)は、「取り上げる教材について」の(5)に示してある。(エ)書写の指導に配当する授業時数は、第一学年及び第二学年では、年間二十単位時間程度、第3学年では年間十単位時間程度とすること、と示されているので誤り。

【高等学校】問1　平成二十一年告示の高等学校学習指導要領の「国語」の科目「国語総合」は、これまでの「国語総合」の内容を改善し、教科の目標を全面的に受け、総合的な言語能力を育成することをねらいとした共通必履修科目である。「B書くこと」の指導事項は、①「題材を選び、表現を工夫して書くこと」、②「論理の構成や展開を工夫して書くこと」、③「適切な表現の仕方を考えて書くこと」、④「表現について考案したり工夫したりして考えを深めること」の四事項である。この指導事項に従って空欄を補充すること。学習過程も①～④の順になる。　問2　(ア)は、「話すこと・聞くことを主とする指導」に関する単位時間。(イ)は、「文章を読み深めるため、音読、朗読、暗唱などを取り入れること」の誤り。(ウ)教材に関する記述については、そのような内容はない。(エ)は、「文語のきまり、訓読のきまりの指導」で「(1)のアの(イ)については、読むことの指導に即して行うこと」とあり、これが適切。

二〇二三年度 実施問題

【中高共通】

【一】受験する校種の学習指導要領について、次の各問いに答えよ。

【中学校】

問1　次は平成二十年告示の中学校学習指導要領の「国語」第三学年「内容」の抜粋である。次の（　①　）～（　⑤　）に当てはまる語句を書け。

(1)に示す事項については、例えば、次のような言語活動を通して指導するものとする。

A　話すこと・聞くこと

ア　時間や場の条件に合わせてスピーチをしたり、それを聞いて（　①　）の参考にしたりすること。

イ　社会生活の中の話題について、相手を（　②　）ために意見を述べ合うこと。

B　書くこと

ア　関心のある事柄について（　③　）文章を書くこと。

イ　目的に応じて様々な文章などを集め、工夫して編集すること。

C　読むこと

ア　物語や小説などを読んで（　③　）こと。

イ　論説や報道などに盛り込まれた（　④　）を比較して読むこと。

ウ　自分の読書生活を振り返り、本の（　⑤　）や読み方について考えること。

問２　平成二十年告示の中学校学習指導要領の「国語」に関する記述として適切なものを、次の(ア)～(オ)から全て選び、記号で答えよ。

(ア)　話すこと・聞くことの能力を育成するため、第二学年では、場の状況や相手の様子に応じて話すことの指導を行う。

(イ)　「B　書くこと」に関する指導については、年間五十五単位時間程度を配当し、実際に文章を書く活動をなるべく多くする。

(ウ)　各学年の内容の「C　読むこと」に関する指導については、様々な文章を読んで、自分の表現に役立てられるようにする。

(エ)　硬筆及び毛筆を使用する書写の指導は各学年で行い、毛筆を使用する書写の指導は硬筆による書写の能力の基礎を養うようにする。

(オ)　我が国の言語文化に親しむことができるよう、近代以降の代表的な作家の作品を、全ての学年で取り上げる。

【高等学校】

問１　次は平成二十一年告示の高等学校学習指導要領の「国語」の科目「国語総合」の「内容」の抜粋である。次の(　①　)～(　⑤　)に当てはまる語句を書け。

(1)に示す事項については、例えば、次のような言語活動を通して指導するものとする。

Ａ　話すこと・聞くこと

ア　状況に応じた話題を選んでスピーチしたり、(　①　)に基づいて説明したりすること。

イ　調査したことなどをまとめて報告や発表をしたり、内容や表現の仕方を吟味しながらそれらを聞いたりすること。

ウ（　②　）を想定して発言したり疑問点を質問したりしながら、課題に応じた話合いや討論などを行うこと。

B　書くこと

ア　情景や（　③　）を取り入れて、詩歌をつくったり随筆などを書いたりすること。

イ　出典を明示して文章や図表などを引用し、説明や意見などを書くこと。

ウ　相手や目的に応じた語句を用い、手紙や通知などを書くこと。

C　読むこと

ア　文章を読んで脚本にしたり、古典を現代の物語に書き換えたりすること。

イ　文字、音声、画像などのメディアによって表現された（　④　）を、課題に応じて読み取り、取捨選択してまとめること。

ウ　現代の社会生活で必要とされている実用的な文章を読んで内容を理解し、自分の考えをもって話し合うこと。

エ　様々な文章を読み比べ、内容や表現の仕方について、感想を述べたり（　⑤　）文章を書いたりすること。

問2　平成二十一年告示の高等学校学習指導要領の「国語」の科目「国語総合」に関する記述として適切なものを、次の(ア)～(オ)から全て選び、記号で答えよ。

(ア)「国語総合」の目標は、高等学校の教科「国語」の目標と同一である。

(イ) 話すこと・聞くことの能力を育成するため、相手の立場や異なる考えを尊重して、論拠の妥当性を判断しながら話し合うことの指導を行う。

(ウ) 書くことの能力を育成するため、文章の内容を叙述に即して的確に読み取ったり、必要に応じて要約や詳述をしたりすることの指導を行う。

(エ) 〔伝統的な言語文化と国語の特質に関する事項〕の指導は、「A　話すこと・聞くこと」、「B　書くこと」及び「C　読むこと」の指導を通して行う。

(オ) 古典を教材とした授業時数と近代以降の文章を教材とした授業時数との割合は、おおむね同等とすることを目安とする。

(☆☆☆◎◎◎)

【二】次の文章は『近思録』の一節である。これを読んで、各問いに答えよ。(設問の都合で訓点を省略した部分がある。)

焞《とん》初メテ到リシトキ、問二フ為レス学ヲ之方一ヲ。先生曰ク、「公要《もと》レメバ知レランコトヲ為レスヲ学ヲ、(1)須二是読一レ書。書ハ不レ必二トセ多ク看一ルヲ、要レス知二ランコトヲ其ノ約一ヲ。多ク看ルモ而不レバ知二ラ其ノ約一ヲ、書肆《しょし》(a)耳。頤《い》縁《よ》二リ(b)少時読レミテ書ヲ貪一レルニ多キヲ、(2)如今多レシ忘レシコト了。(3)須是将聖人言語玩味、入心記著。(4)然ル後ニ力《つと》メ去《ゆ》イテ行レハバ之ヲ、自ラ有レラント所レ得ル。」

(注) 焞――尹焞。頤の門人。　公――あなた。　書肆――書店。　如今――いま。現在。
頤――程伊川。名は頤。中国の北宋時代の儒学者。

問1　波線部(a)・(b)の読みを、送り仮名も含めて現代仮名遣いで答えよ。
問2　傍線部(1)を現代語訳せよ。
問3　傍線部(2)とあるが、なぜこのようになると「先生」は考えているか。三十字以内で説明せよ。
問4　傍線部(3)について、次の平仮名のみで書かれた〔書き下し文〕に従って、返り点を施せ。
〔書き下し文〕すべからくこれせいじんのげんごをもつてぐわんみし、こころにいれてきちやくすべし。
問5　傍線部(4)とあるが、ここで「先生」はどういうことを述べているか。その説明として最も適当なものを、次の(ア)～(オ)から一つ選び、記号で答えよ。
(ア)　聖人の優れた言葉を熟読し、その精神を確実に自分のものとした上で研鑽を重ねれば、おのずと地位や名誉はついてくる。
(イ)　書物に残る聖人の発言に極力数多く触れ、心に刻んだ上で肩の力を抜いて行動すれば、ひとりでに知識は身に付いていく。
(ウ)　聖人の教えを書物でじっくり味わい、それをしっかりと覚えた上で努力を続けていけば、自然に物事の道理は会得できる。
(エ)　聖人の話を適当に理解し、記憶にも残さない上に手を抜いて読書に取り組むのでは、自分が分かった気になるだけである。
(オ)　書物で伝わる聖人の言葉をもてあそび、適当に記憶した上に自分勝手な解釈で実行するのでは、自己満足しか得られない。

(☆☆☆◎◎◎)

【三】次の文章は『狭衣物語』の一節である。狭衣の大将は源氏の宮に思いを寄せているが、源氏の宮には受け入れられない。苦悩する大将は屈託を晴らそうと、高野の粉河寺《こかわでら》へ参詣する。次の場面は、狭衣の大将が父親の派遣した人々に盛大に迎えられて、粉河寺から帰京する場面である。これを読んで、各問いに答えよ。

笛など持たせたる若き人々、折に合ひたる音《ね》吹き鳴らしたる、水の上にては(a)いとどおもしろうをかし。また櫂《かい》の雫《しづく》のしほどけさも知らず顔に、手づから漕ぎかへりつつ、声はをかしうて、「あはれ、妹背山、さはれ」と歌ひ戯るるさまも、各々誇りか(b)に、思ふことなげなるは、我ばかり物思はしきはなきなめりと、うらやましう思ひわたされたまふ。

(1)行き帰り心まどはす妹背山思ひ離るる道を知らばや

寄る方のなかりけるも、契り心憂くながめ入りて、舟のはたに寄りかかりて眠りたまへる御まみの、なまめかしうめでたう見えたまふを、もの好ましげなる若上達部などは、めでたうのみ見たてまつるに、言少なにしづまりたまひて、もの心細げなる御けしきを、なほいかなる御心の中(c)にかと、安の川原の千鳥にも、問はまほしかりける。

殿にはゆゆしきまで恋ひきこえさせたまへるに、参りたまへれば、うち見つけさせたまへるうれしさの限りにも止めがたげなる御涙のけしきも、見たてまつらせたまふには、戯れても、我思ふ心の筋はあさましきことかなと思し知るべし。雪げに御足も腫れて悩ましう思さるれば、御湯に繕ひなどしたまふて歩きなどもしたまはず。けざやかなりし仏の御契りのみ恋しうて思ひ出でられたまふにも、(2)なほいかでこの世をさま悪しからぬさまにて厭ひ離れなんと、御心の中ばかりは、ありしよりけにあくがれまさりて、(d)行ひに心は入りたまへれど、斎院には、えおぼつかなきほどにもなしたまはず。さるは隔てなく見たてまつることさへありがたくなりにたるに、この世の厭はしさも催されたまふべし。
思ひわびつひにこの世は捨てつとも逢はぬ嘆きは身をも離れじ
あな心憂や、(3)この心ならば後の世もいかがと、うしろめたし。

(注)「あはれ、妹背山、さはれ」――舟人の歌う舟歌。　安の川原の千鳥――引歌未詳。「安の川原」は、神話の高天原にあるとされる川。　殿――自邸で、狭衣の大将の帰りを待ち受けていた父大臣や母宮。　けざやかなりし仏の御契り――粉河寺で本尊の普賢菩薩が出現したことを指す。　斎院――源氏の宮。

問1　傍線部(a)・(d)の本文中の意味を、それぞれ簡潔に答えよ。
問2　傍線部(b)・(c)の「に」の文法的説明として最も適当なものを、次の(ア)~(カ)から一つ選び、それぞれ記号で答えよ。
(ア)　形容動詞の連用形活用語尾　(イ)　完了の助動詞「ぬ」の連用形
(ウ)　断定の助動詞「なり」の連用形　(エ)　格助詞　(オ)　接続助詞　(カ)　副詞の一部
問3　傍線部(1)の和歌には狭衣の大将のどのような思いが表現されているか。四十字以内で説明せよ。
問4　傍線部(2)を現代語訳せよ。
問5　傍線部(3)の解釈として最も適当なものを、次の(ア)~(オ)から一つ選び、記号で答えよ。
(ア)　源氏の宮との恋に破れたことによる一時の衝動に駆られて仏門に入ったら、残された両親は狭衣の大将に会えなくなり、どれほど嘆き悲しむだろうかと、心配に思っている。
(イ)　父の大臣や母宮の自分に寄せる期待と一族の今後の繁栄を考えると、世間との交わりを絶ってまで源氏の宮を思慕し続けるべきではないと、申し訳なく思っている。
(ウ)　たとえ世間に背を向けたとしても、源氏の宮との恋に身を焦がし続ける以上、結局は浮き名を流すことになり、後々まで世間の笑い者になるだろうと、情けなく思っている。
(エ)　このまま源氏の宮への思慕の念を絶ち切れずにいると、たとえ仏門に入ったとしても、その執着が罪障となり、来世の極楽往生の妨げになるに違いないと、不安に思っている。
(オ)　たとえ世間的なしがらみを全て捨て去ったとしても、源氏の宮への思慕の念がある限り、立身出世の妨げとなって後世に名を残すことはできまいと、残念に思っている。

(☆☆☆◎◎◎)

【四】次の文章を読んで、各問いに答えよ。

児童文学史家たちは、日本における「真に近代的な児童文学」の生誕が小川未明(『赤い船』明治四三年)あたりであるという点で、ほぼ一致しているようにみえる。また、こうした「童心文学」が出現したことについては、石川啄木のいう「時代閉塞の現状」の下での文学者のネオ・ロマンティックな(a)トウヒとして、さらに西欧の世紀末文学の影響としてみられている。たぶんこれは文学史的な通説だといってもよいが、児童文学者の内部では、逆にそのこと、つまり児童文学が大人の文学者の詩、夢、退行的空想として見出されたことが批判の的となっている。そこにある児童は大人によって考えられた児童であって、まだ「真の子ども」ではないというのだ。たとえば、小川未明はつぎのように批判される。

一九二六年、小説と童話を書き分ける苦しさを解消し、以後童話に専心することを宣言してから、未明の作品の世界は大きく変化した。かつての未明童話を特徴づけていた空想世界は徐々に姿を消し、代わって現実的な児童像が描かれ始めた。それとともに、未明の作品には(b)ノウコウな教訓臭が感じられるようになった。

「わが特異な詩形」としての童話を書いている間、未明は子どもの賛美者であり得た。子どものもつ諸々の特性こそが、空想世界の支えであると感じられていたからである。しかし、いよいよ子どもを対象として作品を書く決意をした時、未明は現実の子どもと向き合わざるを得なかった。そして未明は子どもたちが環境と調和して生きられるように「忠告」する必要を感じるようになる。なぜなら、現実の子どもを目の前にすれば、未明の観念のなかにあった子どものように「無知」「感覚」「柔順」「真率」な子どもは存在しないことに気付かないわけにはいかなかったからである。

空想的な童話を書いている時期にも、教訓的な童話を書いている時期にも、未明は子どもの側に立って発想してはいなかったと言えよう。すでに見たように、未明は自らの内部を表現するために童話の空想世界を必要としたのであったし、「わが特異な詩形」を捨てて、「子どものために」書こうと努めるようになった時には、おとなの立場に立って、子どもに現実の中で調和的に生きる道を教示したのであったから。いずれにしても、未明は、子どもの眼で世界を見ることはしていなかったのである。

未明の「童話」が根本的には「子ども不在」の文学であったにせよ、多くの追従者をもった。それは未明の「童話」が、それまでに存在しなかった独自の美をもった作品を生んだことにもよるが、一番大きな原因は、日本の近代のおとなの多くが、未明と同様、真の子どもの発見者ではなかったことによるのである。(猪熊葉子「日本児童文学の特色」、日本児童文学会編『日本児童文学概論』東京書籍)

ここでは、小川未明における児童は、「現実の子ども」から見ると、ある転倒した観念にすぎないといわれている。未明における「児童」がある内的な転倒によって見出されたことはたしかであるが、しかし、実は「児童」なるものはそのように見出されたのであって、「現実の子ども」や「真の子ども」なるものはそのあとで見出されたにすぎないのである。したがって、(1)「真の子ども」というような観点から未明における「児童」の転倒性を批判することは、この転倒の性質を明らかにするどころか、いっそうそれをおおいかくすことにしかならない。児童文学史家がどんなに克明に明治期の児童文学の起源を明らかにしても、そこには本質的に「起源」というものに関する考察が欠けている。

児童が客観的に存在していることは誰にとっても自明のようにみえる。しかし、われわれがみているような「児童」はごく近年に発見され形成されたものでしかない。たとえば、われわれにとって風景は眼前に疑いなく存在する。しかし、それが「風景」として見出されたのは、明治二十年代に、それまでの外界を拒絶するような「内面性」をもった文学者によってである。それ以後、「風景」はあたかも客観的に実在し、それを写すことがリアリズムであるかのようにみなされる。あるいは、ひとはさらに「真の風景」をとらえようとする。しかし、そのような「風景」はかつては存在しなかったのであり、それは一つの転倒のなかで発見されたのである。

まったく同じことが「児童」についていえる。(2)「児童」とは一つの「風景」なのだ。それははじめからそうだったし、現在もそうである。したがって、小川未明のようなロマン派的文学者によって「児童」が見出されたことは奇異でも不当でもない。むしろ最も倒錯しているのは「真の子ども」などという観念なのである。「明治以来の作家たちの多くが、おとなの立場から発想し、子どもの側に立って発想してこなかったことこそ、おそらく日本児童文学の最大の特色であろう」(猪熊葉子)というのは、明らかにまちがっている。第一に、それは日本児童文学の特色ではなく、西欧においてももともと「児童」はそのようにして見出されたのである。第二に、もっと重要なことだが、児童文学が見出されるためには、まず「文学」が見出されねばならなかったのであって、日本における児童文学の確立がおくれたのは、「文学」の確立がおくれたからにすぎない。しかし、私がこれまで一連の論考で問題にしてきたのは、このおくれではなく、また西欧文学との差異でもなくて、西欧においては長期にわたるため(c)隠蔽されるが日本においてはほぼ明治二十年代に集中的に検証しうる、「文学」という制度の問題なのである。

小川未明や鈴木三重吉らによって確立された「児童文学」が、「文学」より十年あまりおくれているのは、不思議ではない。児童文学を孤立的にとり出して、それを歴史的な連続性においてみることがまちがっているのだ。同時代にすでに西欧で児童文学が発達していたからといって、それと比較するのは馬鹿げている。たとえ彼らがどんなに西欧の児童文学を読み、その影響を受けていたとしても、日本の児童文学が〝影響〟からただちに出てくることなどありはしなかったと断定できる。それは「文学」の形成過程からみて明白である。たとえば、ロシア文学に震撼されていた二葉亭四迷は、『浮雲』第一編においてなかば人情本や滑稽本の文体におし流されざるをえなかった。(3)彼がすでにどんなに「内面的」であったとしても、いわば手がそれを裏切るのだ。つまり、表現さるべき「内面」や「自己」がアプリオリにあるのではなく、それは「言文一致」という一つの物質的形式の確立において、はじめて自明のものとしてあらわれたのである。(中略)「言文一致」とは、言を文にうつすことではなく、もう一つの文語の創出にほかならなかった。したがって、たんに口語的に書く山田美妙や二葉亭四迷の初期の実験は、森鷗外の『舞姫』(明治二三年)が登場するやいなや、たちきえるほかなかった。

当時の読者にとって、学童にとってさえ、「言文一致」の方がかえって読みづらかったことを忘れるべきではない。硯友社系で言文一致を試みていた巌谷小波が書いて大反響をよんだ『こがね丸』(明治二四年)は、文語体で書かれている。それを批判された巌谷小波はつぎのように答えている。

> 元来言文一致なるものは、彼の落語講談の速記とは大に異なりて、元是一種の文体なれば、只通常の俗語を並列して以て足れりとなすにはあらず。必ずや其間に緩急あり疎密あり抑揚ありて、尋常美辞学的の諸要素は、一も欠く可きものにあらず。只用うる新俗語多きが故に、他の文体に比して稍々《やや》解し易きも、書き方によりては却て雅俗折衷のある一体よりは、遥かに解し難きことあり。之を以て余は彼の黄金丸を綴るに、当初は言文一致を以て試みたるも、少しく都合ありて文体を改めたり。

これについて、菅忠道は、「子どものために文学を創造するということが文壇的にも社会的にも認められていなかった」時代だから、小波が「あのように(c)コった文体で書いたのには、意識的な文学的ポーズがあったのではないだろうか」(『日本の児童文学』大月書店)という。しかし、そういうことばはむしろ現在の児童文学者にあてはまるだろう。このころ、巌谷小波は、言文一致をとろうととるまいと、まだ「文学」を、あるいは「児童」というものを見出していなかったのである。小川未明までの児童文学がおもに硯友社系の作家によって(e)担われたという事実は、「児童文学」の生誕がたんなる歴史的連続性においてではなく、一つの切断・転倒として、あるいは物質的形式(制度)の確立として見られねばならないことを示している。「児童」の発見は、「風景」や「内面」の発見において生じたのであって、それはけっして「児童文学」に限定されるような問題ではない。

(柄谷行人『定本　日本近代文学の起源』より)

問1　傍線部(a)〜(e)の漢字は平仮名に、カタカナは漢字に改めよ。
問2　傍線部について、森鷗外の作品名を『舞姫』以外に一つ挙げよ。
問3　傍線部(1)とあるが、ここでの「批判」は「未明における『児童』」がどのようなものであることに向けられているか。本文中から十五字以内で抜き出せ。
問4　傍線部(2)とあるが、ここで筆者が主張しようとしていることはどういうことか。本文中の言葉を使って百字以内で説明せよ。
問5　傍線部(3)とあるが、どういうことか。それを説明したものとして最も適当なものを、次の(ア)〜(オ)から一つ選び、記号で答えよ。
(ア)　四迷がどれほど「文学」の確立への志向性を有していたとしても、「言文一致」が具体的に形をなさない限り文語に代わる存在を創出することはなく、人情本や滑稽本と同様に単に口語的に書かれた文体でしかなかったということ。
(イ)　四迷がどれほどロシア文学を始めとした西欧の文学に影響を受けていたとしても、近代日本の西欧に対する「文学」の確立のおくれは明らかであり、「言文一致」で創出しようとした新たな文語が形をなすことはなかったということ。
(ウ)　四迷がどれほど近代を超越した「自己」の内面的観念を確立していたとしても、それを物質的形式として表出するための「言文一致」の技法が成熟する以前においては、近世の日本文学の影響からのがれることはできなかったということ。
(エ)　四迷がどれほど「文学」についての先見の明をもっていたとしても、「文学」という制度の確立が明治二十年代においてはなされていなかった以上、「言文一致」に潜在化する先駆的視野に目が向けられるともなかったということ。

(オ)　四迷がどれほど児童文学の確立の可能性を内に秘めていたとしても、表現されるべき「内面」や「自己」が先天的に存在するものではないため、西欧で発達していた児童文学との差異を感じさせる作品にしかならなかったということ。

(☆☆☆◎◎◎)

解答・解説

【中高共通】

【二】【中学校】問1　①　自分の表現　②　説得する　③　批評する　④　情報　⑤　選び方

問2　(ウ)、(エ)　【高等学校】問1　①　資料　②　反論　③　心情の描写　④　情報　⑤　批評する　問2　(ア)、(エ)、(オ)

〈解説〉【中学校】問1　言語活動例は、領域ごと科目ごとの指導内容と言語の密接な関連を図り、学習意欲を高め、主体的な学習活動を通して指導内容を確実に身に付けさせることをねらいとして示したものである。また、従来は目標と内容を二学年(第二学年及び第三学年)まとめて示していたが、平成二十年の改訂では学年ごとに示している。　問2　選択肢(ア)は、第三学年の「A　話すこと・聞くこと」の指導事項、(イ)は「第一学年及び第二学年では年間三十〜四十単位時間程度、第三学年では二十〜三十単位時間程度とすること」と示している。(オ)は、後半の「近代以降の代表的な作家の作品を、いずれかの学年で取り上げる。」と示している。

【高等学校】問1 「国語総合」は、平成二十一年の改訂で共通必履修科目になった。言語活動例は、指導内容の確実な習得をねらいとしている。 問2 選択肢(イ)は「A 話すこと・聞くこと」の指導事項ウに「課題を解決したり考えを深めたりするために、相手の立場や考えを尊重し、表現の仕方や進行の仕方などを工夫して話し合うこと」と示している。(ウ)は「読むこと」の指導事項のイである。

【二】問1 (a) のみ (b) わかき 問2 ぜひ書物を読むべきだ。(書物を読む必要がある。) 問4 須下是将二聖人言語一玩味、入レ心記著上。

問3 書物の筋を理解しないままに、やたらと多読をしていたから。 問5 (ウ)

〈解説〉問1 (a)の「耳」は「のみ」と読み、限定の意を表す。(b)の「少」は「若」と同じく「わかし」と読み、ここでは「時」を修飾する連体形接続で「わかき」と読む。 問2 傍線部(1)「須是読書」は、「すべからく是れ書を読むべシ」と訓読する。「須」は再読文字で「すべからク〜べシ」と読み、「ぜひ〜する必要がある」という意味である。 問3 傍線部(2)の前の文「不必多看、要知其約〜頤縁少時読書貪多」をふまえて理由をまとめること。 問4 傍線部(3)の「将」は「以」と同じ助字。「須」は、再読文字である。「将二聖人言語一」を挟んで、「須下〜記著上」の上下点をつける。 問5 傍線部(4)の「然後」の「然」は、傍線部(3)の「聖人の教えを書物で玩味し、心に刻むことの大切さ」という内容を受けている。傍線部(4)は、「聖人の教えを実行すれば、自然に物事の道理は会得できる」という意味である。

【三】問1　(a)　ますます(いっそう)　(d)　勤行(仏道修行)　問2　(b)　(ア)　(c)　(ウ)　問3　恋の苦しさから逃れるために、源氏の宮への執着を断ち切る術を知りたいという思い。　問4　やはりどうにかして、現世をあまり見苦しい形でなく厭離しよう。　問5　(エ)

〈解説〉問1　傍線部(a)の「いとど」は、「いよいよ、いっそう」の意の副詞である。傍線部(d)の「行ひ」は、「自分の後世のための仏道の修行。」という意の名詞である。　問2　傍線部(b)「に」は、形容動詞「誇りかなり」の連用形「誇りかに」の活用語尾。傍線部(c)の「に」は、断定の助動詞「なり」の連用形。「にや」「にして」「にか」等の慣用的表現に見られる。　問3　傍線部(1)の歌意は、「舟路の往来に心を悩ませる妹背山よ。妹背の恋による、源氏の宮への執着から逃れる術を教えてほしい」である。　問4　傍線部(2)「なほいかで〜ん」は、「やはりなんとかして〜したいものだ」の意を表す。「ん(む)」は、意志を表す助動詞である。「この世をさま悪しからぬさまにて」は「現世をあまり見苦しい形でなく」を意味し、「厭ひ離れなん」は「厭離したいものだ」の意である。　問5　傍線部(3)の「この心」は、狭衣の歌「思ひわび〜逢はぬ嘆き(源氏の宮へ会うこともできない悲嘆)は身をも離れじ」の歌にこめられた源氏の宮への執着心をさす。「後の世」は、来世の極楽往生のことである。現世に執着を抱いたままで死ぬと極楽往生が叶わないとされていることから、狭衣は後生に不安を持っている。

【四】問1　(a)　逃避　(b)　濃厚　(c)　いんぺい　(d)　凝　(e)　にな　問2　高瀬舟など　問3　大人によって考えられた児童　問4　あたかも客観的に存在するかのような「児童」も、「風景」と同じく、従前の外界を拒絶するような「内面性」をもった文学者によって見出されたものであり、「真の子ども」という概念は倒錯しているということ。　問5　(ア)

〈解説〉問2　森鷗外の作品は、『ヰタ・セクスアリス』(一九〇九)、『青年』(一九一〇)、『妄想』『雁』(一九一一)、『阿部一族』(一九一三)、『寒山拾得』(一九一六)などがある。　問3　傍線部(1)の前の文に「未明における『児童』がある内的な転倒によって見出されたことはたしかであるが」とある。この「内的な転倒」は、小川未明の批判文で述べられている「空想的な童話を書いている時期にも、教訓的な童話を書いている時期にも、未明は子どもの側に立って発想してはいなかったと言えよう。」をヒントにする。　問4　傍線部(2)の前文で「まったく〜いえる。」と強調している。「風景」については、その前の段落で説明されているので、内容をまとめればよい。　問5　傍線部(3)は「言文一致」が確立される前のことについて、比喩的に述べられている。「言文一致」はもう一つの文語の創出であり、それを志向しても「物質的形式の確立」までには到らなかったことを、「手がそれを裏切る」と表現している。

二〇一二年度　実施問題

【中高共通】

【一】次の文章は、『松浦宮物語』の一節である。神奈備《かんなび》の皇女《みこ》との悲恋を忘れるため遣唐使として入唐した橘氏忠は、老翁に琴の秘技を学ぶよう勧められ、老翁から授けられた琴を手に、琴の名手である商山の華陽公主《かようのみこ》を訪ねた。これを読んで、各問いに答えよ。

はるかに尋ね登れば、道いと遠し。これは鏡のごと光を並べ、いらかを連ねて造れるものから、屋数少なく、かりそめなる屋に人住むべしと見ゆれど、わざと木陰に隠れつつ、楼を尋ね登れば、言ひしに変らず、えも言はずめでたき玉の女、ただひとり琴を弾きゐたり。

乱るる心あるなとはさばかり言ひしかど、うち見るより物おぼえず、そこら見つる舞姫の花の顔も、ただ土のごとくになりぬ。古里にていみじと思ひし神奈備の皇女も、見あはするに、鄙び乱れ(a)たまへりけり。あまりことごとしくも見ゆべきかんざし、髪上げたまへる顔つき、さらにけ遠からず。(1)あてになつかしう、きよくらうたげなること、ただ秋の月のくまなき空に澄みのぼりたる心地ぞするに、いみじき心まどひをおさへて、念じ返しつつ、かの琴を聞けば、よろづの物の音ひとつに合ひて、空に響き通へること、げにありしに多くまさりたり。

とかくのたまふこともなけれど、ただ夢路にまどふ心地ながら、この得し琴を取りて掻き立つるを見て、もとの調べを弾きかへて、はじめより人の習ふべき手をとどこほるところなく、ひとわたり弾きたまふを聞くままに、やがてたどらずこの音につけて掻き合はすれば、我が心も澄みまさるからに、すずろに深きところ添ひて、やがて同じ声に音の出づれば、手に任せてもろともに弾くに、(2)たどるところなく弾き取りつ。

これも月の明け行けば、琴をおしやりて、帰らんとしたまふ時に、悲しきことものに似ず、おぼえぬ涙こぼれ落ちて、言ひ知らぬ心地するに、公主もいたう物をおぼし乱れたるさまにて、月の顔をつくづくとながめたまへるかたはらめ、似るものなく見ゆ。例の文作り交して別れなむとする時、「この残りの手は、九月十三夜より五夜になん尽くす(b)「　」」とのたまふ。

雲に吹く風も及ばぬ波路より問ひ来ん人はそらに知りにき

とのたまへば、

(3)雲の外遠つさかひの国人もまたかばかりの別れやはせし

と(c)聞こゆるほどもなく、人々迎へに参る音すれば、はしのかたの山の陰より、のたまふままに隠ろへ出でぬ。

(注)乱るる心あるな——老翁は、氏忠に対して、公主から琴を伝授される時に決して平静さを失ってはならないと厳命していた。　そこら——たくさん　弾き取る——弾き方を習得する

問1　傍線部(a)・(c)の敬語の種類と敬意の対象の組み合わせとして適当なものを次の(ア)～(カ)からそれぞれ一つ選び、記号で答えよ。

(ア)　尊敬——華陽公主
(イ)　尊敬——氏忠
(ウ)　尊敬——神奈備の皇女
(エ)　謙譲——華陽公主

（オ）謙譲――氏忠
（カ）謙譲――神奈備の皇女
問2　助動詞「む」「べし」「り」「けり」のうち、傍線部(b)の［　　］に入れるのに適当なものを一つ選び、適切な形に改めて答えよ。
問3　傍線部(1)を現代語訳せよ。
問4　傍線部(2)のように氏忠が琴の弾き方を習得するまでの様子の説明として最も適当なものを、次の(ア)～(オ)から一つ選び、記号で答えよ。
（ア）公主が琴の秘技について丁寧にあれこれと説明をしてくれたおかげで、氏忠はすぐに公主と同じ曲を演奏できるようになった。
（イ）氏忠の素晴らしい琴の演奏に感心した公主が合奏を始めると、自然と二人の演奏が琴の奥深い秘伝に添うものとなっていった。
（ウ）公主を前にして何とか平静を保とうと努めていた氏忠の心が一層澄むことで、琴の音色がそれまでと見違えるものに変化した。
（エ）夢の中で響いているかのような公主の琴の音色に耳を傾けるだけで、琴の演奏の深淵が知らず知らずのうちに身に付いていた。
（オ）琴を弾き始めた氏忠を見て公主も同じ曲を弾き出すと、その後に続いて演奏するうちに公主と同じ音が出るようになっていた。
問5　傍線部(3)の和歌は、誰がどのような気持ちでいることを詠んだものか。その気持ちを抱いた理由も含めて六十字以内で説明せよ。

（☆☆☆◎◎◎）

【二】次の文章は『権子』の一節である。これを読んで、各問いに答えよ。(設問の都合で送り仮名を省略した部分がある。)

昔、陽明先生《ノ》居《ニ》群弟子侍《ル》。一初来《ノ》学士、(a)蓋愚《ぐ》騃《がいノ》人也。乍《たちまチ》聞《クモ》三先生《ノ》論《ズルヲ》二良知《ヲ》一、不レ解《セ》。(1)卒然《トシテ》起《コシテ》レ問《ヲ》曰《ハク》、「良知《ハ》何物《ナリヤ》。黒耶、白耶《ト》。」群弟子(2)唖然《トシテ》失笑《ス》。士《ハ》慙《はジテ》而赧《あからメリ》。先生(b)徐語《ゲテ》曰《ハク》、「(3)良知《ハ》非《ズ》レ黒《ニ》非《ズ》レ白《ニ》、其《ノ》色赤也《ト》。」(c)弟子未レ喩。先生曰《ハク》、「其《ノ》徴《ハルル》二於色《ニ》一者(d)固良知也《ト》。」

問1 波線部(a)・(b)・(d)の読みを、送り仮名も含めて現代仮名遣いで答えよ。

問2 波線部(c)を書き下し文にせよ。(「喩」のここでの読みの基本形は「さとる」)

問3 傍線部(1)とほぼ同じ意味を持つ熟語として最も適当なものを次の(ア)~(オ)から一つ選び、記号で答えよ。

(ア) 平然　(イ) 突然　(ウ) 敢然　(エ) 毅然　(オ) 偶然

問4 傍線部(2)とあるが、何に対して「失笑」したのか。説明せよ。

問5 傍線部(3)とあるが、ここで王陽明はどのような考えを述べているか。次の『孟子』の一節にある「良知」の内容を踏まえて、四十字以内で説明せよ。

孟子曰《ハク》、「人之所《ノ》二不《シテ》レ学《バ》而能《クスル》一者《ハ》、其《ノ》良能也。所《ノ》二不《シテ》レ慮《ラ》而知《ル》一者《ハ》、其《ノ》良知也《ト》。」

(☆☆☆◎◎◎)

【三】次の文章を読んで、各問いに答えよ。

「古典」は、発見されるに値いする問いを内に持って存在している。そしてその問いの発見を読者に期待している。だから、読者の側が問いを発見して、それに読者自らが答えようとする姿勢がなければ、「古典」はただ一冊の古い本に過ぎないということになる。つまり、「古典」の中に読者がどういう問いを発見するかということで「古典」は生きて、存在してくるのである。

昔から本は無数に書かれているが、そういう問いを発する本、少なくとも問いを探そうとすることを読者に要求する本は、決して多くはない。その決して多くはない本が「古典」なのである。

例えば(1)松尾芭蕉を考えてみると、彼が(a)僅か五七五の短い句を詠んで、それから三百年あまりが経過する中で、代々の人が、彼の句を様々に解釈して来たし、これからも解釈して行くだろう。その中で、新しい解釈が生れたり、古い解釈が見直されたりする。そういうふうに作品が発する問いを人々が発見し、その発見に答えようとし続けるからこそ、芭蕉の句は「古典」として残って来、「古曲」としてあり続けるのである。このようにして「古典」は永遠性を、生命を持つことができ、読者によって、永遠に成長させられるのである。それが、(2)「古典」が現代に生きるということなのだと私は考える。

ところで、そうであるのなら、その「古典」と呼ばれる本から、読者はどうやって問いを発見するかということになると、それはむろん読者の側の責任で、彼は問いを発見する能力を持っていなければならないということになる。ではその能力とは何か。その基本は、自分が生きている現在、あるいは現代というものに対して、常に何か疑問を持っているということだと私は思う。むかし、すぐれた思想家であり歴史家であった林達夫さんが、「時代の行列」ということばを使われたことがある。現代というものに何の疑いも持たずに「時代の行列」の中でただぞろぞろと歩いて行く人たちの中からは、思想も芸術も生れないと林さんはいわれたが、「古典」に対して問いを発し得るか得ないかということについても、同じことがいえると思う。

『平家物語』は、十三世紀の半ば過ぎに、たぶん複数の作者によって書かれたものである。私自身は、『平家物語』が発する問いに答えるつもりで、平知盛を主人公とする『子午線の祀り』という(b)ギキョクを書いたが、〈中略〉『平家物語』の全体に対して、私は次のような感想を――これも『平家物語』の発する問いに対する私なりの答のつもりだが――次のような感想を持っている。

『平家物語』の書き出しは、『平家物語』を一字も読んだことのない人でも知っているといっていいほど有名な、次のくだりである。

祇園精舎の鐘の声、諸行無常の響あり。娑羅雙樹の花の色、盛者必衰のことはりをあらはす。奢れる人も久しからず、唯春の夜の夢のごとし。たけき者も遂にはほろびぬ、偏に風の前の塵に同じ。

（新日本古典文学大系『平家物語』岩波書店による）

日本古典の中でもことにすぐれたこの文章があまりにすばらしい名文だものだから、『平家物語』というのは「盛者必衰」、つまり盛んな者も必ず衰えるという「諸行無常」の無常観を語っている物語だと、読まないまんまで、あるいは読む前から思っている人が多いのではあるまいか。だが、私はそうでないと考える。『平家物語』はそういう本ではないと考える。

それは、確かに強い者もいずれは滅び、人間は誰でも死んで行くものだから、この言葉はわれわれにも当てはまるといえる。殊に源平の戦いの頃は、戦いが至るところであったので、民衆も武士もいつ殺されるか分からないという時代であったのだから、今日のわれわれが考える以上に「盛者必衰」の無常観は、大変(c)ヒサンな現実として皆に感じられていたと思う。つまり、そういうヒサンな現実に裏付けられた無常観は、『平家物語』全体を通しての、いわば通奏低音であるといっていいだろう。しかし『平家物語』の全体は、決してただそういうものではないのである。

それは、いま引いた〈中略〉名文の、すぐ次のくだりからもはっきりする。〈中略〉すぐ続いて内外の無常の実例が挙げられるのだが、それらは、これから『平家物語』の中心人物の一人としてその実体を論じようとする平家の棟梁、巨大な平清盛という人物をもっぱらクローズ・アップするための材料である。そこのところを、以前私が書いた『平家物語』(岩波書店、一九八五年)という本から引いてみると――

すなわちまず、

遠く異朝をとぶらへば、――

として外国(中国)の、結局は亡じた四人の権臣、次に

近く本朝をうかゞふに、――

として将門以下の日本の、結局は滅んだ四人の巨魁のただ名前を挙げ、以上をマクラに振っておいて、これらの者どもにしても、

おごれる心もたけき事も、皆とりぐ\にこそありしかども、まぢかくは、六波羅の入道前太政大臣平朝臣清盛公と申《まうし》し人のありさま、伝承《つたへ》るこそ心も詞も及ばれね。

その巨人の実体をこれからつぶさに書いてやるぞ、と、ここで作者はあたかも宣言しているかのようである。それを一般化していうと、たしかに、どんな人だっていずれは死ぬ。それが人の世のさだめである。だが、そのさだめを前にして、いろんな人がいろんな生きかたをした。そのさまざまな生きかたを、まずよく見てみよ

うではないか。歴史の上に名をとどめているほどの人びとは、とにかくみな全力を尽して生きてきたのだ。その生きかたが、ある人の場合は無理な、わがままな、良くないものであったかも知れぬ。またある人の場合は、正しく、美しく、見事なものであったかも知れぬ。またある人の場合は……

いずれにせよ、人はどうせ死んで行くはかないものであるには違いないが、しかし、良い人にせよ悪い人にせよ、必死に生きたそういう人びとの生きかたを、また、そういう生きかたがからまりあってつくりだされた歴史というものを、私たちはよく見てみようではないか。それを描こう、という表明が、この序章の持つもう一つのテーマだと私には思われる。

お互いにからまりあって『平家物語』を構成する二つのテーマが、このわずか四〇〇字詰原稿紙一枚半にも充たぬ序段の中に、鮮やかに描かれている。そして前者〝諸行無常〟のテーマは、時として後者の(d)轟音に消されながら、しかし決して消えぬ(e)強靭な通奏低音として、常に響き続けているといっていいだろう。

『平家物語』をこういう作品だと思って読んで行くと、私たちにはいろんなことが見えて分ってくるだろう。例えば人間が生きて行く上で、何が良いことか、何が悪いことか、また人間にとって真実とは一体何なのであるか、というようなことが見えてくるだろう。生きて行くことのむずかしさも、大切さも、面白さも分ってくるだろう。そして、どうせ死ぬんだからいいかげんに日を送ろう、ではなくて、人間、一度は死ぬのだからこそ、生きている間の日々を充実させ、全力を尽して生きてみよう、と考えるようになるだろう。

と、その本を書いたときは、こういう読みかたで私は『平家物語』を読んだのであった。つまり、この古典の中から、全力を尽して生きた何人かの人々を選び出して来て、その人々の生きかたを、物語の作者といっしょによく見てみようとしたわけである。もちろん『平家物語』の読みかたには、ほかにもたくさんの角度があること、いうまでもない。それは、どんな古典についてもいえることだが、今いった視角から『平家物語』を読んでみると、実におもしろい、劇的といっていいいろんな人物像が、それぞれ生き生きと私たちの前に浮び上がってくる。但し、むろんのことだが、(3)ただ平板に『平家物語』のページを順々にめくって読んで行っても、彼らが生き生きと浮び上がってくるわけがない。一人ひとりの人物についての叙述や描写は、『平家物語』のあっちやこっちに散らばっている。そういう断片をあっちやこっちから拾い集めて、一人ひとりの人間像を自分の中で組み立ててみる。——そういうことも、古典を読む読みかたの一つだろうと、私は考えるわけだ。

（木下順二『古典とのつきあいかた』より）

問1　傍線部(a)～(e)の漢字は平仮名に、カタカナは漢字に改めよ。

問2　傍線部(1)について、松尾芭蕉の俳諧集を次の(ア)～(オ)からすべて選び、記号で答えよ。

(ア)　おらが春　(イ)　猿蓑　(ウ)　笈の小文　(エ)　新撰犬筑波集　(オ)　野ざらし紀行

問3　傍線部(2)の説明として最も適当なものを次の(ア)～(オ)から一つ選び、記号で答えよ。

(ア)　「古典」に対する新しい解釈を生んだり、古い解釈が見直されたりするために、作品が発する問いに答えようとすること。

(イ)　「古典」が持つ問いを発見する能力の基本は、自分が生きている現在に対して、常に疑問を持つことだということ。

(ウ)　「古典」が持つ問いを読者が発見し、自らその問いに答えようとすることで、「古典」が持つ価値が生かされること。

(エ)　「古典」が持つ問いに対して、読者は常に積極的かつ主体的にその答えを発見しようとしなければならないということ。

(オ)「古典」に対して問いを発するということは、それが持つ価値を永遠に生かしたいとの思いから行われるということ。

問4 傍線部(3)について、これと対照的な「古典」の読み方を述べている箇所を、解答欄の「〜読み方」に合う形で本文から三十字で抜き出し、はじめと終わりの五字ずつで答えよ。

問5 筆者の述べている古典の読み方に基づいて『平家物語』を読むと、どのような読み方になるか。筆者が考える『平家物語』のテーマを明らかにして、本文中の言葉を使って百字以内で説明せよ。

(☆☆☆◎◎◎)

【四】平成二十年告示の中学校学習指導要領の「国語」、平成二十一年告示の高等学校学習指導要領の「国語」の科目「国語総合」に関する次の各問いに答えよ。(受験する校種の学習指導要領について答えよ。)

【中学校】 「指導計画の作成と内容の取扱い」について、次の(①)〜(⑤)に当てはまる語句を書け。

・各学年の内容の「A話すこと・聞くこと」、「B書くこと」、「C読むこと」及び〔伝統的な言語文化と国語の特質に関する事項〕について相互に密接な関連を図り、効果的に指導すること。その際、(①)などを計画的に利用しその機能の活用を図るようにすること。また、生徒が(②)を活用する機会を設けるなどして、指導の効果を高めるよう工夫すること。

・各学年の内容の「C読むこと」に関する指導については、様々な文章を読んで、(③)に役立てられるようにすること。

・〔伝統的な言語文化と国語の特質に関する事項〕の(1)に示す事項については、次のとおり取り扱うこと。

イ　言葉の特徴やきまりに関する事項については、日常の（　④　）を振り返り、言葉の特徴やきまりについて気付かせ、言語生活の向上に役立てることを重視すること。

・教材は、次のような観点に配慮して取り上げること。

ウ　公正かつ適切に判断する能力や（　⑤　）的精神を養うのに役立つこと。

【高等学校】　「内容の取扱い」（「A話すこと・聞くこと」、「B書くこと」及び「C読むこと」）について、次の（　①　）～（　⑤　）に当てはまる語句を書け。

・内容のAに関する指導については、次の事項に配慮するものとする。

イ　口語のきまり、（　①　）、敬語の用法などについて、必要に応じて扱うこと。

・内容のCに関する指導については、次の事項に配慮するものとする。

イ　文章を読み深めるため、音読、朗読、（　②　）などを取り入れること。

・内容の〔伝統的な言語文化と国語の特質に関する事項〕については、次の事項に配慮するものとする。

ア　（　③　）の指導の上に立って、内容のA、B及びCの指導の中で深めること。

・教材については、次の事項に留意するものとする。

イ　古典の教材については、表記を工夫し、注釈、傍注、（　④　）、現代語訳などを適切に用い、特に漢文については訓点を付け、必要に応じて書き下し文を用いるなど理解しやすいようにすること。また、古典に関連する近代以降の文章を含めること。

ウ　教材は、次のような観点に配慮して取り上げること。

(エ)　情報を活用して、公正かつ適切に判断する能力や（　⑤　）的精神を養うのに役立つこと。

（☆☆☆◎◎◎）

解答・解説

【中高共通】

【二】問1 (a) (ウ) (c) (エ) 問2 べき 問3 上品で好感が持て、清らかでいかにも愛らしいことは、まるで秋の月が曇りない空に明るく澄んで昇っているような気持ちがする。 問4 (オ) 問5 華陽公主の美しさに心奪われたため、氏忠が彼女との別れに際してこれまでに経験したことがないほどの悲しみを感じていること。

〈解説〉問1 地の文であるから、双方とも作者から文中の人物への敬意表現である。(a)は作者から神奈備の皇女への尊敬表現で、「たまへ」は尊敬の補助動詞。(c)は、作者から華陽公主への謙譲表現。「聞こゆる」は「言ふ」の謙譲の本動詞。 問2 (b)には公主の氏忠に対する意思を表す「べし」が入る。もっとも、係助詞「なん(む)」に呼応する結辞であるから、「べし」の連体形「べき」に活用形を変えること。 問3 (1)の「あてになつかしう」は、「あてなり」(形動・ナリ活用)の連用形(あてに)+「なつかし」(形・シク活用)の連用形「なつかしく」のウ音便。「貴品があって」+「親しみがもてて」の意。「きよくらうたげなること」の「らうたげなる」は、「らうたげなり」(形動・ナリ)の連体形で、「可愛いこと・愛らしいこと」の意。「ただ秋の月のくまなき空」の「くまなき」の「くま(隅)」は、「曇り・かげり」のこと。「曇りのない空に秋の月が昇る様子」を述べたものである。「心地ぞする」は、係助詞「ぞ」+「す」の連体形で、強意の内容を表す。「まるで～のような気がする」と訳す。 問4 (2)の「たどるところなく弾き取りつ」とは、「まごつく箇所もなく弾きた き覚えてしまった」と訳す。(2)の前の文「～この得し琴(老翁から授けられた琴)～(公主が)ひとわたり弾きたまふを聞くままに、やがてたどらずこの音(公主の音)につけて搔き合はすれば(合奏すると)我が心も澄みまさるからに～「やがて同じ声(公主と同じ音色)に音の出づれば、手(曲)に任せて、もろともに弾くに(一緒に弾くうちに)」をふまえて、適切な説明を選ぶこと。　問5　(3)の歌意は、「雲の隔たる遠い国からはるばる来た私も、その上にこれほどの悲しい別れはしませんでした」である。氏忠が公主の歌「雲に吹く風も及ばぬ波路より～」に対して愛をこめて詠んだ返歌である。氏忠の歌にこめられた心情をまとめること。

【二】問1　(a)　けだし　(b)　おもむろに　(d)　もとより　問2　弟子未だ喩らず　問3　(イ)　問4　初めて来た学生の質問が、良知の色を尋ねる的外れなものであったこと。　問5　自分の発言を恥じて赤面する心こそが、人に先天的に備わった良知であるということ。

〈解説〉問1　(a)の「蓋」は「けだし」と読む。「思うに」と訳し、推量の意を表す。(b)の「徐」は「おもむろに」と読み、「ゆっくり・ゆるやか」を意味する。(d)の「固」は「もとより」と読み、「もともと・元来」を意味する。　問3　(1)の「卒然」の「卒」は「にわかに」を意味し、「突然」と同じである。　問4　(2)の「唖然」は「驚きあきれるさま」。「失笑」は「こらえきれないで、ふき出して笑うこと」。初来の学士が、「良知」(人間が本来身につけている判断力・知恵)について「良知何物。黒耶、白耶。」と突然発問したことに対する弟子の失笑である。　問5　孟子の「人之所不学而能者、其良能也。」(人ノ学バズシテ能クスル所ノ者ハ、其ノ良能ナリ)とは、「人が学ばなくても善を行えるものは、その人の良能である」を意味する。そして、「所不慮而知者、其良知也。」(慮〈おもんぱか〉ラズシテ知ル所ノ者ハ、其ノ良知ナリ。)とは、「深く考えなくても善を理解できるのは、その人の良知である。」を意味する。この文章は『孟子』(尽心・上)にある。「致良知」は、陽明学の重要命題の一つ。「其徴於色者固良知也。」は、「とんでもない質問をしてみずから赤面する(恥ずる)こと――そのこと自体が、人が先天的に持つ良知の発揮である」を意味する。

【三】問1(a) わず (b) 戯曲 (c) 悲惨 (d) ごうおん (e) きょうじん 問2 (イ)、(ウ)、(オ) 問3 (ウ) 問4 作品が発す～とし続ける(読み方) 問5 『平家物語』を、諸行無常だけでなく、いつか死ぬからこそ必死に生きた人々の生き方を描こうとする物語と考え、一人ひとりの人物の断片的な叙述の描写を拾い集めて、その人間像を自分の中で組み立てる読みかた。

〈解説〉問2 (ア)の「おらが春」(一八一九年)は小林一茶で、(エ)の「新撰犬筑波集」は山崎宗鑑(一五三九年)の作品。松尾芭蕉の作品には、(イ)の「猿蓑」(一六九一年)、(ウ)の「笈の小文」(一六九〇年ごろ)、(オ)の「野ざらし紀行」(一六八五年)がある。 問3 (2)の「古典が現代に生きる」について筆者は、古典を多角的に解釈したり、見直したりすることにより新しい発見があること。この発見されるに値いする問いを古典が内に持っていることが、「古典の永遠性(生命)」であるという。この考えに適した説明を選ぶ。 問4 (3)は、平板にページをめくり、古典に内在する「発見されるに値いする問い」に答える姿勢のない読み方である。この読み方は古典に対する発問も古典の問いにも答えられない文中の「時代の行列」に類似する。この読み方と対照的な読み方は、読者の側が、古典の発する問いを発見し、それに読者自らが答えようとする姿勢で読むことである。第一段落で述べている筆者の主張が、第三段落で例証されている。 問5 「平家物語」と言えば、「盛者必衰」に見られる、いわゆる「諸行無常」の無常観を誰もが思い描くであろうが、筆者は「人生無常」を肯定したうえで「必死に生を享受しよう」という歴史上の人物の生き方に重点を置いている。したがって、諸行無常の観点からだけでなく、一人ひとりの歴史上の人物が必死に生を享受し、燃焼し尽した姿を自分の中で組み立て、それぞれの人物像をイメージする読み方をまとめればよい。

【四】（中学校）①　学校図書館　②　情報機器　③　自分の表現　④　言語活動　⑤　創造

（高等学校）①　言葉遣い　②　暗唱　③　中学校　④　解説　⑤　創造

〈解説〉（中学校）「A話すこと・聞くこと」「B書くこと」「C読むこと」及び〔伝統的な言語文化と国語の特質に関する事項〕の内容には、相互に関連する要素を含むものがある。そのため、まず〔伝統的な言語文化と国語の特質に関する事項〕が新しく設けられた趣旨を正しく把握しておくことが大切である。この事項について、中央教育審議会答申では、「古典をはじめとする伝統的な文章や作品を読んだり、書き換えたり、演じたりすることを通して、言語文化を享受し継承・発展させる態度を育成することを重視する。また、他の言語と比べた国語の特質や、社会生活で使用されている敬語の特質など多様な働きについての理解を重視する」と述べている。指導にあたっては、この事項及び三領域の内容の一つ一つについて検討し、その特質を理解し、相互の関連を図っていく必要がある。例えば、目標を実現するために学習に関係する資料を調べる際などに、学習・情報センター、読書センターとしての機能を備えた学校図書館などを計画的に利用し、その機能の活用を図ること。また、情報機器（インターネット・電子辞書等）の活用による情報収集や情報発信の手段とする指導が求められる。こうした視点で、空欄を補充すること。

（高等学校）設問の「内容の取扱い」は、「国語総合」に関するものである。この教科は、これまでの「国語総合」の内容を改善した共通必履修科目である。「総合的な言語能力を養うため、内容のA、B、C及び〔伝統的な言語文化と国語の特質に関する事項〕について相互に密接な関連を図り、効果的に指導するようにする」と示してある。この構成は、小・中・高と一貫した内容であり、〔伝統的な言語文化と国語の特質に関する事項〕の趣旨も十分に理解し、空欄を補充すること。なお、内容のA、B、Cの授業時数の目安・割合や教材の選定についても整理しておくこと。

二〇二一年度 実施問題

【中高共通】

【一】次の文章は、『源氏物語』「玉鬘」の一節である。都から乳母の一家に連れられて筑紫に下っていた姫君は、土地の豪族である大夫の監から結婚を迫られていた。乳母の子である豊後の介とその妹は、父の遺言に従い、母とともに姫君を連れて上京することにした。これを読んで、各問いに答えよ。(設問の都合で漢字をひらがなに直した部分がある。)

大夫の監は、肥後に帰り行きて、a□月二十日のほどに、日取りて来むとするほどに、かくて逃ぐるなりけり。姉おもとは、類広くなりて、え出で立たず。bかたみに別れ惜しみて、あひ見むことのかたきを思ふに、年経つる故里とて、ことに見捨てがたきこともなし。ただ松浦の宮の前の渚と、かの姉おもとの別るるをなむ、かへりみせられて、悲しかりける。

うき島を漕ぎ離れても行くかたやいづくとまりと知らずもあるかな

行く先も見えぬ波路に船出して風にまかする身こそうきたれ

いとあとはかなきここちして、うつぶし臥したまへり。

(1)かく逃げぬるよし、おのづから言ひ出で伝へば、負けじ魂にて追ひ来なむと思ふに、心もまどひて、早船といひて、さまことになむ構へたりければ、思ふかたの風さへ進みて、あやふきまで走り上りぬ。響きの灘もなだらかに過ぎぬ。「海賊の船にやあらむ、小さき船の、飛ぶやうにて来る」など言ふ者あり。海賊のひたぶるならむよりも、かの恐ろしき人の追ひ来るにやと思ふに、せむかたなし。

(2)うきことに胸のみ騒ぐ響きには響きの灘もさはらざりけり

「川尻といふ所、近づきぬ」と言ふにぞ、すこし生き出づるここちする。例の船子ども、「韓泊より、川尻おすほどは」と歌ふ声の情なきも、あはれに聞こゆ。豊後の介、あはれになつかしう歌ひすさびて、「いと(c)かなしき妻子も忘れぬ」とて、思へば、げにぞ皆うち捨ててける、いかがなりぬらむ、はかばかしく身の助けと思ふ郎等どもは、皆率て来にけり、われをあしと思ひて追ひまどはして、いかがしなすらむ、と思ふに、心幼くもかへりみせで出でにけるかなと、すこし心のどまりてぞ、(3)あさましきことを思ひ続くるに、心弱くうち泣かれぬ。

（注）響きの灘……海路の難所とされている所。

問1　傍線部(a)の□に漢数字を入れ、波線部(a)が「卯月」に相当する月となるようにせよ。

問2　傍線部(b)・(c)の本文中の意味を、それぞれ簡潔に答えよ。

問3　傍線部(1)の解釈として最も適当なものを次の(ア)～(オ)から一つ選び、記号で答えよ。

(ア)　誰かによって、姫君が逃げ出したことが早くも大夫の監に知られてしまったので、

(イ)　後先のことを考えず、大夫の監から逃げ出したほうがよいと姫君に伝えてしまったので、

(ウ)　姫君が逃げ出したことが、自然に大夫の監に伝わってしまったとしたら、

(エ)　大夫の監から逃れて上京することは、みずから言い出して姫君にお伝えしたことなので、

(オ)　筑紫での暮らしを捨てて姫君とともに逃げ出すことをみずから伝えたとしたら、

問4　傍線部(2)の和歌を、「うきこと」の内容を具体的に示して現代語訳せよ。

問5　傍線部(3)「あさましきこと」とあるが、誰がどのようなことを「あさましき」と思うのか。五十五字以内で説明せよ。（句読点は一字に数える。次の[2]・[3]についても同様とする。）

（☆☆☆◎◎◎）

【二】次の文章は『晏子春秋』の一節である。読んで、各問いに答えよ。（設問の都合で訓点を省略した部分がある。）

景公出猟、上山見虎、下沢見蛇。帰、召晏子而問之曰、「今日(1)寡人出猟、上山則見虎、下沢則見蛇。(a)殆所謂之不祥也。」晏子対曰、「国有三不祥、是不(2)与焉。夫有賢而不知、一不祥、知而不用、二不祥、用而不任、三不祥也。(b)所謂(3)不祥乃若此者。今上山見虎、虎之室也、下沢見蛇、蛇之穴也。如虎之室、如蛇之穴而見之、(4)曷為不祥也。」

問1　波線部(a)・(b)の読みを、送り仮名も含めて現代仮名遣いで答えよ。
問2　傍線部(1)の意味を答えよ。
問3　傍線部(2)と同じ意味の「与」を含む熟語として最も適当なものを次の(ア)～(オ)から一つ選び、記号で答えよ。
(ア)　与党　(イ)　貸与　(ウ)　与奪　(エ)　関与　(オ)　給与
問4　傍線部(3)とあるが、どういうことか。三十字以内で説明せよ。
問5　傍線部(4)を、「不祥」の内容を具体的に示して現代語訳せよ。

(☆☆☆◎◎◎)

【三】次の文章を読んで、各問いに答えよ。

み渡せば花ももみぢもなかりけり浦の苫屋の秋の夕ぐれ　　藤原定家

この歌は、歌としてよりも(1)一種のマニフェストとして読まれすぎたきらいがある。のちに、歌道や茶道における理想の境地を詠み込んだ道歌のたぐいとして珍重されたのも、歌としてのでき具合そのものよりも、もっぱらそのメッセージのほうが重視されたからだろう。新しい美意識の宣言として見る場合、この歌はたしかに大胆率直であって、心ない身にもあわれは知られるとか、寂しさはどの色とも限らないといった、どちらかといえば控え目な西行や寂蓮の「主張」とくらべて、定家の断言的な口調は、はるかに(a)旗幟鮮明で人目を引きやすい。

「花ももみぢもなかりけり」という否定的表現には、ふた通りの読み方が可能である。ひとつは、いわば素直な読み方で、たんに眼前の風景には花も紅葉も見当たらなかったとする解釈、もうひとつは、そこに作者の美学上の主張を読み込んで、花や紅葉は見えなくとも、趣きの深い風景はあるものだという解釈である。ただし、素直な読み方とはいっても、定家がこの歌を詠むに当たっていわゆる「写生」を行なっているわけはなく、眼前に展開する風景というのも、むろん彼が独自の美感にもとづいて按配した風物、つまりじゅうぶんに作者の主張を含んだイメージであることはいうまでもない。

この歌をマニフェストとみるならば、解釈は当然後者、すなわち「われわれの時代の美には、花も紅葉もとくに必要ではない」という方をとることになる。これは結局、寂蓮の歌にあったのと同様の主張であって、要するに、円満充足をむねとする旧時代の類型的感覚美が否定されているのである。

この解釈はそれなりに妥当であり、例の「秋夕論」グループのなかの一首として、この歌が中世に固有の艶消しの美への傾斜を示しているのは明らかである。しかし、それがこの歌のすべてではないこともまた事実であって、そもそうした枯淡の美を体現するにしては、「浦の苫屋」のイメージは枯れ方が足りず、王朝風の優雅な風情がありすぎる。よく知られているように、この歌を詠むに当たって、定家は『源氏物語』「明石」の巻の「はるばると物のとどこほりなき海うらなるに、中々春秋の花紅葉の盛なるよりは、只そこはかとなう茂れる陰どもなまめかしきに」うんぬんという一節から暗示を得たということであり、「そこはかとなう茂れる陰ども」を「浦の苫屋」に置き換えたところに定家の手腕を認めるのがふつうである。しかし考えてみれば、この置き換えによって格別に簡素冷厳の要素が強調されたとは思われず、むしろ「浦の苫屋」によって古風な趣きと感傷性は増したように感じられる。

この歌で定家がめざしたものは、おそらくその字面からそのまま受け取れるような、ストレートな否定の美学ではない。例えば寂蓮の「真木立つ山」とくらべても、イメージの斬新さという点では明らかに見劣りのするこの定家の作が、(b)ボンヨウの歌境をぬきん出て、来るべき時代の傾向を先取りしているように思われるのは、主としてその作歌技巧においてである。

見られる通り、この歌には「さびし」や「かなし」など、感情や情趣を表現するための用語はまったく用いられていない。情趣の類型化によって、そうした形容語を必要としなくなる状態は、何度となく繰り返され、言い古された自明の風趣を表わす場合に限るものであった。したがって、まったく斬新な境地を詠み出そうという時には、作者は読み手の関心をそちらに向けるために、限られた材料の範囲内でなんらかの工夫をこらさねばならない。寂蓮や西行が、「あはれ」や「さびし」という常套的表現を(c)トウシュウし、その上でこれを検討しなおすという手続きを必要としたのも、そのためである。

ところが定家は、これとは違った行き方をとる。彼もまた、ある新しい美の構築をめざしているのであるが、そのさいに彼の用いるやり方は、長年の間にことばやテーマにしみついた匂いを変えることではなく、それをそのまま受け入れて、これを逆用することにある。つまり、もともとある特定のかおりを発することがわかっている言葉やイメージを、効果に関するいっさいの計算をつくした上で緊密に配列し、それらの相互作用によって、濃密なポエジーを生み出そうとする。これは一見、(2)従来の形容語抜きの歌に似ているが、そうした歌で「詮とすべきふし」の説明が省かれるのは、誰もがはじめからそれを承知しているために不必要であるに過ぎないのに対し、定家の試みたような、イメージ(とそれに付随する情趣)の連鎖から生じる詩情は、元来説明が不可能なのである。

こうした歌においては、歌語にこびりついた、類型的で月並みなコノテーションは、かえって長所となる。それは作者の自由な使用に供せられた良質の絵具であり、ひびきの良い音である。したがって定家の用いる材料は、長年の使用をへて、なんらかの情趣への連想と分かちがたく結びついた、由緒ある歌語・歌材に限られる。(3)彼のパレットに「浦の苫屋」を見出すことはできても、「真木立つ山」の入る余地はない。作歌における定家の態度はまさに、「ことばはふるきをしたひ、心はあたらしきを求め、をよばぬたかきすがたをねがひて」という、『近代秀歌』に書かれた彼自身の言葉に尽きる。

このような観点から「み渡せば」の歌を読むと、それは何かの意見の主張である前に、まず一連のイメージの連なりとしてあらわれてくる。「理屈」と「イメージ」といった、詩句構成の上の区分は消滅して、「花」、「紅葉」、「浦の苫屋」、「秋の夕暮」などの画像が次々と提示される。「花も紅葉も」といえばそれだけで、花や紅葉を賞し、これを歌に詠みつづけたあらゆる過去の歴史がよみがえる。むろんこのふたつは「なかりけり」で否定されて、現実には存在しないのであるが、詩歌で用いられた言葉はなんらかのメッセージを伝えただけで消滅するものではなく、いったんわれわれの脳裡に刻みつけられたイメージは、そのあとにくる画像の背後に重なり合って残る。西行の「津の国の難波の春は夢なれやあしの枯葉に風渡るなり」(新古今集・冬・六二五)において、夢であるはずの難波の春の風景が、冬枯れの岸辺と重なるように、定家の花や紅葉も、眼前の風景には含まれない虚像でありながら、やはりその(d)絢爛たる輝きを「浦の苫屋」のわびしい光景に(e)ソえる。否定はここでは、いわば花や紅葉の画像をたんに稀薄化し、精神化する役割を果たすに過ぎず、しかも正確にいえば、言葉によるイメージは、もともとすべて虚像なのである。そして最後に、「秋の夕暮」の七文字が、このわびしげな現実と華やかな記憶の重なり合った世界に、「悲哀寂寥」の情緒にみちた、しめやかな空気をただよわせる。

秋の夕暮は「三夕」で、一種の虚無的な味わいと、無限の空間の拡がりをそなえるに至った。何度も繰り返すように、「秋夕」がそれまでに得た悲哀寂寥の情趣がそれで消えたわけではまったくないが、従来の優美でしおらしい秋の夕暮とは異質な、いわば天地自然を蔽いつくすような観念性、あるいは形而上的な感覚が、そこに付け加わったのである。いたずらな感傷や興味本位の趣向などをいっさい排し、すべての装飾や色彩を取り去ったあとに残る、ほとんど無に等しい物の背後に、宇宙そのものの広大さを感じさせる、中世以来の美の理想は、「三夕」においてはじめて確かな形を得たのであり、これが日本の夕暮の「通念化されたコノテーション」として、永くわれわれの脳裡に刻みつけられたのである。

（川本皓嗣『日本詩歌の伝統』より）

問1　傍線部(a)～(e)の漢字は平仮名に、カタカナは漢字に改めよ。

問2　傍線部(1)とあるが、ここでの「マニフェスト」とはどのようなものか。本文中の語句を用いて五十字以内で説明せよ。

問3　傍線部(2)「従来の形容語抜きの歌」が「形容語抜き」になる理由を端的に表す語句を本文中から六字で抜き出して答えよ。

問4　傍線部(3)とあるが、なぜか。「定家は作歌において、」に続けて百字以内で説明せよ。
問5　本文の論の進め方の説明として、最も適当なものを次の(ア)〜(オ)から一つ選び、記号で答えよ。
(ア)　まず定家の歌の美学上の重要性に触れ、次に定家の歌の濃密なポエジーの存在を指摘したのち、日本の夕暮の優美さを讃えている。
(イ)　まず定家の歌の感傷性に触れ、次に定家の用語の特異性を指摘したのち、「三夕」が美の理想を形而上的な感覚にすり替えたと主張する。
(ウ)　まず定家の歌のメッセージ性に触れ、次に定家の作歌技巧の先進性を指摘したのち、日本文化における「三夕」の意義を明示している。
(エ)　まず定家の歌のイメージに触れ、次にそのイメージの連鎖の虚構性を指摘したのち、日本の秋の夕暮の本質を解き明かしている。
(オ)　まず定家の歌の様々な解釈に触れ、次に寂蓮や西行との主張する内容の違いを指摘したのち、「三夕」の観念性を浮かび上がらせている。

(☆☆☆◎◎◎)

【四】平成二十年告示の中学校学習指導要領の「国語」、平成二十一年告示の高等学校学習指導要領の「国語」の科目「国語総合」に関する次の各問いに答えよ。(受験する校種の学習指導要領について答えよ。)

【中学校】
問1　次の(　①　)〜(　④　)に当てはまる語句を書け。
第三学年「2内容」B書くこと

(1) 書くことの能力を育成するため、次の事項について指導する。
ア （ ① ）の中から課題を決め、取材を繰り返しながら自分の考えを深めるとともに、文章の形態を選択して適切な構成を工夫すること。
イ （ ② ）の展開を工夫し、資料を適切に（ ③ ）するなどして、説得力のある文章を書くこと。
ウ 書いた文章を読み返し、文章全体を整えること。
エ 書いた文章を互いに読み合い、（ ② ）の展開の仕方や表現の仕方などについて（ ④ ）して自分の表現に役立てるとともに、ものの見方や考え方を深めること。

問2 問1に示す事項については、例えば、どのような言語活動を通して指導するものとしているか。最も適当なものを次の(ア)～(オ)から一つ選び、記号で答えよ。
(ア) 目的に応じて様々な文章などを集め、工夫して編集すること。
(イ) 時間や場の条件に合わせてスピーチをしたり、それを聞いて自分の表現の参考にしたりすること。
(ウ) 自分の読書生活を振り返り、本の選び方や読み方について考えること。
(エ) 社会生活の中の話題について、相手を説得するために意見を述べ合うこと。
(オ) 物語や小説などを読んで批評すること。

【高等学校】
問1 次の（ ① ）～（ ④ ）に当てはまる語句を書け。
国語総合「2内容」C読むこと
(1) 次の事項について指導する。
ア 文章の内容や形態に応じた表現の（ ① ）に注意して読むこと。

イ　文章の内容を叙述に即して的確に読み取ったり、必要に応じて（　②　）や詳述をしたりすること。
ウ　文章に描かれた人物、情景、心情などを表現に即して読み味わうこと。
エ　文章の構成や展開を確かめ、内容や表現の仕方について（　③　）したり、書き手の意図をとらえたりすること。
オ　幅広く本や文章を読み、（　④　）を得て用いたり、ものの見方、感じ方、考え方を豊かにしたりすること。

問2　問1に示す事項については、例えば、どのような言語活動を通して指導するものとしているか。最も適当なものを次の(ア)～(オ)から一つ選び、記号で答えよ。
(ア)　情景や心情の描写を取り入れて、詩歌をつくったり随筆などを書いたりすること。
(イ)　様々な文章を読み比べ、内容や表現の仕方について、感想を述べたり批評する文章を書いたりすること。
(ウ)　調査したことなどをまとめて報告や発表をしたり、内容や表現の仕方を吟味しながらそれらを聞いたりすること。
(エ)　状況に応じた話題を選んでスピーチしたり、資料に基づいて説明したりすること。
(オ)　反論を想定して発言したり疑問点を質問したりしながら、課題に応じた話合いや討論などを行うこと。

（☆☆☆◎◎◎）

解答・解説

【中高共通】

【一】問1　四　問2　(b)　互いに　(c)　いとしい　問3　(ウ)　問4　大夫の監が追ってきたのではないかと心配で胸の鼓動が高鳴るのに比べれば、海路の難所とされる響きの灘もたいしたものではないことよ。問5　豊後の介が、姫君を連れ出す際に、残してきた妻子がどうなるかも顧みず、頼りになる家来を皆連れて来てしまったこと。

〈解説〉問1　a「卯月」は陰暦の四月。　問2　(b)「かたみに」は、「互に」の意。玉鬘と姉のおもととの別れ(姉には子どもが多く、一緒に京へは同行できないので、互いに別れを惜しんだのである。)　(c)「かなしき」は、「かなし」(形容詞・シク活用)の連体形で、「いとおしい。かわいい」の意。　問3　(1)の「かく逃げぬるよし」の主語は、「乳母たち」。「(乳母たちが)こうして逃げ出したこと」の意。「おのづから言ひ出で伝へば」の主語は、「人」(筑紫の住人たち)。「(人が)自然と大夫の監の耳に入れ伝えてしまったら」の意。問4「うきこと」は、「大夫の監が迫ってくることに対しての情なくつらいこと」。「胸のみ騒ぐ響には」は、「胸ばかり騒ぐのに比べれば」の意。「響きの灘もさはらざりけり」は、「響きの灘の響きも評判だけで大したことはないことよ」の意。　問5　文中、豊後の介の「いとかなしき妻子も忘れぬ」以下の内容を要約すること。可愛い妻子を「打ち捨ててける」「身の助けと思ふ郎等どもは、皆率て来にけり」「われをあしと思ひて追ひまどはして、いかがしなすらむ」に対して、豊後の介は、「心幼くもかへりみせで出でにけるかな」と自分の無分別を後悔している。「あさましきこと」は、このことを示す。

【二】問1　(a)　ほとんど　(b)　いわゆる　問2　わたくし　問3　(エ)　問4　君主にとっては賢者を有効に活用しないことが不吉だということ。　問5　虎の住処や蛇の巣穴に行って、虎や蛇を見たことが、どうして不吉と言えましょうか。いや、不吉とは言えません。

〈解説〉問1　(a)　「殆」は、「ほとんど」と読む。「きっと。～のようだ。」の意。　(b)　「所謂」は、「いわゆる」と読む。「言われる」の意。「いうところの」と訳す。　問2　(1)　「寡人」(カジン)は、「徳の少ない人」の意で、「諸侯の自称」。　問3　(2)　「与」は、「あずか(る)」と読み、「関与する」意。他に、「ともにする」意の「与党」の与。「与える」意の「貸与」「与奪」「給与」がある。　問4　(3)　「不祥、乃若此者」(不祥はすなわちかくのごとき者なり)の「かくのごとき者」は、晏子の「国有三不祥～」の三不祥をさす。「有賢而不知、知而不用、用而不任」の三不祥を国の三不祥として、晏子は、景公に諫言したのである。　問5　(4)　「曷為不祥也。」(なんすれぞ不祥ならんと)は反語文、その前の文「今上山見虎、虎之室也～如蛇之穴而見之」に対しての晏子の言葉。

【三】問1　a　きしせんめい　b　凡庸　c　踏襲　d　けんらん　e　添　問2　円満充足を旨とする旧時代の類型的感覚美を否定して枯淡の美という新しい美意識を体現しようとするもの。　問3　情趣の類型化　問4　類型的で月並みなコノテーションを逆用して効果的に言葉やイメージを配列し、相互作用により詩情を生み出そうとするため、用いる歌材は、長年使われ何らかの情趣への連想と結びついた由緒あるものに限られるから。　問5　(ウ)

〈解説〉問1　同音(訓)異義語や類似の字形、熟語の読みに注意すること。　問2　(1)　「マニフェスト」(Manifesto・ドイツ語)は、辞書的意味では「宣言、声明書」。文中の「メッセージ」とは類語。文中に定家の歌が、もっぱらメッセージ(新しい美意識の宣言)として重視されたとあり、第二段落では、その「美意識」を「花や紅葉は見えなくても趣きの深い風景から生まれる『枯淡美』(独自の美感)」と述べ、第三段落では、「円満充足をむねとする旧時代の類型的感覚美が否定されている」(第四段落での「艶消しの美」)と説明している。問3 (2)「従来の形容語抜きの歌」の「形容語」に関しては、第六段落に『この歌(定家の「み渡せば〜」の歌)には、「さびし」や「かなし」など、感情や情趣を表現するための用語はまったく用いられていない。情趣の類型化によって、そうした形容語を必要としなくなる状態は〜』と述べてある。情趣の類型化によって生まれた、形容語抜きの歌という意味。問4 (3)「彼のパレット」は、定家の作歌上の構想の暗喩。定家の新しい美の構築は、長年の間にことばやテーマにしみついた匂いを変えず、類型的で月並みな言葉やイメージを逆用することにある。それらの相互作用によって濃密なポエジーを創造するためである。斬新なイメージの「直木立つ山」は、異質な絵具(歌語・歌材)であり、定家の歌には、不適切ということ。問5 冒頭に、筆者は定家の歌について、一種のマニフェスト(メッセージ)としてとらえ、新しい美意識の宣言と判じ、旧時代の類型的感覚美の否定からスタートしている。以下本論では、「三夕」の歌に関する持論の例証と評価が述べられている。

【四】【中学校】問1 ① 社会生活 ② 論理 ③ 引用 ④ 評価 問2 (ア)

【高等学校】問1 ① 特色 ② 要約 ③ 評価 ④ 情報 問2 (イ)

〈解説〉【中学校】新学習指導要領は、従来の三領域及び〈言語事項〉で構成していたが、三領域と〈伝統的な言語文化と国語の特質に関する事項〉に改めている。また、これまで、第二学年及び第三学年については、目標と内容を二学年まとめて示していたが、今回の改訂では学年ごとに示している。また、国語科の目標を確実かつ豊かに実現できるように内容が改善されている。そのために、各領域の内容を(1)の指導事項に示すとともに、これまでは、「指導計画の作成と内容の取扱い」に示していた言語活動例を内容の(2)に位置づけている。第三学年の「B書くこと」の指導事項は、ア「課題設定や取材、構成に関する指導事項」、イ「記述に関する指導事項」、ウ「推敲に関する指導事項」、エ「交流に関する指導事項」に分かれている。それぞれ、第二学年の指導事項を受けて、さらに内容の充実を図っている。言語活動例は、(ア)と(イ)「目的に応じて様々な文章などを集め、工夫して編集すること。」の二つが示されている。

【高等学校】今回の学習指導要領の改訂で従来、「国語表現Ⅰ」及び「国語総合」のいずれかを選択履修させていたのを改め、「国語総合」を共通必修科目にしている。また、これまで内容の取扱いに示していた「言語活動例」を内容の(2)に位置づけている。これは、内容の指導に当たって、(1)に示す指導事項を(2)に示す言語活動例を通して指導することを一層明確にするとともに各教科・科目等における言語活動の充実に資するためである。問二の(ア)は、「B書くこと」の言語活動。(ウ)は、「A話すこと・聞くこと」の言語活動。(エ)(オ)は、(ウ)と同じ。

二〇一〇年度 実施問題

【中高共通】

【一】受験する校種の学習指導要領について答えよ。

【中学校】

平成二十年告示の中学校学習指導要領の「国語」に関する次の問いに答えよ。

問1 「国語」の目標と内容に関する次の文章の（ ① ）〜（ ⑤ ）に当てはまる語句を書け。

教科の目標は、「国語を適切に（ ① ）し正確に理解する能力を育成し、（ ② ）力を高めるとともに、思考力や想像力を養い（ ③ ）を豊かにし、国語に対する認識を深め国語を尊重する態度を育てる。」とされている。また、各学年の目標と内容のうち、第三学年の「2 内容」の「A話すこと・聞くこと」には、話すこと・聞くことの能力を育成するために四つの指導事項が挙げられているが、その一つとして「話合いが効果的に展開するように（ ④ ）を工夫し、（ ⑤ ）に向けて互いの考えを生かし合うこと。」が示されている。

問2 「国語」の内容は、「A話すこと・聞くこと」、「B書くこと」、「C読むこと」の三領域と一つの事項から構成されている。一つの事項とは何か答えよ。

【高等学校】

平成二十一年告示の高等学校学習指導要領の「国語」の科目「国語総合」に関する次の問いに答えよ。

問1 「国語総合」の目標と内容に関する次の文章の（ ① ）〜（ ⑤ ）に当てはまる語句を書け。

目標は、「国語を適切に（　①　）し的確に理解する能力を育成し、（　②　）力を高めるとともに、思考力や想像力を伸ばし、心情を豊かにし、（　③　）を磨き、言語文化に対する関心を深め、国語を尊重してその向上を図る態度を育てる。」とされている。また、「2　内容」の「A話すこと・聞くこと」については、四つの指導事項があり、その一つとして「話したり聞いたり話し合ったりしたことの（　④　）について（　⑤　）を行い、自分の話し方や言葉遣いに役立てるとともに、ものの見方、感じ方、考え方を豊かにすること。」が示されている。

問2　「国語総合」の内容は、「A話すこと・聞くこと」、「B書くこと」、「C読むこと」の三領域と一つの事項から構成されている。一つの事項とは何か答えよ。

（☆☆☆◎◎◎）

【二】次の文章を読んで、各問いに答えよ。

年のうちに春は来にけりひととせを去年とやいはむ今年とやいはむ　〔古今一〕

古今集巻頭のこのいわゆる年内立春の歌は、暦制の上の春をあらかじめ基準としておき、自然の春の到来のそこからの乖離をひとつのずれとしてとらえるということが主題のすべてをなしており、さらにその自然の春の到来じたい、具象的な事物をいっさい捨象した「春は来にけり」という一般性において総括されている。万葉の歌と比較してみると、観念としての時候の、自然性としての時候からの自立と疎外という、古今の時間意識の特質をそれはよく集約している。

袖ひぢてむすびし水のこほれるを春立つけふの風やとくらむ　〔古今二〕

この第二首もまた、氷がとけてゆくことをみて春を知るのではなく、暦制の上の立春であるからには、氷もとけているとことだろうと、まずたてられた観念の時節の方から事象を推定する方向をとる。

永藤靖も指摘するとおり、稲のみのりを秋となし花のほころびを春とした上代の人びとの季節感は、ここではまったく転倒されている。[1]「無色透明な時間において季節をまず観念的に決定してしまい、歌という個性的な、一回性の作品をそのなかにはめこんでいく作業、それが古今集の編者たちが考えた季節美感というものの本質であった」。

ここでは〈時間〉が、事物からひきはがされ、自存する対象として観念されたうえで、さらにこの観念の時間がぎゃくに、眼前にあるものごとの意味を規定する主体＝実体とされる。

古今集の構成自体が、準拠枠としての暦、すなわち、観念として構成された〈世界の時間〉を客観的にあるものとみたてた上で、この時間・内・存在としての世界と人生を詠む。

個々の作品の内容に即してみても、[2]万葉の歌がそれぞれに「今ある時」の経験の具象性のうちに没入するところからその生動をつたえているのに対し、古今の歌が「時間のながれ」をそれ自体として対象化し、個々の自然も人事もあたかもそのための素材としてあつかわれていることは、ほとんどランダムにどの作品をとりあげてもいえることであり、すでにさまざまな文脈において、諸家の一致して指摘するところである。

ここでは「さくら」を主題とするいくつかの歌の具体的な比較検討ののちに、永藤靖が結論として述べているところだけを引用してこの点の叙述に代えよう。

以上、万葉的なものと古今的なものを時間意識という視点に立って見てきた。万葉集の場合は、花が咲く歌であれ、散る歌であれ、その物をそのように存在たらしめている時間の頂点、瞬間を歌っている。作者の今、ここにある心と対象とはまっすぐに向かいあっているといってよい。これに対して古今集の場合、時間は一つの抽象的なものとなり、いかにこれを細分し、分類し、配列しても観念の増殖を助長するにとどまり、それがいかに精緻に緻密になっていくとしても、そこで歌われている世界からは物そのものが消えていく。

(3)「世界からは物そのものが消えていく」という指摘は重要である。それはいわば、生の手ざわりの喪失であり、平野仁啓がべつのところで「現在の時間の喪失」と表現しているように、今ある生の内的な意味(sense)の減圧が、生の外的な意味(meaning)をその外部に求めて時間意識を拡散させるのだ。

これらのことは、掛けことばや縁語や見立てや本歌取りにみられるような、古今集における言語空間の自立、あるいはその自然性からの疎外とも(ア)ショウオウしている。

ほととぎすなくや五月のあやめ草あやめもしらぬ恋もするかな　〔古今四六九〕
あきの野にみだれてさける花の色のちぐさに物を思ふころかな　〔古今五八三〕

これらの恋愛の歌をひきながら永藤は、古今が最も得意とした「人間の心理の時間」のこの領域においてすら、それらの歌が「恋愛というものを歌ってはいるが、恋愛そのものを歌っていない」というふうに指摘している。世界とのいわば身体における共生関係からの離脱が、人間的な時空の自立をもたらすと同時に、〈生きられる共時性〉からの疎外が生を空虚にうわすべりするものとしている。

春ごとに花のさかりはありなめどあひ見むことは命なむけり　〔古今九七〕

自然の時間の循環性から剥離してゆく人間の時間の一回性、疎外としての人生の感覚をうたったこの歌には、おそらく、それなりの深い実感がこめられていたはずだ。考えてみれば万葉の歌は、最後期のわずかのものを除けば、このように未来に向けられた時間の意識を切実にうたうことはなかった。みずからの死に向けられた古今のこれらの歌のレアリティは、いったんは客観化された知として存立する観念の時間によって媒介された実感であることがわかる。

このような意識の現実的な基盤は、いうまでもなく、奈良から平安へとたどる古代国家の官僚制の成熟と幾世代を経た都城の生活の中で、これらの歌の作者であった貴族・家臣団の生活基盤が、直接に対自然的な生産活動からはもちろん、本貫地の氏族共同体との(イ)紐帯からさえも疎外され、もっぱら宮廷をめぐる貴族間のソフィスティケートされた権力争いのうえにおかれていたことにある。「除目に一喜一憂する」官人貴族の、「(ウ)エイコセイスイ」の人為性の加速化がそこにはあった。古今集巻十八のうちにあつめられている、世の無情をなげく作品のうちのいくつもが、仕官を得ぬこと、あるいは仕官を免ぜられたことを契機としてよまれている。

平安遷都自体が、このような古代貴族の上昇的な疎外の総仕上げとしてあった。平野が指摘しているように、「平安京への移転は、大和朝廷の古来関係の深い土地と神々とから分離することであり、それは氏族制度がその基盤とする神話からの分離に拍車をかけずにはすまなかったのである」。

長岡京および平安京の造営は、これらの地方を居住地とする秦一族の経済力に多く依存していた。秦氏は当時の手工業および商業の貨幣経済の担い手として財力をたくわえており、長岡遷都の首唱者藤原種継の母も、平安遷都の推進者藤原小黒麿の妻も、ともにこの秦一族の出身であった。

遷都前後の貨幣経済の浸透については、『日本霊異記』になまなましく描かれている。

生みの母に対してさえ高利の稲を貸しつけてその返済を仮借なく迫る子、子の稲を盗んだ父が牛に生まれる話、富み栄えた家が父母が没することによって急速に没落し、娘が衣食に窮する話等々。
そこには、人間の共同性の最後のユニットにまで浸透してこれを解体する力としての貨幣関係と、これによる「歴史」の時間の(エ)ヨウシャのない加速化が証言されている。

(真木悠介『時間の比較社会学』より)

問1　傍線部(ア)〜(エ)の漢字は平仮名に、カタカナは漢字に改めよ。

問2　傍線部(1)について、それはどういうことか。八十字以内で説明せよ。

問3　傍線部(2)について、次の(ア)〜(オ)の中から「万葉の歌」を一つ選び、記号で答えよ。

(ア)　春霞たてるやいづこみよしのの吉野の山に雪はふりつつ

(イ)　雲雀あがる春べとさやになりぬれば都も見えず霞たなびく

(ウ)　世の中はなにか常なるあすか川昨日の淵ぞ今日は瀬になる

(エ)　雪のうちに春は来にけり鴬のこほれる涙今やとくらむ

(オ)　とりとむるものにしあらねば年月をあはれあな憂と過ぐしつるかな

問4　傍線部(3)とあるが、「重要である」と筆者が考えるのはなぜか。その理由として最も適当なものを、次の(ア)〜(オ)の中から一つ選び、記号で答えよ。

(ア)　人間が循環的な自然の時間から自立した結果、自然の事物だけでなく人生自体も実感をもって把握するのが不可能になったから。

(イ)　人間が抽象的な世界の中で観念や言語を増殖させることで、自然を身体全体で実感することに空虚さを感じるようになったから。

(ウ)　人間が観念の時間を客観的な知として得た代償として、自然や人生をとらえるのに観念の時間を媒介とするようになったから。

(エ) 人間が具象的な事物を一切捨象して認識するようになったために、自然や人生の一回性を認識できなくなってしまったから。
(オ) 人間が今ある事物の触感や時間の意識を喪失したことで、皮肉にも過去や未来に向けられた時間を意識できるようになったから。

問5 本文の論の進め方の説明として、最も適当なものを、次の(ア)~(オ)の中から一つ選び、記号で答えよ。
(ア) 前半は文明の発展と引き替えに眼前の具象から季節を感受する人間の能力が鈍磨したことを指摘し、後半でそれを宮廷中心の生活の影響と論じている。
(イ) 前半は人間が時間を対象化することで手にした観念的な時間のとらえ方の功罪を論じ、後半でそれを官僚制の成熟と貨幣経済の浸透に関連付けている。
(ウ) 前半は上代の素朴な時間意識が次第に抽象化されていく様子を紹介し、後半でそれが貨幣経済の浸透による人間の情愛の希薄化によると述べている。
(エ) 前半は万葉集と古今集の歌人の季節感が全く異なることを取り上げ、後半でその原因を平安遷都で生活基盤が自然から切り離されたこととみなしている。
(オ) 前半は生の実感の喪失が自然との共生関係からの疎外をもたらしたことを考察し、後半でそれが共同体の解体にまで及んだことを歴史的に俯瞰している。

(☆☆☆◎◎◎)

【三】次の文章は、『住吉物語』の一節(失踪した姫君と侍従を探していた少将が、住吉の地を訪れた場面)である。姫君を探している間に少将は中将へと昇進している。読んで、各問いに答えよ。

琴の音ほのかに聞こえけり。「この声、律に調べて盤渉調《ばんしきでう》に弾き給ひしが」と思ふに、(1)胸うち騒ぎて聞き給ひけむ心、言へばおろかなり。「あなゆゆし、人のしわざにはよも」など思ひながら、その音に誘はれて、何となく立ち寄りて聞き給へば、釣殿の西面に若き声して、琴かき鳴らす人あり。「都にてかかる所も見ざりしものを、峯の松風琴を調ぶる心地して、(ア)心あらむ人に見せばや」などうち語らひて、「さあらぬだに、秋の夕は常よりも物憂きに、旅の空はあはれなる」などうちながむる声、侍従に聞きなして、胸うち騒ぐ。

心を静めて、なほなほ近く寄り聞き給ふに、姫君の御声にて、「あはれなる松風かな」とて、

(2)たづぬべき人もなぎさの住の江に誰松風の絶えず吹くらむ

とうちながむるを聞けば、姫君なり。

「あなゆゆし。仏の御験はあらたなり」と思ひ給ひて、簀子にわたり、寄りてうち叩けば、「いかなる人にや」とて侍従、垣よりのぞけば、簀子に寄りかかりたる姿、夜目にもしるく見えければ、「あなあさましや。少将殿のおはします。いかが申すべき」と言へば、姫君もあはれにもおぼしたるにこそ、「さりながら、人聞き見苦しかりなむ。われわれはなしと答へよ」と仰せあれば、侍従さし出づ。

「こは、いかにあやしき所までたづね侍る事よ。さてもその後は、姫君を失ひ奉りて慰めがたさに、かくまで迷ひありき侍るになむ。いよいよそのいにしへの御恋し」など言ひすさびて、あはれなるままに涙のかきくれて物もおぼえぬに、中将殿もいとど催す心地ぞし給ふ「侍従の君の事をば偲び思ひ参らせつるに、恨めしくも宣ふものかな。御声まで聞き奉りたり」とて御袖を顔に押し当て給ひて、「(3)うれしさもつらさも、今は半ばにこそ」とて、御涙せきあへず宣へば、侍従ことわりにおぼえて、「それにても、御足休め給へ。都の御事も(イ)ゆかしく侍るに」とて、尼君に申し合はすれば、「ありがたき事にこそ。誰も誰も物のあはれを知り給へかし。まづこれへ入らせ給へ」とて、侍従を勧めければ、侍従、「馴れ馴れしく侍れど、その昔の御ゆかりな

る上、旅の御習ひ苦しからず」とて、入れ参らせけり。

(注)盤渉調――琴の調子の一種。　住の江――住吉の古名。　尼君――姫君の母親の乳母。姫君は尼君のもとに身を寄せている。

問1　傍線部(ア)・(イ)の本文中の意味を、それぞれ簡潔に答えよ。

問2　傍線部(1)について、なぜ「胸うち騒」ぐのか。その説明として、最も適当なものを、次の(ア)~(オ)の中から一つ選び、記号で答えよ。

(ア)　琴の音を聞いて人の演奏と思えず、物の怪に取り憑かれるのではないかと不安になったから。

(イ)　かつて聞き慣れた琴の音によって侍従が自分を呼びよせようとしていると確信したから。

(ウ)　聞き覚えのある琴の音から姫君を思い出し、姫君と再会できるかもしれないと期待したから。

(エ)　薄暮の中に旅の愁いを一層募らせる琴の音が響き、都に戻りたいという思いに駆られたから。

(オ)　琴の音を聞く姫君の姿を見て、姫君の旅愁を煽ってしまったことに対し罪悪感を覚えたから。

問3　傍線部(2)の歌について、掛詞を踏まえながら現代語訳せよ。

問4　傍線部(3)について、この時の中将の心情を五十字以内で説明せよ。

問5　本文の内容と合致するものを、次の(ア)~(オ)の中から一つ選び、記号で答えよ。

(ア)　中将は、応対に出た侍従を前にして、やるせない思いを吐露したところ、侍従や尼君の理解を得られ、受け入れられた。

(イ)　姫君と侍従は、中将の来訪を心待ちにしていたので、中将と昔なじみであることを口実に尼君を説得し、部屋に通した。

(ウ)　姫君は、秋の夕暮れの寂しさと旅愁から自らの境遇を憐れみ、忘れることのできない中将への想いを歌に託して詠んだ。

(エ)　侍従は、突然訪問した中将を姫君に取り次ぐべきか迷って尼君に相談し、外聞にこだわる姫君を説得して屋敷に入れた。

(オ)　尼君は、体裁を気にして中将に会おうとしない姫君が中将への想いを抑えていることを哀れに思い、二人を取りなした。

(☆☆☆◎◎◎)

【四】次の文章は、『論衡』の一節である。読んで、各問いに答えよ。(設問の都合で訓点を省略した部分がある。)

王《わう》良《りやう》造《ぞう》父《ほ》ヲバ称シテ為スハ二善御一ト、(1)能使三不良為二レ良也。(a)如徒ダ能ク御スルノミニシテレ良ヲ、其ノ不良ナル者ヲバ不レバレ能ハ二馴服スル一、此レ則チ駔モ工《こう》庸《よう》師ニシテ、服馴ノ技能、何ノ奇アリトシテ而世称センレ之ヲ。(b)竟在リテレ化ニ不レ在ラ二性ニ一也。聞クニ二伯《はく》夷《い》之風ヲ一者ハ、貪夫モ廉ニシテ而懦《だ》夫《ふ》モ有リレ立ツルレ志ヲ。聞クニ二柳《りう》下《か》恵《けい》之風ヲ一者ハ、薄夫モ敦《とん》ニシテ而鄙《ひ》夫《ふ》モ寛ナリ。(2)徒ダ聞クノミニテ二風名ヲ一、猶ホ或イハ変ズレ節ヲ。況ンヤ親シク接シレ形ニ、面《ま》ノアタリニ相教告スルヲ乎。

(注)　王良・造父――ともに有名な御者。　駔工庸師――お粗末な職人、平凡な調教師。

問1　二重傍線部(a)・(b)の読みを、送り仮名も含めて現代仮名遣いで答えよ。

問2　傍線部(1)を現代語訳せよ。

問3　傍線部(2)について、筆者はどういうことを主張しているか。その説明として最も適当なものを、次の(ア)～(オ)の中から一つ選び、記号で答えよ。

(ア) 有名な人物の風評を聞くだけでも人は興味津々となるものだが、親しい友人の噂ならますます気を引かれるものだということ。
(イ) 優れた人物の評判を聞くだけでは人は自らを省みないものだが、詳しく真偽を確かめれば心を改めない人はいないということ。
(ウ) 名高い人物の教えを聞くだけでも人は心洗われるものだが、読書を通して教えに接すれば感動が深まるものだということ。
(エ) 立派な人物の話に触れるだけでも人は啓発されるものだが、直接指導を受ければ感化の度合いも一段と大きくなるということ。
(オ) 清廉な人物の実践を知るだけでも人は影響を受けるものだが、中には直に教えられても自らを変えられない人もいるということ。

問4 本文の表現の仕方を説明したものとして、最も適当なものを、次の(ア)~(オ)の中から一つ選び、記号で答えよ。
(ア) 有名な御者が良馬を見分ける才能に秀でていることを比喩として用い、洞察力の大切さを暗示している。
(イ) 内発的な「馴服」と外発的な「教告」という対語を用い、教え導く在り方の二面の有効性を示している。
(ウ) 「不良」と「良」、「貧」と「廉」などの対語を用いることで、教え導くことの重要性を際立たせている。
(エ) 御者と聖人とを対比的に取り上げることで、人を教え導く在り方に玉石が混交することを強調している。
(オ)　名前に相当する実質のない御者と名前で人を感化する聖人とを対比させ、言葉の在り方を考察している。
(☆☆☆◎◎◎)

解答・解説

【中高共通】

【一】【中学校】問1　①　表現　②　伝え合う　③　言語感覚　④　進行の仕方　⑤　課題の解決
問2　伝統的な言語文化と国語の特質に関する事項　【高等学校】問1　①　表現　②　伝え合う　③　言語感覚　④　内容や表現の仕方　⑤　自己評価や相互評価　問2　伝統的な言語文化と国語の特質に関する事項
〈解説〉【中学校】問1　平成二十年告示の中学校学習指導要領「国語」の教科目標は、現行と同様であり、変更はない。国語科の基本目標である「表現力」と「理解力」を育成すること。互いの立場や考えを尊重しながら言葉で「伝え合う力」を高めることを目ざしている。また、「論理的な思考力や想像力」「言語感覚」についても、その養成を位置づけている。また、各学年の目標では、現行では第2学年及び第3学年と一つに統合されている目標が、改訂により第2学年と第3学年に分離されている。第3学年の(2)内容の①指導事項のエは、

「話し合うこと」に関する指導事項である。　問2　現行の〔言語事項〕に代わって、新しく「言語文化と国語の特質に関する事項」が設けられた。「我が国の言語文化に親しむ態度を育てたり、国語の役割や特質についての理解を深めたり、豊かな言語感覚を養ったりするための内容を示す。」とのべてある。

【高等学校】問1　平成二十一年告示の高等学校学習指導要領の「国語総合」の目標は変更されていない。「国語総合」の目標は、小学校国語及び中学校国語の目標をほぼ全面的に受けつぎ、かつ高等学校国語の目標と同一である。目標の内容は、前段に「表現力」「理解力」「伝え合う力」の育成、後段に、「思考力」「豊かな感性」「言語感覚」の養成が位置づけられている。　「A話すこと・聞くこと」については、話題設定や取材に関する指導。話すことに関する指導。聞くことに関する指導。話し合うことに関する指導がある。新しい学習指導要領の中学校国語・第3学年の「A話すこと・聞くこと」の指導事項のウに、「聞き取った内容や表現の仕方を評価して、自分のものの見方や考え方を深めたり、表現に生かしたりすること。」と示してある。この事項をさらに発展させたものである。　問2　現行の「言語事項」に代わり、「伝統的な言語文化と国語の特質に関する事項」が設けられた。この事項は、「我が国の言語文化に親しむ態度を育てたり、国語の役割や特質についての理解を深めたり、豊かな言語感覚を養ったりするための内容を示す。」と説明してある。

【二】問1　(ア)　照応　(イ)　ちゅうたい　(ウ)　栄枯盛衰　(エ)　容赦
問2　眼前の具体的な事象から時節を知る順序で生じた万葉の季節感とは逆に、古今集ではまず観念的に決定した季節感から具体的な事象を推定して歌を詠んでいるということ。　問3　(イ)　問4　(ウ)　問5　(イ)
〈解説〉問1　同音異義語や類似の字形に注意すること。　問2　上代(万葉時代)の人々の季節感は、観念の時節(暦による時節)に従って、事象を推定するのではなく、事象に従って時節を推定する、というのである。

問3　(イ)「雲雀あがる春べとさやになりぬれば」は、「雲雀あがる」という事象から、「春べとさやになりぬれば」と春の時節を感じとる万葉人の歌である。「うらうらに照れる春日に雲雀あがり心悲しもひとりし思へば」(大伴家持)と相通ずるものがある。(2)の「今ある時」は、歌人の現実的体験であり、その直観的な感動が、「雲雀あがる」という具象表現になっている。　問4「世界からは物そのものが消えていく」の「物」は、万葉集の場合、「今ある時」の経験の対象として存在する。これは万葉人の心が対象と現実に向きあっていたからである。しかし、古今集では、観念の時節(無色透明な時間において観念的に決定された季節)を介して事象を推定する方向をとる。このことを筆者は(3)のあとの文に「生の手ざわりの喪失」「現在の時間の喪失」と例示している。「自然」や「人生」の事象は、すべて「観念の時間」を介して把握されることになる。
問5　前半は、万葉集と古今集の時間意識の違いをのべながら、観念的な時間を基準とした事象推定・判断についての功罪についてのべ、後半では、奈良から平安にいたる古代国家の官僚制の成熟等とも関連づけている。

【三】問1　(ア)　風流を解する人に見せたい　(イ)　知りたく思いますので　問2　(ウ)　問3　訪ねてくる人がいるはずもない住の江の渚で、いったいだれを待つと言うのでしょうか。(その松ではないが)松風が絶えず吹いていています。　問4　琴の音と声とで姫君の存在を確認できた喜びと侍従の見え透いた嘘で再会を阻まれた落胆とが相半場している。　問5　(ア)

〈解説〉問1　(ア)「心あらむ人」の「心あらむ」は、「情趣がわかる」意。「見せばや」の「ばや」は、自分の希望を表す終助詞。「～したいものだ。」の意。(イ)「ゆかしく侍る」の「ゆかし」は、心がひきつけられる状態をいう形容詞。ここは、「(都の御事について)知りたい」意。「侍る」は、丁寧の補助動詞。「知りたく存じますので」の意。　問2　(1)の前の文に、「この声、律に調べて盤渉調に弾き給ひしか」とある。姫君の琴の音(盤渉調に調律した音色)と同じであるために、中将の胸が騒いだのである。　問3「人もなき」と「なぎさ(渚)」の「なき」。「たれま(待)つ」と「松(風)」の「まつ」が掛詞になっている。　問4　(3)の前にある中将の言葉「侍従の君の御事をば偲び思ひ参らせつるに、恨めしくも宣ふものかな。」は、侍従の「～姫君を失ひ奉りて慰めがたきに、～」の嘘言への恨みごと。「御声まで聞き奉りたり」は、姫君の存在確認による安堵と喜びを含めている。　問5　姫君の中将への想いについての歌や姫君への同情についてのべている(ウ)と(オ)は不適切。中将の来訪を心待ちにしていたという姫君と侍従についての説明(イ)も同様。(エ)も、中将の訪問を取り継ぐことで相談したのは尼君ではなく姫君。

【四】問1　(a)　もし　(b)　ついに　問2　良くない馬を良馬にさせることができるからである。

問3　(エ)　問4　(ウ)

〈解説〉問1　(a)「如」には、「シク」(比較)、「ごとシ」(比況)、「もシ」(仮定)、「もシクハ」(選択)がある。「如徒能御良、～不能馴服」(もし徒だ能く良を御するのみにして、～馴服する能はざれば」から、(a)は、「もし」。(b)は、「竟」(キョウ)は、「つきる」「おわる」等の動詞があるが、ここは、「つひ(い)に」の副詞。

問2　(1)「能使不良為良也」(能く不良をして良為らしむればなり)は、「不良馬を調教して良馬たらしめることができたからである。」の意。　問3「徒聞風名、猶或変節。況親接形、面相教告乎。」は、比較形。「A。況B乎。」(A。況んやBヲや)。「単に遺風や名前を耳にしただけでも、なお節操を改める者があるほどである。まして直接その人物に近づき、まのあたり教告するにおいては、なおさらである。」の意。

問4　原文では、不良馬を調教して良馬たらしめた王良や造父とともに、紀元前の堯舜や桀紂の政治についてものべてあるが、この問題では省略されている。歴史的に偉大な人物の一人「伯夷」は、清廉潔白な周の時代の人物。また、「柳下恵」は、物事にこだわらない温厚な春秋時代の人物。この両者の遺風を耳にするだけで人々は豊かな人間に教化される。まして、直接その人物からの報告を受ければ、一段と教化を深める、というのである。この文章は、「不良(馬)と良(馬)、「貧」と「廉」、「懦夫」と「立志」、「薄夫」と「敦」、「鄙夫」と「寛」等の対語を用いて教化の大切さをのべている。

二〇〇九年度　実施問題

【中高共通】

【一】次の文章は、『逢坂越えぬ権中納言』の一節で、主人公の中納言が、気乗りがしないまま宮中での管弦の遊びに参加した後の場面である。読んで、各問いに答えよ。

Ⅰ　御遊びはてて、中納言、中宮の御方にさしのぞき給へれば、若き人々、ここちよげにうち笑ひつつ、「いみじき方人《かたうど》参らせ給へり。あれをこそ」などいへば、「なに事せさせ給ふぞ」とのたまへば、「明後日、根合《ねあはせ》し侍るを、いづかたにか寄らむとおぼし召す」と聞こゆれば、「あやめも知らぬ身なれども、ひきとり給はむ方にこそは」との給へば、「あやめも知らせ給はざなれば、右には不用にこそは。さらばこなたに」とて、小宰相君、おしとり a 聞こえさせつれば、御心もよるにや、「かう仰せらるるをりも侍りけるは」とて、にくからずうち笑ひて、いで給ひぬるを、「例の、(あ)つれなき御けしきこそわびしけれ。かかるをりは、うちもみだれ給へかし」とぞみゆる。右の人、「さらば、こなたには三位の中将をよせ奉らむ」といひて、殿上によびにやり聞こえて、「かかる事の侍るを、こなたによらせ給へとたのみ聞こゆる」と聞こえさすれば、(1)「ことにも侍らぬ。心の思はむかぎりこそは」と、たのもしうのたまふを、「さればこそ。この御心は、そこひ知らぬ恋ぢにも、おりたち b 給ひなむ」と、かたみにうらやむも、宮はをかしう聞かせ給ふ。

Ⅱ　中納言、さこそに心にいらぬけしきなりしかど、その日になりて、えもいはぬ根どもひきぐして参り給へり。小宰相の局にまづおはして、「心をさなくとりよせ給ひしが心ぐるしさに、若々しき心地すれど、安積《あさか》の沼をたづねて侍り。さりとも負け給はじ」とあるぞたのもしき。いつの間に思ひよりける事にか、いひすぐすべくもあらず。

Ⅲ　右の中将ｃおはしたんなり。「いづこや。いたう暮れぬほどぞよからむ。中納言は、まだ参らせ給はぬにや」と、(い)まだきにいどましげなるを、少将の君、「あな、をこがまし。御前こそ、御声のみ高くておそかめれ。かれはしののめよりいりゐて、とゝのへさせ給ふめり」などいふほどにぞ、かたちよりはじめて、同じ人ともみえず、(う)はづかしげにて、「などとよ。このおきな。ないたういどみ給ひそ。身もくるし」とてあゆみいで給へる。御年のほどぞ二十に一二ばかりあまり給ふらむ。「さらば、とくし給へかし。み侍らむ」とて、人々参りつどひたり。

Ⅳ　方人の殿上人、心々にとりいづる根のありさま、いづれもいづれも劣らずみゆるなかにも、左のは、なほなまめかしきけさへそひてぞ、中納言のしいで給へる。合はせもてゆくほどに、持《ぢ》にやならむとみゆるを、左のはてにとりいでられたる根ども、さらに心およぶべうもあらず。(2)三位の中将、いはむかたなくまもりゐ給へり。「左勝ちぬるなめり」と、方人のけしき、したり顔に心ちよげなり。

(注)　中宮――中納言の姉妹と思われる。　若き人々――中宮に仕える女房。　方人――味方。　根合――左方右方に分かれて菖蒲《あやめ》の根を出し合い、長さを競う遊び。　恋ぢ――「恋路」と「泥《こひぢ》」を掛ける。菖蒲は泥地に生育する。　安積の沼――福島県にあった沼。菖蒲の名所。　同じ人ともみえず――同じ人間とも思えず。中納言の様子を表す。　このおきな――中納言が自分をさして言っている。　持――引き分け。

問1　傍線部ａ～ｃについて、敬語の種類と敬意の対象を、次の中からそれぞれ選んで記号で答えよ。

敬語の種類　(X)　尊敬　(Y)　謙譲　(Z)　丁寧

敬意の対象　(ア)　中納言　(イ)　中宮　(ウ)　若き人々　(エ)　小宰相君　(オ)　三位の中将

(カ)　少将の君　(キ)　読者

問2　傍線部(あ)～(う)の本文中の意味を、それぞれ簡潔に答えよ。

問3　傍線部(1)を、適当な表現を補って現代語訳せよ。
問4　Ⅱ段落から読み取れる中納言の人物像を五十字以内で説明せよ。
問5　傍線部(2)の理由を具体的に説明せよ。
問6　本文の内容と合致するものを、次の(ア)～(オ)の中から選び、記号で答えよ。
(ア)　小宰相君は、中納言の遠慮がちな発言に乗じて、彼を味方に引き入れた。
(イ)　中納言は、若い女房達の思いやりに感動して、最後には右方に協力することを約束した。
(ウ)　中宮は、女房たちが根合に熱中する姿を見て、自分も加わりたいとうらやましく思った。
(エ)　三十代の中納言は、当日体調が悪く、三位の中将についつい弱音を吐いた。
(オ)　根合の当日、三位の中将は早朝から準備をするなど、別人のように緊張していた。

(☆☆☆◎◎◎)

【二】次の文章は『荀子』の一部である。読んで、あとの各問いに答えよ。(設問の都合で訓点を省略した部分がある。)

礼ハ起コル二於何ニ一也。曰ク、人生マレナガラニシテ而有リレ欲、欲シテ而不レバレ得、則チ不レ(あ)能レ無キレ求ムルコト。求メテ而無ケレバ二度量分界一、則チ(1)不レ能レ不レ争。争ヘバ則チ乱レ、乱ルレバ則チ窮ス。先王ハ悪ム二其ノ乱ヲ一也。故ニ制シテ二礼義ヲ一以テ分カチレ之ヲ、以テ養ヒ二人之欲ヲ一、給《たシ》二人之求ヲ一、使メ下欲[A]必ズ不レ窮《きはメ》二乎物ヲ一、物[B]必ズ不ラ上レ屈《つくサ》二於欲ヲ一、(2)両者相持シテ而長ゼシムルナリ。是レ礼之(い)所二以起コル一也。

(注)　度量分界——一定の制限や限界。　先王——古の聖王。

問1　二重傍線部(あ)・(い)の読みを、送り仮名も含めて、現代仮名遣いで答えよ。
問2　傍線部(1)を現代語訳せよ。
問3　[A]・[B]には共通する送り仮名が入る。その送り仮名を片仮名で答えよ。
問4　傍線部(2)は何と何を指しているか。最も適当なものを次の(ア)~(オ)の中から選び、記号で答えよ。
(ア)　基準と限界　(イ)　欲望とその対象　(ウ)　欲望と追求心　(エ)　本能と礼儀
(オ)　欲望とその制御
問5　本文の内容と合致するものを、次の(ア)~(オ)の中から一つ選び、記号で答えよ。
(ア)　礼とは、社会的混乱の原因となる人間の欲望を、完全になくしていこうとする機能をもつものである。
(イ)　礼とは、欲望によって生じる戦争を減らすために、人々の訴えにより定められたものである。
(ウ)　礼とは、混乱する集団内の人々を切り離すことによって、個人の権利を尊重しようとするものである。
(エ)　礼とは、理想的な聖王の支配のもとで、身分や階級の隔たりをなくそうとするものである。
(オ)　礼とは、一定の制限や限界を設けることによって、人々の欲望を適切に育て、充足させるものである。

(☆☆◎◎◎)

【三】次の文章を読んで、各問いに答えよ。

《ひた走るわが道暗ししんしんと怺へかねたるわが道暗し》

斎藤茂吉の有名な歌である。ここにはほとんど生存の裸形が象徴される。かれがなぜ走るのか、なぜ走らねばならぬのかは不明である。しかし、この短い一行は〈走らねばならぬ人間〉の悲傷、ひたむきな心情の切迫をつたえて、じゅうぶんに感動的である。事件の細密描写を排除して火花を散らす強烈でひたむきな感動、茂吉が生《いき》と呼んだ生命の燃焼がここにあり、それを追体験して、さまざまなかたちで生のきびしさに感動する無数の、原発的な鑑賞が生まれる。

　いうまでもなく、この歌は「赤光」大正二年度の「悲報来」の冒頭歌である。歌集では、つぎの詞書がある。《七月三十日夜、信濃国上諏訪に居りて、伊藤左千夫先生(あ)逝去の悲報に接す。すなはち予は高木村なる島木赤彦宅へ走る。時すでに夜半を過ぎゐたり。》この詞書を前におくことで、場面と人間の位置が確定する。ひとつの事件、ひとつのドラマが明確になるのである。ひたむきに走らねばならなかった理由が明らかになる。畏敬する師の訃報に(い)動顚して、かれは走るのである。しかし、それがわかったとしても、感動の質は動くはずはない。この場合は、むしろ、生存の裸形を現実的な状況にまで連れもどすことで、一種、感動の冷却に似た負荷的な作用は生じるかも知れないが。それにしても、原発的な鑑賞をうながした美意識の判断に重大な変更は加えられないのである。茂吉にとって特殊な条件をそなえた事件がうたわれて、生の普遍的な相にまで迫る文学的な形象化を完了している。鑑賞者の享受は制作の前提にあった特殊な条件に左右されることなく、作品の表現的構造の提示する生の実相と直接にふれあって成立していたからである。(X)

　鑑賞が一種の創作であることを認める以上、おなじ文学作品に対して、鑑賞者の個人差はとうぜん許容される。まして、感受性の劇でもある原発的な段階では、極端にいえば、享受者の数だけ鑑賞は存在しうるわけで、鑑賞とはもともとそういうものかもしれない。しかし、だとしても、鑑賞を原発的な段階で野放しにしておくわけにはゆくまい。無数の鑑賞に対して、それの(う)キケツする唯一の正しい鑑賞が想定できるか、どうかという問いがつぎに来る。

　おそらく第一に相対的という限定が必要であり、第二に唯一のという修辞をはぶかねばなるまいが、鑑賞作用の受容的な性格からいっても、ある種の基準の想定はやはり可能だとしておいてよい。基準は作品の表現的構造それ自体である。作品世界の全体像の正確な認知と、世界の提示する意味の完全な理解、可能性としては存在するが現実にはおそらく仮定にすぎぬ、そうした完璧な対象の領略によってなりたつ鑑賞を、わたしたちはやはりただしい鑑賞と呼ぶことができよう。いや厳密には、ただしいという言葉は避けるべきであって、より高度な、あるいは、より高次な鑑賞と呼ぶべきであるが、それにしても鑑賞の究極の目標ないし理念の想定は不可能ではない。

そこで、作品の提示する世界の意味や全体像を把握するための作業、いわば読解や解釈の手続きが、(1)鑑賞作用を完結する補助手段として必要になる。ついでにいえば、この解釈という言葉は、一次的な読解や註解的な作業と区別するために使用する(え)ベンギ的なものであって、いわゆる解釈学の方法論で規定された概念とはかならずしも一致しない。

いうまでもないが、そうした高次な読解ないし解釈は、おそらくさまざまな手続きや方法を必要とする。基本的には、対象の表現的構造自体の質によって、解釈の方法は決定される。たとえば三島由紀夫氏の「金閣寺」のように、ほぼ作品世界の内的秩序や法則性、つまり表現的構造そのものに即して解くことの可能な小説もあり、逆に、私小説の多くがそうであるように、作品外の作家の伝記的・日常的事実への還元なしに理解の成りたたぬ小説もある。いずれにしても、初歩的な註解から作品形成のメカニズム、つまり、成立事情の究明、素材や外延部の追跡、構造の分析、比較文学的な操作など、考えられるかぎりの多様な手続きがそこでは必要である。結果として、いわば研究が鑑賞の領域にふくまれることになる。

鑑賞の領域に研究が参加し、世界像の解釈が精細にととのえられてゆく。同時に、解釈の深化にともなって、原発的な鑑賞からより高次な鑑賞への発展がうながされるわけだが、おそらくその具体的な過程は、一方では原鑑賞に混在した錯覚や(お)曖昧さ、あるいはI・A・リチャーズのいわゆる〈出来あい反応〉や〈技術上・原理上の先入観〉などを数えてもいいが、そうした負荷の排除ないし訂正というかたちをとり、他方では原鑑賞を核とする享受者の表現的世界の拡大ないし豊穣化というかたちをとる。くどいようだが、鑑賞が成立するとしたら、解釈の進行過程で原鑑賞の基本的な受容型の変更は生じないと見るべきなのである。かりに解釈によって原鑑賞がうらぎられるという事態が生じたとしたら、解釈は挫折し、批評がはじまる。

だから、ただしい鑑賞とは、原理的には、依然として鑑賞者個々のただしさでしかない。むろん、対象の全体像が明確になるにつれて、鑑賞の紛乱は、挫折もしくは高度化の過程で整理され、げんに一部で試みられるように、類型による処理などを許すかもしれない。しかし、享受者の表現行為としての鑑賞が究極で一致するのはついに不可能である。ある作品の完璧な理解がかりに共有されたとして、作品の表現的構造と享受者の鑑賞作用とは、一対一の対応関係には決しておかれないからである。鑑賞が享受主体の精神の行為である以上、自明の理にすぎない。

ところで、鑑賞を右のようなものとして、批評との本質的な差はどこに求められるか。鑑賞も批評も〈私の夢〉をかたるという根本の性格では一致する。両者の領域が重層するとの前提はうごかぬが、それにしても、鑑賞がより享受にかたむき、批評が価値の判断や裁きによりかたむくとはいえよう。いずれにしても、批評は鑑賞よりももっと自発的で、主体的な創作行為である。だから、決定的ならびに原則的な違いはおそらくつぎのようなところにある。

鑑賞は作品の提示する世界の全体像をそのままの形でうけとって、その表現的構造の改変を要求することはないが、批評は批評主体の自発的なはたらきかけのうちに、作品の世界像なり表現的構造なりを動かそうとする衝動をつねにふくんでいる。鑑賞は第一級の傑作のみを対象としてなりたつとさきに書いたが、ここまでくれば、さらに享受者にとって否定的な評価をともなわぬ作品でなければならぬ、という限定をつけくわえてもよさそうである。なぜなら、鑑賞の作用は、作品の構造的理解のふかまりにつれてたえず構造そのものの改変をうながす衝動、つまり批評へ転ずる契機を内包し、しかも、それをさまたげる内的・外的な要因はおそらく発見できないからである。

（三好行雄「鑑賞と批評」）

問1　傍線部(あ)～(お)の漢字は平仮名に、カタカナは漢字に改めよ。

問2　本文において、冒頭から(X)までの部分はどのようなことを示す例になっていると考えられるか。その説明として最も適当なものを、次の(ア)～(オ)の中から選び、記号で答えよ。

(ア)　作品世界の内的秩序や法則性だけで作品世界の意味や全体像の把握が可能な場合があること。

(イ)　作品外の作家の伝記的・日常的事実への還元なしには理解が成りたたない場合があること。

(ウ)　基本的な受容型の変更がなされることなく原鑑賞からより高次への鑑賞への発展がなされること。

(エ)　解釈によって原鑑賞がうらぎられるという事態が生じて、解釈が挫折し批評がはじまること。

(オ)　同じ文学作品の場合、原発的な段階と異なり高次の段階では享受者の数だけ鑑賞が存在すること。

問3　傍線部(1)の具体的な内容を説明している部分を、本文中から七十五字以内で抜き出し、はじめと終わりの五字ずつで答えよ。

問4　本文で述べられている「鑑賞」と「研究」についての説明として最も適当なものを、次の(ア)～(オ)の中から選び、記号で答えよ。

(ア)　「鑑賞」は、自身の挫折を契機として「研究」に転ずるものである。

(イ)　「研究」は、「鑑賞」の受容的な性格に相反するものである。

(ウ)　「鑑賞」は、「研究」の領域にふくまれるものである。

(エ)　「研究」は、結果的に「鑑賞」の高度化をうながすものである。

(オ)「鑑賞」は、「研究」が参加してはじめて生まれるものである。

問5　筆者は結局「鑑賞」と「批評」にどのような違いがあると考えているか。本文中の言葉を使って七十字以内で具体的に説明せよ。

問6　本文の内容と合致するものを、次の(ア)~(オ)の中から選び、記号で答えよ。

(ア)　作品世界の全体像の正確な把握や意味の完全な理解によって成立する鑑賞を想定することはそもそも無意味である。

(イ)　鑑賞の高度化にしたがって原鑑賞の紛乱は整理され、享受者の表現的世界は収束されていくものである。

(ウ)　高次な鑑賞に向かうための解釈には個人差があり、享受者の感受性によってその方法が定まるものである。

(エ)　対象作品が享受者にとって否定的な評価をともなわないものであることが、鑑賞の成立のための唯一の条件と考えてよい。

(オ)　ただしい鑑賞とは原理的に鑑賞者個々のものでしかないが、それは鑑賞が享受主体の精神行為であるためである。

(☆☆◎◎◎)

【四】次の各問いに答えよ。

問1　平成十年告示の中学校学習指導要領「国語」及び平成十一年告示の高等学校学習指導要領「国語」第三節「国語総合」に関する次の問いに答えよ。(受験する校種の学習指導要領について答えよ。)

(1)　(中学校)　中学三年生で指導する漢字に関する事項のうち、漢字の「読み」に関してはどのように示してあるか答えよ。

(高　校)　[言語事項]のうち、漢字の取扱いについては、どのように示してあるか答えよ。

(2)　「話すこと・聞くこと」を主とする指導に配当する指導時数の目安が、学習指導要領にそれぞれ示されている理由を、六十字以内で説明せよ。

問2　「書くこと」の指導において、「説得力のある文章を書く能力」を育成するために、「世代による言葉の違い」をテーマに、収集した情報を整理し、構成を工夫して意見文を書くという単元を構想した。このときの学習指導について、次の問いに答えよ。

(1)　情報を収集する段階で、情報通信ネットワーク上の情報だけを情報源としていた生徒に対して、どのような支援を行う必要があるか。具体的な方法を挙げて説明せよ。

(2)　文章の構成を考える段階で、自分の考えが明確になり、それを主張するための材料もそろったが、どのような構成で文章を書けばよいか分からない生徒に対して、どのような指導が考えられるか。具体的に説明せよ。

問3　「読むこと」の指導において、「表現の工夫や効果をとらえながら読む能力」を育成するために、次に示す俳句を題材として、書き手の表現の工夫や効果をとらえ、俳句を鑑賞するという単元を構想した。このとき、単元の指導計画を示した次の空欄(あ)・(い)に当てはめるのに適当な学習活動を具体的に答えよ。

題材

一点の偽りもなく青田あり　山口誓子

単元の指導計画(●は学習のねらいを、○は学習活動をそれぞれ示す。)

第1時　●表現を手がかりに、描かれた情景を想像しながら読もうとする。
○「青田」が季語であることや「一点の偽りもなく」が比喩《ゆ》表現であることを確認する。
○季語や比喩表現を手がかりに、描かれた情景を想像し、発表する。
第2時　●表現の工夫や効果をとらえながら読むことができるようにする。
○(あ)
○(い)
第3時　●想像力を働かせて、情景や心情を読み味わおうとする。
○表現に込められた書き手の心情を想像し、鑑賞文をノートに書く。

(☆☆☆◎◎◎◎)

解答・解説

【中高共通】

【一】問1　a　(Y)(ア)　b　(X)(オ)　c　(X)(オ)　問2　(あ)　冷淡なご様子　(い)　早くも　(う)　立派な様子で　問3「わけもないことです。心に思いつく限りのことをしましょう。」と頼もしくおっしゃるので、　問4　表にはあまり感情を出すことはしないが、内面ではしっかりとした強い意志を持っている人物。
問5　左方の最後に取り出された根が、全く思いも及ばないほど見事なものであったので、右方の三位の中将

は、負けを観念したから。　問6 (ア)
〈解説〉問1　尊敬語は、主体に対する敬意。謙譲語は、客体に対する敬意である。　問3「こそは」の後に、「し侍らめ」などの省略がある。　問5　傍線部は、「三位の中将は、どうしようもなくじっと見つめなさっている。」の意である。　問6　内容合致は、選択肢だけで判断せず、しっかり本文と照らし合わせたい。(ア)は、3～5行目の「あやめも知らぬ～聞こえさせつれば」の部分が該当する。

【二】問1 (あ)　あたわ　(い)　ゆえん　問2　争わないことはできない。　問3　ヲシテ　問4 (イ)
問5 (オ)
〈解説〉問1 (あ)「不能―」で、「―することができない」の意。(い)「所―以」は、「①原因・理由　②手段・方法」。ここは、①の意。　問2「必ず争う」も可。「不能不―」は、「―ざルあたハず」と読み、「―しないことはできない」の意。　問3　すぐ前に「使」の字がある。「使AB」で、「AヲシテBしム」と読む「使役」の句形である。　問4　直前の文の「欲」と「物」を指している。　問5　内容合致は、選択肢だけで判断せず、しっかり本文と照らし合わせたい。(ア)は、「完全になくしていこうとする機能をもつ」。(イ)は、「人々の訴えにより定められたもの」が本文と合わない。(ウ)と(エ)は、選択肢全体が本文の内容と合わない。

【三】問1 (あ)　せいきょ　(い)　どうてん　(う)　帰結　(え)　便宜　(お)　あいまい　問2 (ウ)
問3　初歩的な註～様な手続き　問4 (エ)　問5　鑑賞は、その作品の提示する表現的構造の改変を要求することはないが、批評は、作品の世界像や表現的構造を動かそうとする衝動をつねにふくんでいる。
問6 (オ)

〈解説〉問3　傍線の直前は、「～が」と主語であるので、傍線部とイコールの内容である。同じ内容を指している部分を探せばよい。　問4　後ろから5段落目の最後から、次の段落の最初にかけて、はっきり書かれている。　問5　終わりから8行目に「決定的ならびに原則的な違いはおそらくつぎのようなところにある」とあるので、次の最終段落をまとめればよいことがわかる。　問6　後ろから3段落目の冒頭に「ただしい鑑賞とは、原理的には、依然として鑑賞者個々のただしさでしかない。」同段落内の最後に、「鑑賞が享受主体の精神の行為である」とある。

【四】問1　(1)　中学校　第2学年までに学習した常用漢字に加え、その他の常用漢字の大体を読むこと。高校　常用漢字の読みに慣れ、主な常用漢字が書けるようになること。　(2)　解説参照　問2　(1)　自分の周りの大人に直接話を聞くことによって得られる有益性について話をする。など　(2)　内容を明確に示すためには、全体の組み立てがしっかりしていなければならないので、「序論・本論・結論」「頭括式・尾括式・双括式」といった文章展開の型を身につけさせる指導。など　問3　解説参照

〈解説〉問1　(2)　計画的に単元を設定するために、各領域に配当時間の目安が示されている。　問2「学習指導要領」「学習指導要領解説」の内容を踏まえたものを作成したい。　問3　この俳句における「表現上の工夫・効果」を具体的に指摘すればよい。

●書籍内容の訂正等について

弊社では教員採用試験対策シリーズ（参考書，過去問，全国まるごと過去問題集），公務員試験対策シリーズ，公立幼稚園・保育士試験対策シリーズ，会社別就職試験対策シリーズについて，正誤表をホームページ（https://www.kyodo-s.jp）に掲載いたします。内容に訂正等，疑問点がございましたら，まずホームページをご確認ください。もし，正誤表に掲載されていない訂正等，疑問点がございましたら，下記項目をご記入の上，以下の送付先までお送りいただくようお願いいたします。

① **書籍名，都道府県（学校）名，年度**
（例：教員採用試験過去問シリーズ　小学校教諭 過去問　2025 年度版）
② **ページ数**（書籍に記載されているページ数をご記入ください。）
③ **訂正等，疑問点**（内容は具体的にご記入ください。）
（例:問題文では“ア～オの中から選べ”とあるが,選択肢はエまでしかない）

〔ご注意〕
○ 電話での質問や相談等につきましては，受付けておりません。ご注意ください。
○ 正誤表の更新は適宜行います。
○ いただいた疑問点につきましては，当社編集制作部で検討の上，正誤表への反映を決定させていただきます（個別回答は，原則行いませんのであしからずご了承ください）。

●情報提供のお願い

協同教育研究会では，これから教員採用試験を受験される方々に，より正確な問題を，より多くご提供できるよう情報の収集を行っております。つきましては，教員採用試験に関する次の項目の情報を，以下の送付先までお送りいただけますと幸いでございます。お送りいただきました方には謝礼を差し上げます。
（情報量があまりに少ない場合は，謝礼をご用意できかねる場合があります）。

◆あなたの受験された面接試験，論作文試験の実施方法や質問内容
◆教員採用試験の受験体験記

送付先	
	○電子メール：edit@kyodo-s.jp ○FAX：03-3233-1233（協同出版株式会社　編集制作部 行） ○郵送：〒101-0054　東京都千代田区神田錦町 2-5 協同出版株式会社　編集制作部 行 ○HP:https://kyodo-s.jp/provision（右記の QR コードからもアクセスできます）

※謝礼をお送りする関係から，いずれの方法でお送りいただく際にも，「お名前」「ご住所」は，必ず明記いただきますよう，よろしくお願い申し上げます。

教員採用試験「過去問」シリーズ
岡山県・岡山市の
国語科 過去問

編　集	© 協同教育研究会
発　行	令和5年11月25日
発行者	小貫　輝雄
発行所	協同出版株式会社
	〒101-0054　東京都千代田区神田錦町2 - 5
	電話　03－3295－1341
	振替　東京00190－4－94061
印刷所	協同出版・POD工場

落丁・乱丁はお取り替えいたします。